PERL pour LES NULS

First
Interactive

PERL pour LES NULS

Paul Hoffman

First
Interactive

Perl pour les Nuls

Publié par
IDG Books Worldwide, Inc.
Une société de International Data Group
919E. Hillsdale Blvd., Suite 400
Forster City, CA 94404

Pour les Nuls est une marque déposée de International Data Group
For Dummies est une marque déposée de International Data Group
Collection dirigée par Jean-Pierre Cano
Traduction : François Saluden

Edition française publiée en accord avec IDG Books Worldwide, Inc.
© 2001 par Éditions First Interactive
33, avenue de la République
75011 Paris - France
Tél. 01 40 21 46 46
Fax 01 40 21 46 20
Minitel : 3615 AC3* F1RST
E-mail : firstinfo@efirst.com
Web : www.efirst.com
ISBN : 2-84427-894-9
Dépôt légal : 2ème trimestre 2001

Sommaire

Introduction

La première étape de celui qui s'attaque à l'apprentissage de la programmation est de choisir un langage de programmation particulier. De fait, si vous avez ce livre entre les mains, nous supposons que vous envisagez de programmer avec Perl. Un choix dont nous vous félicitons. Comme certaines langues, certains langages de programmation sont plus faciles à apprendre que d'autres. Perl est un des langages de programmation les plus faciles à manipuler, tout en étant aussi puissant que de nombreux langages bien plus difficiles à maîtriser.

Le langage de programmation Perl permet de créer certains programmes informatiques en peu d'étapes. Il excelle particulièrement dans des tâches comme la lecture et l'écriture de fichiers texte, mais se distingue aussi dans la réduction du travail à la charge des programmeurs (bien plus que d'autres langages comme C et Java).

A qui est destiné ce livre ?

Il existe diverses raisons de vouloir apprendre un langage de programmation :

- Etre fasciné par le fonctionnement des ordinateurs.
- Désirer créer ses propres programmes pour contrôler son ordinateur.
- Vouloir progresser d'un point de vue professionnel (par exemple, pour accéder au statut de programmeur).

Vous pourriez aussi avoir envie de vous familiariser avec un langage de programmation parce que vous travaillez avec des programmeurs et que vous aimeriez savoir ce qu'ils fabriquent toute la journée. Comprendre la programmation vous aidera à découvrir ce qu'il faut pour être un bon programmeur, même si vous n'en devenez pas un vous-même.

Si vous voulez découvrir la programmation ou comprendre le travail des programmeurs, ce livre est fait pour vous. Si vous avez déjà quelques connaissances en programmation (mais pas avec Perl), ce livre est également fait pour vous. Enfin, si vous êtes un programmeur expérimenté, laissez de côté les pages concernant les bases ; vous découvrirez dans la suite des astuces et des conseils utiles.

Après avoir découvert la programmation en Perl, vous déciderez peut-être de continuer et d'en faire votre métier. Vous arriverez peut-être aussi à la conclusion que, bien que la programmation soit intéressante, ce n'est pas une activité que vous avez envie d'occuper à plein temps. Il reste aussi la possibilité (improbable) que vous découvriez que la programmation vous intéresse, mais pas avec Perl !

Sachez cependant que vous pouvez appliquer la majorité des connaissances de programmation Perl acquises dans ce livre à un autre langage de programmation. Perl est plus simple à manipuler que la plupart des autres langages de programmation, tout en utilisant un bon nombre des mêmes concepts, ce qui en fait un excellent langage d'apprentissage.

Prérequis

Ce livre étudie l'exploitation de Perl sur quatre systèmes d'exploitation différents : UNIX, Windows 95/98, Windows NT (et son successeur Windows 2000) et Macintosh. Pour utiliser ce livre pour apprendre la programmation Perl, vous devez maîtriser au moins un de ces systèmes d'exploitation. Il n'est pas nécessaire d'en connaître plusieurs. Très peu de gens dans le monde connaissent les quatre à la fois.

En résumé, pour tirer parti de ce livre, vous n'avez pas besoin de connaître quoi que ce soit en programmation, mais vous devez savoir exploiter suffisamment votre ordinateur pour charger Perl et créer des fichiers texte utilisables comme programmes par Perl.

Contenu de ce livre

Ce livre étant destiné à la fois aux débutants en programmation et aux autres, nous l'avons organisé de façon que chacun puisse y trouver rapidement ce qu'il désire. Le livre peut se lire de façon séquentielle, du début à la fin, ou en allant droit à certaines pages.

Première partie : Découverte de Perl

La première partie présente la notion de programmation, le langage Perl, ce qui le rend différent des autres langages de programmation, et ce que veut dire le terme *programmer*. Vous y trouverez quelques exemples pour découvrir à quoi ressemble un programme. Vous y trouverez également de l'aide pour installer Perl et l'exécuter sur divers systèmes d'exploitation.

Deuxième partie : Éléments de base de la programmation en Perl

La deuxième partie aborde les éléments de base de la programmation Perl, dont les techniques de travail avec le texte et les nombres, ainsi que les listes, chaînes, opérateurs, boucles et instructions conditionnelles. A la fin de cette partie, vous saurez écrire quelques courts programmes.

Troisième partie : Détails du langage Perl

Cette partie du livre montre comment structurer un programme Perl complet, assembler des programmes plus longs et plus complexes, indiquer à Perl de lire et écrire des fichiers sur votre ordinateur, et écrire des programmes qui savent converser avec un serveur Web.

Quatrième partie : Perl - Fonctions avancées

Lorsque vous vous sentirez plus en confiance avec Perl, vous vous aventurerez dans cette partie du livre, qui présente des fonctions avancées de Perl. Des notions que ne sont pas censés aborder les programmeurs débutants (si vous y jetez un œil, vous vous direz sans doute que ce n'est pas pour vous, mais revenez-y plus tard, vous vous étonnerez vous-même).

Cinquième partie : Les dix commandements

Cette partie du livre présente des listes de données intéressantes sur Perl. Si vous aimez les chiffres ronds, vous apprécierez que ces informations soient présentées par groupes de dix.

Sixième partie : Annexe

La sixième partie contient une annexe de référence Perl pour les opérateurs, variables spéciales et descripteurs de fichiers prédéfinis.

Exemples de programmes

Ce livre comporte des exemples de code Perl se présentant sous forme de lignes comme celle-ci :

```
print "Bonjour !\n";
```

Vous rencontrerez également des portions de code directement dans le texte du livre, composées `comme ceci`, ce qui signale que `ce texte` fait partie d'un programme Perl. Vous trouverez aussi des blocs de plusieurs lignes. Les lignes de code isolées sont généralement des instructions Perl (ou portions d'instruction), alors que les blocs sont plutôt des programmes Perl (oui, il est possible d'écrire un programme entier en Perl avec juste trois ou quatre lignes). Ne vous souciez pas pour l'instant de ces nuances, le livre explique au fur et à mesure les différences entre *instructions* et *programmes*, ainsi que les fonctions, chaînes et autres éléments de programmation qui sont imprimés dans ce livre avec la police de caractères particulière `signalant du code`.

Icônes utilisées

Voici les diverses icônes utilisées tout au long de ce livre pour signaler des informations particulières :

Cette icône signale une astuce intéressante. Ce qui ne veut pas dire que le reste du livre ne soit pas digne d'intérêt...

Cette icône vous alerte sur un aspect auquel vous devez faire particulièrement attention. Perl contient quelques "os" et cette icône est là pour vous les signaler.

Cette icône apparaît à côté d'un paragraphe mentionnant une notion dont vous devrez vous souvenir dans votre pratique de Perl.

Cette icône pointe une information technique qu'il n'est certes pas indispensable de connaître mais qui est cependant bien utile.

La plupart des lecteurs de ce livre étant des utilisateurs Windows (Windows 95, Windows 98, Windows NT et Windows 2000), nous avons utilisé cette icône pour repérer les informations concernant Windows.

Première partie

Découverte de Perl

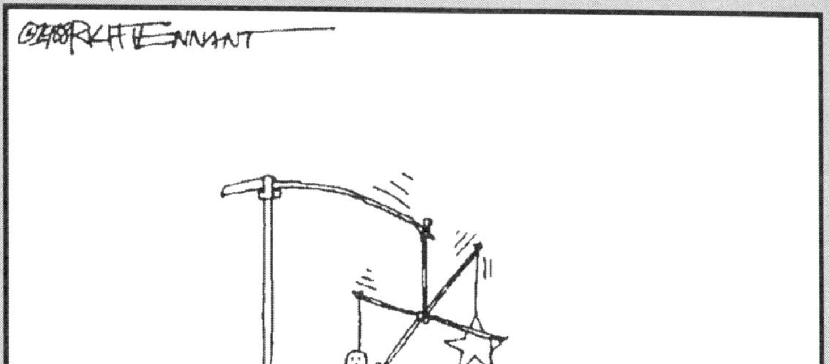

Dans cette partie...

Il faut bien démarrer quelque part, et le début est certes le meilleur endroit... Dans ces premiers chapitres, vous découvrirez la notion de langage de programmation, ce qu'est Perl, comment l'installer et l'exécuter sur votre système, et à quoi ressemblent quelques programmes Perl.

Chapitre 1

La place de Perl dans le monde de la programmation

Dans ce chapitre :

- Le concept de langage de programmation.
- Comparaison de Perl avec d'autres langages.
- Emploi de Perl avec les nouvelles technologies.

De nombreuses personnes veulent savoir exactement ce qui fait vivre les programmes informatiques. Ils sont passionnés par ce qui se passe sous le capot de leur ordinateur, à l'intérieur des puces et des câbles. Ils veulent trouver comment créer de nouveaux ou de meilleurs programmes, et comprendre comment des programmeurs peuvent gagner autant d'argent tout en restant dans l'ombre.

Note : Ne partez pas du principe que quiconque programme ou écrit des livres sur la programmation appartient à la jeune génération. Sans trop entrer dans les détails, sachez que nos années de lycée sont plutôt loin derrière nous. A l'époque, lorsque nous avions affaire à des ordinateurs, cela se passait souvent par l'intermédiaire de cartes et de bandes perforées.

A l'ère pré-PC, le langage facile à apprendre était le BASIC, et les programmeurs de métier apprenaient le FORTRAN ou le COBOL pour faire du "bon travail". Cependant, nombre de personnes découvraient qu'un grand nombre de choses étaient réalisables avec ce bon vieux BASIC. Aujourd'hui, nombreux sont ceux qui pensent que Perl est un bon langage de programmation pour les débutants, du fait qu'il est simple d'emploi tout en permettant la création de puissants programmes sans trop d'efforts. Rien ne vous empêche, certes, de vous plonger dans l'étude de langages plus difficiles, comme C++ ou Java, mais vous pouvez probablement apprendre Perl plus vite et découvrir qu'il convient bien, sinon mieux, pour mettre en place ce que vous avez à réaliser.

Rôle de la programmation

Si vous découvrez le concept de programmation, vous vous demandez peut-être pourquoi apprendre à programmer ? Certes, les programmes pilotent les ordinateurs, mais cela ne veut pas dire que chacun doive devenir programmeur.

Lorsque les ordinateurs personnels sont apparus il y a environ vingt-cinq ans, il n'existait presque pas de logiciels commerciaux, et ceux disponibles étaient plutôt primaires. Dès que vous vouliez réaliser quelque chose de particulier, il fallait apprendre à programmer pour créer des programmes répondant à vos besoins spécifiques. En 1981, à la sortie de l'IBM PC, il existait de nombreux programmes commerciaux. L'utilisateur n'avait plus à programmer son ordinateur.

De nos jours, très peu d'utilisateurs sont confrontés à la nécessité d'écrire des programmes. Il existe des milliers de programmes sur le marché, dont de nombreux gratuits. Il suffit d'un peu de persévérance pour trouver un logiciel adapté à ses besoins.

Certaines personnes pensent qu'après avoir appris à programmer elles seront capables d'écrire n'importe quel genre de programme pour leur ordinateur. "J'ai l'idée d'un traitement de texte différent de ceux que j'ai vus." "Je vais créer un programme Internet qui renverra Netscape au coffre à jouets !" "Il n'y a pas de bon programme qui traduise du français vers le grec ancien. Je vais en écrire un et faire fortune." Et ainsi de suite.

Bien qu'il soit possible d'écrire ces programmes, chacun demandera des mois ou des années de travail. Lorsque l'on apprend à programmer, on commence par créer des applications simples. Avant de créer des programmes complexes, il faut pratiquer, pratiquer, pratiquer encore, généralement à plein temps. Dans ce livre, nous vous montrons comment concocter des programmes simples à l'aide de Perl, rien qui soit de l'ordre d'un traitement de texte, d'un navigateur Internet ou d'un traducteur français-grec ancien (quoique ce dernier soit envisageable avec Perl).

Bien que vous ne soyez pas forcément dans l'obligation d'apprendre à programmer, il existe de nombreuses raisons de vouloir découvrir l'art de la programmation :

- **Apprendre à programmer est un bon moyen de comprendre comment fonctionnent les programmes informatiques.** Tout ce qui se passe dans votre ordinateur est contrôlé par un programme ou un autre, apprendre à créer des programmes est donc un bon moyen de comprendre ce qui donne vie à un ordinateur.

- **La programmation est source de plaisir, au moins pour les gens comme nous.** Si vous aimez les ordinateurs et que vous êtes créatif, l'écriture de programmes peut vous apporter une grande satisfaction.

- **Les programmeurs professionnels peuvent gagner beaucoup d'argent ; le monde entier requiert leurs services.** N'oubliez pas cependant que la majorité des postes à pourvoir concernent les programmeurs expérimentés. Cela n'empêche pas qu'avec un peu de patience et de chance vous puissiez apprendre la programmation en autodidacte et en faire un métier en quelques années.

Fonctionnement d'un ordinateur

Pour les débutants, nous présentons ici ce qu'est un ordinateur et ce qu'il faut faire pour le contrôler. Pas de panique ! nous ne parlerons pratiquement pas d'électronique. Néanmoins, il vous faut acquérir quelques connaissances de base, puisque, si la programmation est du domaine logiciel, c'est le logiciel qui pilote le matériel.

Un ordinateur est un système matériel capable d'effectuer des calculs. Le composant (puce) principal d'un ordinateur, le *microprocesseur (CPU)*, reçoit des instructions et des données, et travaille sur ces données, généralement pour en créer d'autres. Voilà réellement le b a ba pour tous les ordinateurs.

Par exemple, un CPU reçoit les données *3* et *5* ainsi que l'instruction *ajouter* : il répond *8*. Si vous fournissez les données *4* et *6* avec l'instruction *ajouter*, la réponse est *10*, et si vous utilisez *3* et *5* mais indiquez *multiplier* au lieu de *ajouter*, vous obtenez *15*.

Toutes les données fournies au microprocesseur le sont sous forme de *nombres*. Cela peut sembler difficile à croire, puisque l'ordinateur est capable d'afficher des lettres, des images, des sons et des films. Cependant, tout ce que vous voyez à l'écran est traité dans les entrailles de l'ordinateur sous forme de nombres. Lorsque vous utilisez un langage de programmation, comme Perl, celui-ci vous permet de penser en *lettres*, mais convertit en réalité ces lettres en nombres pour le microprocesseur.

Les microprocesseurs sont capables de bien plus de choses que des additions et des multiplications. Ainsi une opération courante est la comparaison de deux nombres. Par exemple, une instruction envoyée au microprocesseur est susceptible de signifier : "Si ce nombre est supérieur à 0, faire ceci ; sinon, faire plutôt cela." En comparant deux nombres et en réalisant quelque chose de différent en fonction du résultat de la comparaison, le microprocesseur autorise la prise de décision.

Voilà ce que je puis dire en guise d'introduction rapide à l'"esprit" de l'ordinateur. Bien sûr, un ordinateur ne pense pas réellement : il réagit. Et la façon dont il réagit repose sur les instructions et données qu'on lui fournit. La liste des instructions que vous fournissez au microprocesseur est un *programme,* et vous écrivez ce programme avec un *langage de programmation*. Un langage de programmation, comme Perl, est le moyen par lequel vous, programmeur, êtes à même de créer un ensemble d'instructions pour le microprocesseur.

Traduction de votre langage en langage ordinateur

Pour que les microprocesseurs puissent fonctionner efficacement, les instructions et données qui lui sont fournies doivent être compactes. Ces instructions et données constituent ce que l'on appelle le *langage machine*. Bien que le langage machine soit une sorte de langage de programmation, très peu de personnes savent comment l'exploiter. Les programmeurs utilisent des langages plus conviviaux comme Perl (ou C, COBOL, Java, etc.). Ces langages sont appelés *langages haut niveau*. Lorsqu'ils sont exécutés, ils sont convertis en langage machine qui est alors transmis au microprocesseur.

La plupart de ceux qui débutent dans l'apprentissage de la programmation se tournent vers un langage haut niveau, car c'est ce que nous autres humains comprenons le mieux. Il suffit simplement que l'ordinateur ait un moyen de transcrire le langage haut niveau en langage machine.

Une importante caractéristique d'un langage de programmation est la rapidité avec laquelle le programmeur peut apprendre à créer avec ce langage un programme qui lui sera utile. D'autres considérations existent, comme la vitesse d'exécution des programmes et l'énergie qu'il vous faut dépenser pour réaliser certaines tâches. Néanmoins, ce qui vient en premier est la facilité d'emploi du langage. Un langage difficile conviendra à 10 ou 20 % des programmeurs, mais pour les autres ce langage peu simple à manier ne vaut pas l'effort de formation.

Langages interprétés et langages compilés

Il existe deux principaux types de langages de programmation : *compilé* et *interprété*, chacun présentant des avantages et des inconvénients. Le meilleur langage compilé est probablement le C. Perl, quant à lui, est un langage interprété.

La différence principale entre les deux est que le langage compilé s'exécute généralement plus vite. Le langage interprété lit le programme et le convertit en instructions machine juste avant de l'exécuter. Le langage compilé produit un programme qui est déjà en instructions machine, le programme est donc exécuté tout de suite, sans devoir d'abord être converti. Nombre de programmeurs, particulièrement ceux qui travaillent en C, considèrent que les programmes compilés sont meilleurs du fait qu'ils s'exécutent plus rapidement. Dans notre société qui juge que le meilleur est le plus rapide, ce peut être un argument de poids.

La différence de vitesse entre un programme compilé et un programme interprété est parfois infime, et en tout cas non perceptible par le commun des mortels. Par exemple, même pour un programme Perl volumineux et complexe, un programme C équivalent peut n'être plus rapide que d'une demi-seconde. Une autre différence est que le langage interprété est légèrement plus facile à déboguer, car le programme est exécuté pas à pas, aussi pouvez-vous trouver plus rapidement l'endroit exact où s'est produit le problème et le corriger.

Rôle d'un langage de programmation

Certains pensent que les langues parlées par les hommes sortent de nulle part et ne changent jamais, or ce n'est pas du tout le cas. Les langages humains évoluent de nombreuses façons, et il en va de même pour les langages informatiques. Ces derniers, bien que différents des langages humains, leur ressemblent sur quelques points :

- Le rôle principal d'une langue est la communication de personne à personne ; celui du langage informatique est la communication d'humain à ordinateur.
- Tous les langages informatiques ont été créés dans les cinquante dernières années. Ils ne se sont pas développés sur une aussi longue période que les langages humains, aussi ne présentent-ils pas certaines des difficultés posées par de nombreuses langues telles qu'un grand nombre d'exceptions aux règles.

- Les langages informatiques sont généralement le fait d'un individu ou d'un petit groupe de personnes (bien que d'importantes équipes de concepteurs puissent se rassembler ultérieurement pour décider comment modifier un langage). Les langues des hommes évoluant dans le temps à l'unisson de milieux socioculturels hétérogènes, elles sont davantage susceptibles de comporter des anomalies que les langages informatiques.

Lorsque quelqu'un crée un nouveau langage informatique, il doit penser longtemps à ce qu'il veut réaliser avec ce langage, et pour quelle raison son langage sera meilleur que ceux qui existent déjà. Convaincre des gens d'arrêter d'utiliser leur langage de programmation favori pour basculer vers un nouveau langage peut être difficile, aussi le concepteur devra-t-il créer quelque chose d'aussi séduisant que possible (c'est-à-dire plus puissant ou plus facile à utiliser, ou les deux).

Parfois, un langage est créé uniquement dans le but de réaliser, mieux que ne le feraient les autres langages disponibles, certaines choses bien précises. Ce langage devient alors réellement important aux yeux d'une communauté de personnes. Par exemple, les ingénieurs qui conçoivent des robots sont susceptibles de vouloir leur propre langage informatique, capable de décrire comment bouger un bras ou une jambe et dans quelle direction, mais n'ont pas spécialement besoin de la possibilité d'opérer des calculs. D'autres langages sont conçus pour faire de tout, ce qui rend plus facile l'écriture de programmes du fait que le programmeur peut tout écrire avec un même et seul outil.

Vous vous dites peut-être que tout langage devrait être simple à apprendre, de façon à être accessible à un plus grand nombre de personnes. En fait, ce n'est pas du tout nécessaire, car il existe déjà quantité de langages simples : Perl est l'un d'eux. Au lieu de créer de nouveaux langages facilement maîtrisables, les concepteurs de langages ciblent des groupes particuliers de programmeurs et développent à leur intention des applications spécifiques.

Lors de la création d'un nouveau langage informatique, les concepteurs doivent garder à l'esprit un certain nombre de considérations :

- Quelle sera la rapidité d'exécution du langage ?
- Quelle sera la facilité d'étendre le langage pour qu'il gère des tâches non prévues par les auteurs du langage ?
- Quel cursus devra avoir le programmeur pour s'attaquer à ce langage ?
- Quels types d'ordinateurs seront capables d'exécuter le langage ?

Du fait de ces difficultés de conception, peu de langages de programmation sont largement exploités. Bien qu'au moins cent langages aient été distribués durant les trente dernières années, une dizaine seulement sont exploités par plus de quelques milliers de programmeurs.

Les langages sont plus ou moins pointilleux

Lorsque vous commencez à apprendre un langage de programmation, quelques erreurs vous sont permises. Lorsque vous en venez à créer un programme véritablement fonctionnel, certains langages sont très exigeants sur la façon d'écrire un programme et bloqueront votre progression tant que le programme ne sera pas parfait.

Certains langages de programmation, comme le C, vous imposent une extrême précision dans l'emploi des types de données ; si vous commettez une faute, le programme peut provoquer des erreurs sans pour autant vous en avertir. D'autres langages, comme Perl, sont plus coulants, ils vous permettent d'être moins précis sur le genre de données que vous utilisez.

Les programmeurs professionnels sont capables d'argumenter sur le fait qu'un langage doit être pointilleux ou non. Certains diront que cela est bon, car cela force le programmeur à dicter exactement ce qu'il veut, ne laissant aucune ambiguïté au langage. D'autres considèrent que les langages doivent être moins à cheval sur le protocole pour que les programmeurs puissent écrire du code rapidement, sans tout devoir décrire formellement.

Un langage de programmation peut aussi être rigide ou souple sous d'autres formes. Certains langages réclament que toute ligne de programme s'aligne avec les autres d'une certaine façon, alors que d'autres autorisent une disposition plus libre des lignes de code. Vous verrez que Perl est dans l'ensemble un langage plutôt souple. Vous pouvez cependant demander à Perl d'être plus regardant, en lui indiquant de vérifier vos programmes à la recherche de probables erreurs.

Avantages de Perl

Certains programmeurs sont capables d'argumenter *ad nauseum* sur la supériorité ou la facilité d'emploi de tel langage de programmation. Le fait est qu'il n'existe aucun langage parfait pour toutes les tâches, et que les trois ou quatre meilleurs langages pour réaliser la majorité des tâches s'en acquittent de façon à peu près égale. Pour le programmeur débutant ou de niveau intermédiaire, la question n'est pas réellement de savoir quel est le meilleur langage à utiliser, mais quel est le plus facile à maîtriser.

Perl fait un bon score, tant pour la courbe d'apprentissage que pour la facilité d'emploi. Vous pourrez écrire un petit programme Perl conçu pour effectuer une tâche simple dès que vous aurez lu les premiers chapitres de ce livre. En fait, si vous étudiez toute la première partie de l'ouvrage, vous en saurez assez sur Perl pour commencer à modifier des programmes à votre guise.

Une brève histoire de Perl

Les langages de programmation existent depuis plusieurs décennies et Perl (acronyme de *Practical Extraction and Report Language*), dont la naissance date du milieu des années 80, est probablement le plus jeune d'entre eux. L'idée de Perl est celle de son créateur, Larry Wall, qui, face à des tonnes de tâches d'administration système, ne disposait d'aucun bon langage pour les effectuer toutes.

En d'autres termes, Perl est né de la *nécessité*. Larry Wall avait besoin d'un langage capable d'ouvrir de nombreux fichiers texte dans différents formats, de lire ces différents fichiers, et de créer de nouveaux fichiers basés sur les fichiers d'origine. Il aurait pu travailler en C, langage déjà répandu à l'époque, mais le C n'est pas du tout efficace dans la manipulation du texte et est sujet aux erreurs difficiles à localiser lorsque le programmeur n'est pas rigoureux.

Longtemps, Perl est resté un langage pour UNIX. Son développement s'est poursuivi pour réaliser bien d'autres choses qu'extraire du texte et générer un état basé sur cette extraction. Des milliers d'outils d'administration système et d'outils Internet s'appuient maintenant sur Perl pour réaliser des tâches comme la compilation de statistiques à partir de fichiers journaux (log), le recueil de données d'utilisateurs via des formulaires Web ou l'affichage sur le Web de données extraites de bases de données. En fait, quelques programmes serveurs Web sont complètement écrits en Perl.

Perl est maintenant fourni avec presque toutes les versions d'UNIX. Jusqu'à il y a quelques années, tout travail sur Perl était réalisé sous UNIX. Le langage n'est pas encore aussi répandu sur PC et Macintosh, mais l'intérêt que portent à Perl les utilisateurs de petits ordinateurs va grandissant. Perl est le seul langage de programmation répandu et gratuit qui soit disponible à la fois pour Windows 95, Windows 98 et Macintosh. Ces ordinateurs ayant de plus en plus besoin d'administration système, l'usage de Perl est voué à s'étendre.

Il existe certes d'autres langages faciles à apprendre et à utiliser, mais ils ne possèdent pas les caractéristiques qui font de Perl un grand langage pour toutes situations, comme la souplesse avec laquelle il manipule les types de données ou sa capacité à gérer les objets. Le bon vieux BASIC présente des caractéristiques semblables à celles de Perl pour ce qui concerne la facilité, mais il ne convient pas à une programmation moderne du fait de son manque de souplesse. Microsoft Visual Basic n'est pas aussi facile à apprendre que le BASIC. Il est très puissant, mais nombreux sont les novices à le trouver compliqué. Certaines personnes pensent que le C est facile à apprendre mais difficile à utiliser à moins d'être vraiment très rigoureux, car il est possible de créer des programmes C qui semblent corrects mais finalement provoquent des erreurs dans l'ordinateur. Le C perd également de son brillant lorsque l'on touche au texte, un domaine où Perl excelle.

Perl surpasse d'autres langages de programmation pour certaines tâches courantes. Avec Perl, ouvrir un fichier, le lire, y apporter des modifications sont choses faciles. Perl est très opérationnel dans la gestion des fichiers texte et ne rencontre aucun problème avec les fichiers binaires. Perl est également bon dans la manipulation du texte comme lire une phrase et en extraire les mots, ou trier des lignes par ordre alphabétique.

Voici un rapide résumé des points forts de Perl : il est excellent dans la lecture des fichiers texte, le traitement de ces fichiers, la conversion de fichiers dans un format différent, la gestion des systèmes UNIX. Certains langages sont prévus pour permettre une écriture élégante ou très compacte ; Perl est conçu pour être complet et facile à utiliser.

Une autre bonne raison d'utiliser Perl est qu'il est gratuit. Cela a incité à son développement et en a répandu l'usage.

Les différentes versions de Perl

Dans ce livre, nous parlons de Perl comme s'il s'agissait d'un unique langage de programmation. En réalité, comme tout logiciel, Perl a subi de nombreuses modifications depuis le temps où Larry Wall l'a conçu. Heureusement, vous n'avez à considérer que deux versions majeures de Perl : Perl 5 et Perl 5.6 (une version plus ancienne, Perl 4, se rencontre rarement ; elle est mentionnée à quelques reprises dans l'ouvrage, à l'attention de ceux qui l'utilisent encore).

Chaque version majeure est suivie de nombreuses versions mineures. Par exemple, lors de la précédente édition de ce livre, la version de Perl était la 5.005 ; celle d'aujourd'hui est la 5.6. Les versions mineures d'une version majeure se comportent globalement de la même façon. Bien sûr, une version mineure avec un numéro plus élevé signale généralement quelques ajouts et quelques corrections de bogues. Les versions mineures passent elles-mêmes par des versions mineures, comme la 5.005_02.

Perl version 4 a constitué la version stable de Perl pendant de nombreuses années. Quelques personnes utilisent d'ailleurs encore Perl 4 au lieu de Perl 5, car elles y sont habituées, même si Perl 5 s'est vu ajouté de nombreuses caractéristiques avancées. La dernière sous-version de Perl 4 est la "patchlevel 36", mais la plupart des gens y font référence en tant que version 4.036. Lorsque nous mentionnons Perl 4 dans ce livre, nous faisons référence à cette version 4.036.

Début 1996, des programmeurs commencèrent la bascule vers Perl 5, puis début 2000 vers Perl 5.6. Voici ce qui a motivé cette mise à niveau : Perl 5 ne constitue pas un changement radical par rapport à Perl 4, mais les différences sont telles qu'il n'y aura probablement pas de Perl 6. Perl 5.6 est plutôt stable (quoique non exempte de bogues, bien sûr) et certainement utilisable pour n'importe quelle application.

Ce livre est presque entièrement consacré à Perl 5.6. Cela ne veut pas dire qu'un utilisateur Perl 4 ne puisse pas exploiter les programmes du livre : dans 90 % des cas, les programmes de ce livre fonctionnent exactement de la même façon sous Perl 4 que sous Perl 5.6 (preuve de la prudence de ceux qui ont travaillé sur le projet Perl pour assurer une transition sans heurt de Perl 4 à Perl 5 et à Perl 5.6).

Néanmoins, quelques éléments Perl 5.6 n'existent pas dans Perl 4. Nous les étudions dans ce livre. Par exemple, le Chapitre 19 présente la programmation orientée objet avec Perl, caractéristique inexistante dans Perl 4. Vous découvrirez au long du livre la description d'autres nouvelles caractéristiques de la version 5. De même, sont abordés les quelques éléments qui existent dans Perl 5.6 mais pas dans Perl 5.

Cela dit, nous conseillons fortement à ceux qui travaillent en Perl 4 de passer à Perl 5. Il n'existe par ailleurs aucune raison de ne pas faire la mise à niveau de Perl 5 vers Perl 5.6, particulièrement si vous êtes intéressé par la manipulation de texte international.

Quoi de neuf dans Perl 5.6 ?

Perl 5.6 a demandé presque quatre ans de gestation. On pourrait donc s'attendre à une myriade de nouvelles caractéristiques. Pour de nombreux langages de programmation, cette attente eût été justifiée, pas pour Perl : les responsables de l'évolution de Perl sont restés fidèles à leur conviction, à savoir ne pas succomber au syndrome de l'ajout de caractéristiques à tout va.

La modification la plus visible, celle qui a d'ailleurs suscité le plus grand intérêt dans le monde, est la gestion des caractères internationaux en général et le standard Unicode en particulier. Ceux qui travaillent en anglais ont la vie facile : ils disposent d'un petit jeu de caractères correspondant à leur alphabet, et aucun de ces caractères ne porte de marque diacritique comme l'accent aigu (´) ou le tréma (¨). Presque toutes les langues en dehors de l'anglais ont recours à des caractères supplémentaires, absents de l'alphabet anglais.

Jusqu'à la version 5.6, Perl ne disposait d'aucun moyen standard pour entrer ces caractères ou les afficher. Avec la version 5.6, c'est assez facile à faire. Perl s'appuie sur le standard Unicode, créé par le *Unicode Consortium,* un groupe d'entreprises et de particuliers qui œuvre depuis plus d'une décennie pour que toutes les langues du monde soient plus facilement manipulables par les ordinateurs. Vous trouverez plus d'informations sur le standard Unicode sur `www.unicode.org`, et sur l'emploi d'Unicode dans Perl 5.6 au Chapitre 5 de ce livre.

Les autres améliorations de Perl 5.6 ne sont pas aussi évidentes pour la plupart des utilisateurs. Les développeurs de Perl 5.6 ont réussi leur effort d'apporter principalement des modifications internes, en préférant s'appuyer sur les modules Perl (décrits au Chapitre 19) pour l'ajout des caractéristiques plus visibles. La plupart de ces caractéristiques dépassent le cadre de ce livre, citons cependant les nombres binaires et une meilleure intégration avec le système d'exploitation Microsoft Windows.

L'avenir de Perl

Avant de vous embarquer pour votre expédition Perl, vous vous demandez peut-être si Perl est toujours le meilleur langage pour apprendre, vu l'évolution rapide du monde informatique en général et de l'Internet en particulier. Soyez rassuré, Perl (notamment Perl version 5) est aussi paré pour le futur que n'importe autre langage de programmation.

N'oubliez jamais que si de nouvelles technologies apparaissent constamment, présentées à grand renfort de promotion, peu tiennent la distance. Nous écrivons dans les revues d'informatique depuis presque vingt ans, et avons toujours entendu parler de nouvelles idées, censément époustouflantes et révolutionnaires, et de projets morts-nés vite retombés aux oubliettes de l'histoire. En comparaison, la souplesse de Perl permet aux programmeurs de développer presque n'importe quelle nouvelle application, que cette application devienne célèbre ou non.

Un bon exemple de caractéristique Perl "prête pour le futur" est sa reconnaissance de *XML (eXtensible Markup Language).* XML est un format de document pour l'échange de données via Internet appelé prendre une place énorme dans les cinq prochaines années, et Perl est un des meilleurs langages pour lire les fichiers XML. XML est encore trop nouveau pour que l'on trouve énormément de documents de ce genre sur Internet. Néanmoins, nous vous présentons l'emploi de Perl pour la programmation XML au Chapitre 15.

Il existe déjà des modules Perl pour quelques autres technologies émergeantes dont :

- **CORBA (Common Object Request Broker Architecture) :** Nombreux sont ceux qui estiment que CORBA sera la principale méthode au moyen de laquelle les programmes s'échangeront des objets (pour des informations sur les objets, consultez le Chapitre 19).

- **DNS (Domain Name System, pour Internet) :** DNS est en cours de modifications en raison de la pression politique de diverses nations qui veulent plus de contrôle sur l'enregistrement des noms de domaines à l'intérieur de leurs frontières. Ces pressions étant à même de provoquer des modifications du système DNS dans un proche avenir, les administrateurs système ont besoin d'outils pour les aider à comprendre l'état actuel du système. Perl possède déjà les éléments pour aider les administrateurs à gérer leurs noms de domaines.

- **Gestion de réseau :** Les entreprises ajoutant de plus en plus d'ordinateurs à leurs réseaux internes, la gestion de ces réseaux devient plus difficile. Le matériel réseau est devenu plus complexe ces dernières années, et la tendance se poursuit puisque les utilisateurs en demandent toujours plus à leurs réseaux. Perl est un excellent outil pour automatiser l'organisation et le contrôle du matériel réseau.

La plupart des langages de programmation peuvent être forcés à travailler avec les nouvelles technologies, mais seuls quelques langages vous donnent les outils pour le faire sans avoir à écrire de gros volumes de code en partant de zéro. La structure de Perl en fait au contraire un langage qui permet d'aller de l'avant sans tout revoir à chaque fois. L'usage de nouvelles technologies alors qu'elles sont encore en évolution demande moins de travail sur le long terme.

Chapitre 2

Perl sur votre ordinateur

Dans ce chapitre :

- Installation de Perl sur diverses plates-formes.
- Exécution de programmes Perl.
- Récupération de la dernière version de Perl.
- Perl sur les autres systèmes.

Tout langage de programmation exploité sur un certain type d'ordinateur doit être en phase avec cet ordinateur de façon à pouvoir exécuter des programmes. Par exemple, pour lire et écrire des fichiers, un langage doit savoir précisément la façon dont s'y prend l'ordinateur sur lequel il se trouve pour lire et écrire des fichiers.

Techniquement parlant, un langage de programmation comme Perl s'exécute sur un système d'exploitation, pas sur un ordinateur. Presque tous les ordinateurs construits aujourd'hui sont fournis avec un système d'exploitation et certains sont capables de faire tourner différents systèmes d'exploitation. Par exemple, un PC (compatible IBM) est à même de faire tourner MS-DOS, Windows 95 ou 98, Windows NT, Linux et d'autres moutures d'UNIX, QNX, etc. Perl ne réclame pas un ordinateur particulier pour s'exécuter, c'est le système d'exploitation qui importe.

Perl n'est plus dédié à UNIX

A l'origine, Perl a été écrit pour UNIX et des systèmes d'exploitation semblables. Une autre caractéristique intéressante de Perl est qu'il tente vaillamment de gommer les différences entre les systèmes d'exploitation. Perl pour Windows 95/98 et Perl pour Macintosh ont certes quelques caractéristiques que l'on ne retrouve pas sur Perl pour UNIX, mais la grande majorité des caractéristiques intéressantes de Perl se retrouvent sur tous ces systèmes d'exploitation. L'ouverture de fichiers s'effectue de la même façon, vous disposez des mêmes moyens de calcul, etc.

Vous devez connaître impérativement les différences importantes entre Perl pour UNIX et Perl pour les autres systèmes d'exploitation. Nous vous signalerons ces différences au cours du livre à l'aide d'icônes comme celle-ci. Faire l'impasse sur ces avertissements peut mener à des programmes ne fonctionnant pas comme vous l'avez prévu.

Ce livre couvre en majorité les éléments de Perl qui fonctionnent de la même façon sur tous les types d'ordinateurs. Avant de pouvoir exécuter des programmes Perl, vous devez installer Perl sur votre ordinateur, ce qui s'effectue en suivant différentes étapes selon le type d'ordinateur. Nous décrivons ces étapes plus loin dans ce chapitre.

Les noms de Perl

Ce livre décrit comment exécuter Perl sur quatre systèmes d'exploitation différents : UNIX, Windows 95/98, Windows NT et Macintosh (MacOS).

Perl pour Windows 95, Windows 98 et Windows NT sont en réalité le même programme. Dans ce livre, nous l'appelons ActivePerl, car c'est le programme que nous vous conseillons d'utiliser.

Perl pour Macintosh est appelé MacPerl, et Perl pour UNIX Perl tout court.

Récupération de la dernière version sur Internet

Vous pouvez récupérer la dernière version de Perl sur de nombreux sites Internet.

Pour ce qui concerne ActivePerl, visitez le site de son développeur ActiveState, à l'adresse `www.activestate.com`.

A l'heure où nous écrivons ces lignes, MacPerl n'existe pas encore en version 5.6. Toutefois, à l'heure où vous les lirez, il est probable qu'il aura été mis à jour. Rendez-vous sur le site `www.macperl.com` et suivez les indications de téléchargement.

UNIX : le berceau de Perl

Perl a commencé sa vie sous forme d'application UNIX ; son intégration avec UNIX est donc plus poussée que son intégration avec Windows ou le Mac. Cependant, cette intégration plus importante ne veut pas dire que l'installation et l'emploi de Perl sous UNIX soient toujours une petite affaire. Les deux sections suivantes aideront les utilisateurs d'UNIX à éviter les problèmes d'installation de Perl sur leur système.

Déterminer si vous avez besoin d'installer Perl pour UNIX

Si vous avez utilisé UNIX pendant quelque temps, vous savez qu'il en existe un nombre incroyable de versions. Pour certains utilisateurs, les différences entre ces versions ne sont pas préoccupantes. Cependant, si vous essayez d'installer un programme complexe comme Perl, elles peuvent mener le processus d'installation à l'agonie. Notre expérience personnelle nous a montré que l'installation de Perl est parfois une sinécure, parfois un vrai casse-tête.

Heureusement, Perl est si prisé du milieu UNIX que presque toutes les implémentations d'UNIX sont désormais fournies avec Perl déjà installé. Un bon moyen pour savoir si Perl est déjà installé sur votre système est d'entrer la commande UNIX suivante :

```
perl -v
```

Si Perl est installé, et dans votre chemin d'accès UNIX, vous obtiendrez à l'écran quelque chose du type :

```
This is perl, version 5.005_02 built for i386-bsdos

Copyright 1987-1998, Larry Wall

Perl may be copied only under the terms of either the
Artistic License or the GNU General Public License, which
may be found in the Perl 5.0 source kit.

Complete documentation for Perl, including FAQ lists,
should be found on this system using 'man perl' or
'perldoc perl'. If you have access to the Internet, point
your browser at http://www.perl.com/, the Perl Home Page.
```

Notez le numéro de version dans la première ligne de ce message. Elle doit indiquer `This is perl, version 5.004` ou `This is perl, version 5.005`. Cela veut dire que vous exécutez Perl 5, la dernière version majeure de Perl. Si la première ligne indique quelque chose comme `This is perl, version 4.0`, vous exécutez Perl 4, ce qui convient, certes, mais n'est pas le mieux, certaines caractéristiques décrites dans ce livre étant présentes uniquement dans Perl 5.

De nombreux systèmes UNIX exécutent simultanément Perl 4 et Perl 5. Habituellement, l'un est invoqué par `perl` et l'autre par `perl4` ou `perl5`. Dans l'exemple ci-dessus, `perl` est Perl 5, mais un programme appelé `perl4` peut tout à fait se trouver sur votre système UNIX pour exécuter Perl 4. Si la commande `perl` charge Perl 4, regardez si la commande `perl5 -v` affiche le message de version de Perl 5.

Si Perl n'est pas dans votre chemin d'accès UNIX lorsque vous entrez la commande `perl -v` , vous obtiendrez le message suivant :

```
perl: command not found
```

Cela n'indique pas forcément que Perl n'est pas installé sur votre système. Opérez une recherche avec la commande `whereis` :

```
whereis perl
```

Si Perl se trouve à un des emplacements standards où l'on peut s'attendre à l'y trouver, vous obtiendrez un message de ce type :

```
/usr/bin/perl
/usr/contrib/bin/perl
```

Note : La commande `whereis` affiche parfois sa réponse sur une seule ligne.

Si la réponse de la commande `whereis` est vide, il est probable que Perl n'est pas installé sur votre système. Vous devrez alors peut-être faire appel à quelqu'un d'autre. Commencez par demander à un administrateur système où Perl est installé. L'administrateur l'a peut être installé mais sans le rendre accessible, ou il suffit de demander son installation.

Installation de Perl sous UNIX (si nécessaire)

Si vous êtes administrateur système UNIX, il se peut que vous installiez Perl sans problème si votre version d'UNIX est reconnue par la compilation (*build*) de Perl utilisée. Malheureusement, ce n'est généralement pas le cas. Il nous est arrivé d'installer Perl à l'aide de deux simples commandes, mais il nous est aussi arrivé d'avoir à téléphoner au service d'assistance technique du distributeur de notre version UNIX pour comprendre ce qui n'allait pas.

Vous pouvez installer Perl pour d'autres personnes seulement si vous êtes administrateur système. Vous pouvez cependant l'installer pour votre propre usage sans disposer de privilèges d'administrateur système. Pour une installation pour une utilisation générale, Perl réclame en effet l'accès à certains fichiers avec privilèges, il faut alors être utilisateur root durant cette installation. Si vous n'êtes pas administrateur système avec privilèges root, vous devez demander à la personne qui détient ces privilèges de procéder pour vous à l'installation de Perl.

Voici les sept étapes de base pour installer Perl 5 :

La première chose à faire est de disposer de la dernière version du programme Perl. Procurez-vous-la sur Internet. Le fichier de distribution de Perl 5 s'appelle perl5.tar.gz et fait environ 3,5 Mo.

1. **Utilisez `gunzip` et `tar` pour décompresser et désarchiver le fichier .tar.gz.**

   Il est judicieux de placer les sources au même endroit que les autres programmes sources (typiquement dans /usr/src).

2. **Lisez le fichier INSTALL.**

   Vous trouverez dans ce fichier des informations supplémentaires sur ce dont vous avez besoin pour installer Perl. Le fichier n'est pas très long, et il donne des détails importants à connaître sur les différentes versions d'UNIX.

3. **Supprimez le fichier config.sh s'il existe dans votre répertoire d'installation.**

   Il s'y trouve si, par exemple, vous avez déjà tenté d'installer Perl.

4. **Tapez la commande :**

```
sh Configure
```

   Cette commande est un script shell qui recueille de nombreuses informations sur votre système. Le script crée le fichier config.sh qui contient des dizaines de définitions de variables concernant votre système.

5. **Tapez la commande :**

```
make
```

   Cette commande compile et édite les liens pour tous les fichiers nécessaires, en utilisant les paramètres déterminés à l'étape 4.

6. **Tapez la commande :**

```
make test
```

Cette commande effectue de nombreux tests sur l'exemplaire de Perl généré à l'étape 5. La commande `make test` doit annoncer `All tests successful`. Si ce n'est pas le cas, le message obtenu vous aidera (en principe) à comprendre ce qui s'est mal déroulé durant la compilation ou l'édition des liens.

7. **Enfin, entrez la commande :**

```
make install
```

Cette commande installe les éléments de Perl dans les divers répertoires système de votre ordinateur.

Perl se compose de très nombreux éléments. Le programme d'installation place les divers fichiers Perl à différents endroits, éventuellement en écrasant des versions antérieures de certains fichiers système. Pour plus de sûreté, consultez le fichier *Makefile* (le fichier qui indique au programme `make` ce qu'il faut faire) *avant* d'exécuter la commande `make install`, vous serez ainsi sûr que tout va se passer comme vous l'entendez.

Exécution de programmes Perl sous UNIX

Une fois Perl installé sur votre système, vous pouvez exécuter un programme Perl via la commande `perl`. Un programme Perl est un simple fichier texte que vous pouvez créer avec n'importe quel éditeur de texte tel que vi ou emacs.

Si vous avez un programme Perl appelé proc-invoices, vous exécutez ce programme avec la commande :

```
perl proc-invoices
```

Perl possède plusieurs options de ligne de commande. L'une des plus utiles est `-c`, qui indique à Perl de ne pas exécuter le programme mais simplement de vérifier s'il contient des erreurs de syntaxe. Pour vérifier votre programme proc-invoices, entrez la commande :

```
perl -c proc-invoices
```

Sous UNIX, Perl se comporte comme un interpréteur shell (sujet familier aux utilisateurs expérimentés d'UNIX). Le fait que Perl se comporte comme un interpréteur shell signifie qu'un programme Perl peut être invoqué sur la ligne de commande UNIX sans commencer par la commande `perl`. Par exemple, vous pouvez exécuter le programme proc-invoices avec la commande suivante :

```
proc-invoices
```

Cependant, pour que cela fonctionne, la première ligne de votre programme Perl doit alors être semblable à celle-ci :

```
#!/usr/bin/perl
```

Le texte à droite du caractère `#!` est l'emplacement de Perl sur votre système. La plupart des systèmes UNIX stockent Perl dans /usr/bin/perl. Si votre système stocke Perl autre part, par exemple dans /usr/contrib/lang/perl, la première ligne de votre programme Perl doit être :

```
#!/usr/contrib/lang/perl
```

Si vous utilisez UNIX et MS-DOS, vous commettrez peut-être une erreur courante. Sous MS-DOS (ou dans la fenêtre DOS de Windows 95/98), ne tapez pas l'extension du nom du programme lorsque vous exécutez ce programme. Par exemple, si vous avez un programme procinv.exe, entrez la commande : `procinv`.

Il n'existe pas véritablement d'extensions sous UNIX. Si un programme s'appelle proc-invoices.pl (.pl étant le moyen courant d'indiquer qu'un fichier est un programme Perl), vous devez entrer la commande suivante :

```
proc-invoices.pl
```

et non pas juste `proc-invoices`.

ActivePerl pour Windows 95/98 et Windows NT

Par rapport à UNIX, l'installation de Perl 5 sous Windows 95, Windows 98 ou Windows NT est bien plus facile. ActivePerl se présente sous la forme d'un programme d'*installation automatique*, c'est-à-dire d'un unique fichier exécutable. Lorsque vous exécutez ce fichier, il installe tous les fichiers nécessaires aux endroits corrects sur votre disque dur.

Installation d'ActivePerl sous Windows

Si vous travaillez sous Windows 95, Windows 98 ou Windows NT, téléchargez le programme ActivePerl à partir du site Web `www.activestate.com`.

Le programme d'installation d'ActivePerl utilise le nouveau logiciel Microsoft Windows Installer qui sert de guide pendant le processus d'installation. Si vous utilisez Windows 95, Windows 98 ou Windows NT, il est possible que vous deviez télécharger ce programme avant de pouvoir installer ActivePerl (les utilisateurs Windows 2000 n'ont pas besoin de ce programme). Si vous devez le télécharger, visitez la page Web d'ActiveState à l'adresse `www.activestate.com/Products/ActivePerl/Download.html`.

Si vous êtes utilisateur Windows 95, une étape supplémentaire vous sera peut-être nécessaire (rappelons que les utilisateurs Windows 98 et Windows NT ne sont pas concernés). Vous devrez installer le fichier MSVCRT.DLL avant de pouvoir installer ActivePerl. Procurez-vous ce fichier sur le site FTP de Microsoft à l'adresse `ftp.microsoft.com/softlib/mslfiles/msvcrt.exe` et chargez-le sur votre PC. Après cela, vous pourrez installer ActivePerl.

Pour installer Perl, double-cliquez sur l'icône du fichier ActivePerl.msi. L'installation progresse comme la plupart des installations de logiciels Windows. Diverses fenêtres de dialogue vous demandent des renseignements.

Une des questions importantes est l'emplacement où vous voulez placer ActivePerl ; le répertoire suggéré est C :\perl. A moins d'avoir une bonne raison de ne pas garder cet emplacement, acceptez la suggestion. ***Note :*** Autre raison pour conserver cet emplacement : tout exemple Windows que vous rencontrerez dans ce livre suppose que Perl est installé dans C :\perl.

Une des améliorations apportées à Perl 5.6 est un programme d'installation plus performant. Vous pouvez ainsi installer Perl dans un emplacement différent de celui proposé, voire même l'installer dans un répertoire dont le nom contient des espaces. C'était impossible avec les versions antérieures de Perl.

Après quelques fenêtres de dialogue, le programme d'installation installe les fichiers nécessaires sur votre disque dur. Après copie de ces fichiers, il vous est demandé si vous voulez lire les notes de dernière minute pour ActivePerl. Si vous répondez oui, le programme d'installation charge votre navigateur Web (par exemple Netscape Communicator ou Internet Explorer) pour afficher ces notes. Vous pouvez bien sûr refuser de lire ces notes ; vous pourrez de toutes façons y revenir quand bon vous semble.

Exécution d'ActivePerl dans une fenêtre DOS

ActivePerl *n'est pas* un programme Windows : vous devez l'exécuter, via la ligne de commande, dans une fenêtre DOS. Cela veut dire pas de menus, pas de fenêtres de dialogue, beaucoup de saisie. Cela vous découragera peut-être au début mais vous apprendrez à vivre avec.

Pour commencer, ouvrez une fenêtre DOS :

1. **Dans le menu Démarrer, cliquez sur Programmes, puis sur Commandes MS-DOS.**

   Une fenêtre DOS s'affiche. Le répertoire actif n'est probablement pas celui où est stocké ActivePerl.

2. **Utilisez la commande DOS `cd` pour vous placer dans votre répertoire Perl.**

   Si vous avez suivi les instructions d'installation, ce répertoire est C :\perl\bin.

TRUC

Pour ouvrir une fenêtre MS-DOS qui soit positionnée directement dans le répertoire C :\perl\bin, créez un raccourci :

1. **Cliquez du bouton droit sur le bureau de Windows.**

   Un menu contextuel apparaît.

2. **Actionnez Nouveau/Raccourci.**

   Une fenêtre de dialogue vous demande d'indiquer la ligne de commande du raccourci à créer.

3. **Tapez C :\Command.com dans la case Ligne de commande, puis cliquez sur Suivant.**

4. **Pour le nom du raccourci, entrez Perl5.**

5. **Cliquez sur Terminer.**

   Vous avez maintenant une nouvelle icône sur votre bureau.

6. **Cliquez du bouton droit sur la nouvelle icône, pour afficher le menu contextuel.**

7. **Sélectionnez Propriétés.**

8. **Dans la fenêtre de dialogue Propriétés, cliquez sur l'onglet Programme.**

9. **Dans la case Répertoire de travail, entrez le nom du répertoire où se trouve ActivePerl, par exemple C :\Perl\bin.**

   Vous pouvez régler d'autres options, dans les autres onglets de la fenêtre Propriétés.

10. **Cliquez sur OK dans la fenêtre Propriétés, pour valider les réglages.**

Lorsque vous double-cliquez maintenant sur l'icône que vous venez de créer, la fenêtre Commandes MS-DOS s'affiche, avec comme répertoire actif votre répertoire Perl.

Du fait que les programmes Perl sont des fichiers texte, vous pouvez créer ces programmes avec un éditeur de texte comme le Bloc-notes de Windows ou l'éditeur Edit du DOS. L'exécution d'un programme Perl s'effectue via la commande `perl`. Par exemple, si votre programme Perl s'appelle procinv.pl, vous l'exécutez avec la commande suivante :

```
perl procinv.pl
```

Perl possède un certain nombre d'options de ligne de commande, la plus utile étant `-c` qui indique à Perl de vérifier si un programme contient des erreurs de syntaxe (sans exécuter le programme). Pour vérifier le programme procinv.pl, entrez la commande suivante :

```
perl -c procinv.pl
```

Il devient vite fastidieux de taper à chaque fois `perl` suivi du nom du fichier et de son extension. ActivePerl est fourni avec un programme pl2bat qui transforme un programme Perl en fichier batch, exécutable en tapant juste son nom. Par exemple, pour changer le programme procinv.pl en fichier batch, tapez cette commande :

```
pl2bat procinv.pl
```

`pl2bat` crée le fichier procinv.bat. Vous pouvez ensuite exécuter le programme en tapant :

```
procinv
```

Pour savoir quelle version d'ActivePerl est installée, tapez la commande :

```
perl -v
```

Le résultat de cette commande est visible sur la Figure 2.1.

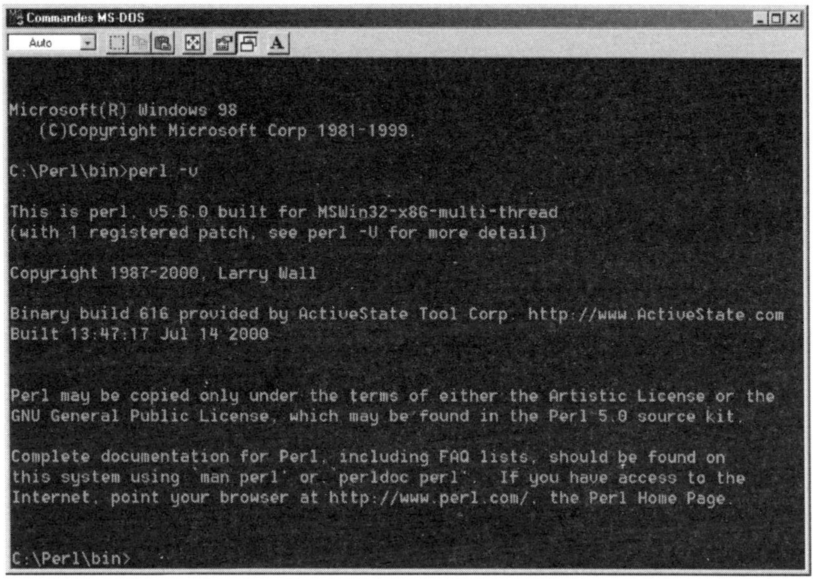

Figure 2.1 : Vérification de la version d'ActivePerl.

MacPerl : la convivialité attendue

Comparée à l'installation sous UNIX, l'installation de Perl pour Macintosh est une promenade de santé.

Installation de MacPerl

Pour installer MacPerl, procédez ainsi :

1. **Récupérez sur** `www.macperl.com` **la dernière version du programme MacPerl.**

2. **Après voir téléchargé le programme d'installation sur votre disque dur, double-cliquez sur l'icône MacPerl Installer pour l'exécuter.**

   Il vous est demandé si vous voulez installer le dossier MacPerl sur votre ordinateur, ainsi que les quelque 800 fichiers associés au produit, dont toute la documentation.

Exécuter un programme avec MacPerl

MacPerl est un programme pour exécuter les programmes Perl. Les programmes MacPerl sont des fichiers texte purs, que vous pouvez créer avec n'importe quel éditeur de texte comme SimpleText ou BBEdit. MacPerl intègre également un éditeur de texte basique.

Pour créer un nouveau fichier texte dans MacPerl, procédez ainsi :

1. **Actionnez File/New.**
2. **Tapez votre programme.**
3. **Actionnez File/Save.**

   Vous pouvez également utiliser les commandes Open, Close, Print, Cut, Copy et Paste de l'éditeur MacPerl, comme dans n'importe quel autre programme Mac.

Pour exécuter un programme Perl dans MacPerl, actionnez une des deux commandes Run du menu Script :

- La première commande Run exécute un programme qui existe sur disque.
- La seconde commande Run exécute le programme sur lequel vous travaillez actuellement dans MacPerl.

TRUC

Si vous utilisez un autre éditeur que l'éditeur interne de MacPerl, vous devrez utiliser la première commande Run.

Lorsque vous exécutez un programme Perl, MacPerl ouvre une fenêtre vide, pour l'entrée et la sortie de données. C'est dans cette fenêtre que s'affichent les messages de MacPerl. C'est là aussi que vous pouvez entrer du texte en réponse aux invites (le Chapitre 3 étudie ces sujets).

TRUC

Vous pouvez également utiliser MacPerl pour vérifier si votre programme contient des erreurs, avant de l'exécuter. Au lieu d'actionner la commande Run, employez une des commandes Syntax Check du menu Script.

Perl via la ligne de commande

Lorsque vous exécutez Perl sur la ligne de commande UNIX ou MS-DOS, vous pouvez insérer des options de ligne de commande pour en modifier le comportement. Ces options sont également disponibles dans MacPerl, mais pas sous la forme de ligne de commande puisque MacOS n'en possède pas. Perl dispose de plusieurs options de ligne de commande, mais seules quelques-unes sont réellement intéressantes pour la plupart des programmeurs. Nous en présentons ci-après certaines.

Méthodes pour entrer les options de ligne de commande

Vous pouvez entrer des options de ligne de commande de deux façons. La première est bien sûr via la ligne de commande. La seconde est d'inclure une ligne au début de votre programme, qui sera identique à ce que vous taperiez sur la ligne de commande mais précédée des caractères `#!`. Par exemple, vous indiquez qu'il faut utiliser systématiquement l'option de ligne de commande `-w` en insérant `#!perl -w` sur la première ligne du programme. Cette possibilité sera bien utile aux utilisateurs Mac puisqu'ils ne disposent pas de ligne de commande.

Nous avons vu plus haut dans ce chapitre que les utilisateurs UNIX doivent entrer le chemin d'accès complet au programme Perl sur la première ligne de leurs programmes. Ici, donc, au lieu d'entrer `#!perl -w` sur la première ligne du programme, un utilisateur UNIX doit entrer :

```
#!/usr/bin/perl -w
```

L'option -c

L'option Perl la plus courante est `-c`, qui indique à Perl de vérifier la syntaxe d'un programme sans l'exécuter. Pour les utilisateurs Mac, il faut employer la commande Syntax Check de MacPerl.

L'option -w

L'option `-w` indique à Perl de rechercher dans le programme un certain nombre d'erreurs de programmation. Les erreurs découvertes sont signalées. Il vous reste alors à modifier le programme pour le corriger. Il est utile d'employer cette option `-w` avant la première exécution du programme.

L'option -v

L'option -v vous informe de la version de Perl dont vous disposez. Cette option est également disponible dans ActivePerl et MacPerl. Par exemple, si vous écrivez cette ligne au début d'un fichier ActivePerl :

```
#!perl -v
```

Perl affiche :

```
This is perl, v5.6.0 built for MSWin32-x86-multi-thread
(with 1 registered patch, see perl -V for more detail)

Copyright 1987-2000, Larry Wall

Binary build 613 provided by ActiveState Tool Corp.
http://www.ActiveState.com
Built 12:36:25 Mar 24 2000

Perl may be copied only under the terms of either the
Artistic License or the GNU General Public License, qui
may be found in the Perl 5.0 source kit.

Complete documentation for Perl, including FAQ lists,
should be found on this system using 'man perl' or
'perldoc perl'. If you avez accès to the
Internet, point your browser at http://www.perl.com/, the
Perl Home Page.
```

L'option -e

Il existe un mode Perl qui permet d'exécuter des programmes en ligne, c'est-à-dire sans avoir à les enregistrer d'abord sous forme de fichier texte. Lorsque vous utilisez l'option -e, Perl considère que le reste de la ligne de commande est en fait un programme en ligne Perl et non pas le nom d'un fichier texte contenant le programme. Par exemple, pour calculer le produit de deux nombres, tapez :

```
perl -e "print 27.35 * .0825;"
```

L'option -i

L'option `-i` permet d'employer Perl pour modifier des fichiers. Le Chapitre 13 étudie cette option en détail.

L'option -d

Une fois que vous aurez quelque expérience de manipulation de Perl, vous pourrez utiliser son système de débogage interne. Le débogueur est un programme qui sert à trouver les erreurs dans un programme Perl en y avançant pas à pas. L'étude du débogage sort du cadre de ce livre. Cependant, si vous désirez l'essayer, utilisez l'option de ligne de commande `-d`. Par exemple, pour déboguer le programme proc-invoices, entrez la commande suivante :

```
perl -d proc-invoices
```

Autres systèmes d'exploitation

Le site du Comprehensive Perl Archive Network (CPAN) stocke des versions du langage Perl pour de nombreux systèmes d'exploitation autres que UNIX, Windows NT, Windows 95/98 et MacOS. Perl a en effet été personnalisé pour s'exécuter sur une grande variété de systèmes. Des implémentations de Perl existent pour les systèmes d'exploitation suivants :

- Acorn
- Amiga
- Atari
- BeOS
- MS-DOS
- MVS
- Novell NetWare
- OS/2
- OS 390

- QNX
- RiscOS
- VMS
- Windows 3.1

Note : Certaines des versions Perl ci-dessus sont quelque peu anciennes et ne sont plus actualisées. Par exemple, la version pour Windows 3.1 est un Perl 4 et n'a pas été modifiée depuis plus de cinq ans.

Certaines autres versions de Perl sont à jour et il existe un suivi, vous pouvez donc les utiliser sans problème. Visitez le site CPAN pour voir si de la documentation existe ; si c'est le cas, relevez l'adresse e-mail fournie pour obtenir des informations sur le programme.

Ce livre étudie Perl sous UNIX, Windows NT, Windows 95/98 et MacOS uniquement. Si vous utilisez Perl sur un autre système d'exploitation, au moins 95 % des programmes présentés ici devraient fonctionner correctement, mais nous ne pouvons pas vous l'assurer avec certitude.

Chapitre 3
Dans les entrailles de Perl

Dans ce chapitre :

- Bases de construction des programmes Perl.
- Écriture d'instructions.
- Insertion de commentaires.
- Affectation de variables.
- Valeurs littérales.

Il est temps de plonger les mains dans le cambouis, c'est-à-dire les éléments de base d'un programme Perl. Ce chapitre décrit à quoi ressemble un programme Perl. Les programmes Perl ont une certaine structure : pour pouvoir créer des programmes, vous devez apprendre à en assembler les éléments.

A la fin de ce chapitre, vous saurez comment Perl manipule les types de données couramment exploités dans les programmes. Considérez ce chapitre comme une leçon d'anatomie sur les rouages internes d'un programme.

Choisir un éditeur de texte

Un programme Perl est un fichier texte pur. Vous pouvez écrire un tel fichier avec n'importe quel éditeur de texte. Les unixiens utilisent généralement *vi* et *emacs,* deux éditeurs populaires fournis avec la plupart des systèmes UNIX. Les utilisateurs Windows disposent du Bloc-notes ou de WordPad, fournis avec Windows, ou même du programme Edit qui fait partie de MS-DOS ; il existe cependant de nombreux autres éditeurs bien meilleurs. Les utilisateurs de

Macintosh disposent du programme SimpleText fourni avec tout Macintosh, mais là encore il existe de nombreux éditeurs bien supérieurs. Le freeware BBEdit Lite et le produit commercial BBEdit Pro sont particulièrement intéressants pour les programmeurs Mac.

Rien ne vous interdit de travailler avec l'éditeur de votre choix pour créer vos programmes Perl. Cependant, si vous travaillez beaucoup en programmation Perl, envisagez de vous procurer un éditeur doté de caractéristiques supplémentaires pour les programmeurs (mes favoris sont TextPad pour Windows et BBEdit Pro pour Macintosh). Si vous débutez en programmation Perl, vous pouvez utiliser n'importe quel éditeur de texte, car vos premiers programmes seront simples et donc faciles à saisir.

Composants de base d'un programme Perl

Cette section décrit les étapes de base pour créer un programme Perl. Nous utilisons quelques *fragments de code,* qui consistent en une ligne ou deux extraites d'un programme Perl complet. Ces fragments proviennent d'un programme présenté au Chapitre 4, mais vous n'avez pas besoin du programme entier pour comprendre le fonctionnement des fragments.

Exécution d'une instruction

Lorsque Perl exécute un programme, il commence en haut du programme et lit chaque ligne en progressant vers le bas, exécutant chaque instruction rencontrée. Une *instruction* Perl est comme un ordre en français : il indique à Perl ce qu'il faut faire. Par exemple :

```
print "Contenu du fichier $TheFile:\n";
```

Ici, `print` est l'instruction et le reste de la ligne indique à Perl ce qu'il faut afficher. Perl contient de nombreuses sortes d'instructions. Savoir ce que les instructions sont capables de réaliser est l'essence même de la compréhension du langage Perl. Nous reviendrons plus loin sur cette notion d'instruction.

NdT. Le terme *print* se traduit littéralement par *imprimer*. Pour *afficher*, il faudrait en toute logique utiliser *display*. Cependant, en programmation, le mot *print* demeure depuis l'époque où peu d'ordinateurs étaient dotés d'écrans : la sortie des données se faisait alors uniquement par impression.

Créer une boucle

Perl ne progresse pas toujours en ligne droite. Certaines instructions mettent en place des *boucles,* qui sont des ensembles de lignes que Perl répète tant qu'on ne lui dit pas d'arrêter. L'exemple ci-dessous présente une boucle qui se compose des lignes entre l'instruction `while` et l'instruction `loop`. Lorsque Perl quitte la boucle, il continue la lecture du programme à la ligne qui suit immédiatement la boucle.

```
while(<INFILE>) {
```

et :

```
} # Fin de la boucle while(<INFILE>)
```

Au Chapitre 8, vous découvrirez ce qui se passe dans une boucle et comment indiquer à Perl de quitter cette boucle. Pour l'instant, tout ce que vous avez à retenir est que lorsque vous quittez une boucle, Perl commence à exécuter les instructions juste après la boucle, ligne par ligne, comme il le faisait avant la boucle.

Insertion d'un commentaire

Dans un programme Perl type, environ la moitié des lignes seulement effectuent réellement quelque chose. L'autre moitié est composée de *commentaires*, des lignes que Perl ignore. D'où la réflexion : "Quoi ? Le moitié de mon programme va être ignorée par Perl ! Pourquoi donc alors s'embêter à écrire cette moitié ?" Voici deux bonnes raisons, qui restent vraies quel que soit le langage de programmation :

- Les commentaires aident à déchiffrer un programme quand vous y revenez ultérieurement pour le corriger ou l'utiliser à une autre fin.
- Les commentaires permettent à d'autres que vous qui doivent lire votre programme de comprendre quelles étaient vos intentions lorsque vous l'avez écrit.

TRUC

Écrire un programme, c'est un peu comme ranger son garage : l'organisation adoptée semble parfaite lorsque vous établissez le rangement, mais six mois plus tard impossible de vous rappeler pourquoi vous avez placé les choses ici plutôt que là. Les commentaires sont des notes à votre propre intention sur ce qui se passe dans le programme. Ils vous aideront lorsque vous, ou d'autres, aurez à l'utiliser ultérieurement, à comprendre ce que vous avez voulu mettre en place à l'origine.

Toute ligne commençant par # est un commentaire. Un commentaire indique à Perl d'ignorer tout ce qui se trouve entre le # et la fin de la ligne. Ces trois lignes sont des commentaires :

```
#!/usr/bin/perl -w
# counter1.pl: comptage de caractères, mots, et
#  lignes dans un fichier texte.
```

Vous pouvez également placer un commentaire sur la même ligne qu'une instruction Perl. Lorsque Perl rencontre un # en cours de ligne, il considère que tout ce qui va du # jusqu'à la fin de la ligne est un commentaire et l'ignore donc. Ainsi, dans la ligne :

```
$TheLine = $_; # Stocke le contenu de la ligne
```

Perl ne porte attention qu'au texte jusqu'au point-virgule (;). Il ignore le reste, c'est-à-dire le commentaire.

TRUC

Vous avez peut-être remarqué que le code des programmes contient de nombreuses lignes vierges. Les lignes vierges sont également considérées comme des commentaires, en un sens, puisque Perl les ignore. Il est donc possible d'en insérer autant qu'on le souhaite. Cela améliore la lisibilité d'un programme. Nous insérons généralement des lignes vierges entre les parties importantes du code. Ainsi, lorsque nous parcourons globalement le programme, nous voyons immédiatement où chaque section commence. Pour la plupart des programmeurs, les lignes vierges servent ainsi de séparateurs (voir aussi plus loin la section sur l'indentation des lignes).

Les instructions : les briques du programme

Perl détermine ce que vous voulez faire avec votre programme à travers les instructions que vous avez écrites. Chaque instruction est une phrase qui indique à Perl ce qu'il faut faire maintenant. Comme dans une langue, certaines de ces "phrases" sont courtes, d'autres sont longues, certaines n'en finissent plus.

Les instructions Perl se classent en trois catégories :

- Une instruction contenant un verbe actif qui réclame une action immédiate et bien claire, comme "afficher ce texte" ou "ajouter ces nombres".
- Un *test de condition* , du style "si cela est vrai, alors faire ceci". C'est ce que l'on appelle une *instruction conditionnelle*.

- Une boucle, comme "continuer de faire cet ensemble de choses jusqu'à nouvel ordre".

Presque tous les programmes Perl se composent d'une combinaison d'instructions d'action directe et de condition. Nombreux sont aussi ceux qui contiennent des boucles. Vous serez bientôt à l'aise avec ces possibilités.

La majorité des instructions d'un programme Perl sont néanmoins des instructions d'action directe comme :

```
open(INFILE, $TheFile) or die "Impossible de trouver le " .
  "fichier $TheFile\n";
  $LineCount = $LineCount + 1;
```

Dans cet exemple, les actions à réaliser sont `open`, `die` et =. L'instruction = sert énormément dans Perl. C'est l'*instruction d'affectation,* que vous utiliserez pour définir des variables. L'instruction = peut ne pas sembler être d'action directe comme `open` ou `die`, mais elle fonctionne comme telle. Elle signifie littéralement "Donner à la variable à gauche du signe = la valeur à droite du signe =". Nous étudions plus loin, à la section "Variables et littéraux", les instructions d'affectation et les variables.

Fin d'instruction

Perl sait qu'il est arrivé à la fin d'une instruction lorsqu'il rencontre un point-virgule (;). Par exemple :

```
$CharCount = 0;
```

est une instruction complète car elle se termine par un point-virgule.

Inutile de vous escrimer à faire tenir chaque instruction sur une seule ligne. C'est souvent impossible. Perl continue sa lecture jusqu'à rencontrer un point-virgule, puis revient en arrière pour voir si l'ensemble se lit bien comme une seule instruction.

Perl vous autorise aussi à écrire plusieurs instructions sur une même ligne. Par exemple, ces trois instructions :

```
$CharCount = 0;
$WordCount = 0;
$LineCount = 0;
```

sont susceptibles de tenir sur une seule ligne :

```
$CharCount = 0; $WordCount = 0; $LineCount = 0;
```

Dans cet exemple, les points-virgules agissent essentiellement en tant que ruptures de ligne. C'est d'ailleurs la raison pour laquelle nous avons placé en premier lieu les trois instructions sur des lignes séparées, pour une meilleure lisibilité. Lorsque vous hésitez entre la clarté et l'économie de quelques lignes dans une page, optez pour la clarté.

Blocs

Il est possible d'insérer de nombreuses instructions dans les instructions conditionnelles et instructions de boucle. Chaque ensemble d'instructions supplémentaire est un *bloc*. Un bloc est aisément reconnaissable, car il est compris entre accolades ({ et }). Vous pouvez penser à un bloc comme à un ensemble d'instructions qui demeurent constamment réunies, une sorte de mini-programme.

Nous mentionnons parfois certains signes de ponctuation : les *parenthèses* correspondent à (et) ; les *accolades* à { et } ; les *corniers* à < et > ; les *crochets* à [et].

Les instructions conditionnelles emploient des blocs pour indiquer à Perl ce qu'il faut faire si une certaine condition est vérifiée. Par exemple, considérez la phrase : "A moins que tu ne me téléphones avant 16 heures, j'irai chercher Chris au centre aéré et je préparerai le dîner." Dans cette phrase, la condition est : "A moins que tu ne me téléphones avant 16 heures", et le bloc d'instructions qui suit "j'irai chercher Chris au centre aéré et je préparerai le dîner". Cela reste vrai dans Perl : les deux choses se produisent dans l'ordre, mais seulement si l'instruction conditionnelle est vérifiée.

Les boucles utilisent également des blocs. Une boucle, exprimée en français de tous les jours, dit quelque chose comme : "Tant que l'arbre n'aura pas de feuilles, je l'arroserai chaque semaine." L'instruction de boucle est "Tant que l'arbre n'aura pas de feuilles" et le bloc "je l'arroserai chaque semaine". Si ces instructions sont données à Perl, l'arrosage aura lieu encore et encore jusqu'à ce que l'arbre ait des feuilles.

Les blocs présentent une caractéristique qui perturbe souvent les débutants en Perl : il est inutile d'insérer un point-virgule après l'accolade fermante d'un bloc. Perl sait que la fin d'un bloc (c'est-à-dire le symbole }) constitue aussi la fin de l'instruction. Par exemple :

```
if(substr($TheLine, $CharPos, 1) eq " ")
  { $WordCount = $WordCount + 1 }
```

Dans cette ligne, aucun point-virgule n'est présent après le symbole }, car Perl sait que la fin du bloc constitue la fin de l'instruction conditionnelle. Certaines personnes préfèrent marquer la fin de leurs blocs avec des points-virgules pour des raisons esthétiques, bien que cela ne soit pas nécessaire. Rien ne vous interdit en effet de placer un point-virgule à la fin de l'instruction si cela vous convient :

```
if(substr($TheLine, $CharPos, 1) eq " ")
  { $WordCount = $WordCount + 1 };
```

Ici, il n'y a pas de point-virgule *avant* l'accolade fermante (ni après le `+ 1`). La raison est la même qui mène à ne pas placer de point-virgule après le symbole }. Perl sait que si vous achevez un bloc avec un `}`, vous achevez du même coup la dernière instruction du bloc. Par conséquent, il vous dispense du point-virgule pour fermer la dernière instruction du bloc. Si vous voulez cependant en ajouter un, vous le pouvez, comme ici :

```
if(substr($TheLine, $CharPos, 1) eq " ")
  { $WordCount = $WordCount + 1; }
```

Reconnaissance des blocs à l'intérieur de blocs

Un bloc est un ensemble d'instructions qui peut contenir lui-même des blocs.

Dans l'exemple suivant, le premier bloc est celui qui est associé avec l'instruction `while`. Dans cette instruction, on trouve une instruction `until` qui contient un autre bloc, une instruction `if` :

```
while(<INFILE>) {
  $TheLine = $_; # Stocke le contenu de la ligne
. . .
  until($CharPos == $LineLen) {
    if(substr($TheLine, $CharPos, 1) eq " ")
      { $WordCount = $WordCount + 1 }
    $CharPos = $CharPos + 1;
  } # Fin de la boucle until
} # Fin de la boucle while(<INFILE>)
```

Organisation des blocs imbriqués

Il est bien souvent délicat, même pour un programmeur expérimenté, de gérer un grand nombre de blocs imbriqués. Il est possible d'organiser les blocs en appliquant une indentation (un retrait) à tout bloc qui se trouve dans un autre bloc (voir plus loin dans ce chapitre la section sur l'indentation).

Si l'indentation ne suffit pas à gérer vos blocs, voici une astuce pour déterminer quelle accolade appartient à quel bloc. Recherchez l'accolade droite (celle de fin) qui correspond à une accolade gauche (celle de début de bloc) en comptabilisant les accolades gauche et droite comme ceci : chaque accolade gauche compte +1, et chaque accolade droite -1. Lorsque vous revenez à zéro après avoir démarré de la première accolade gauche, vous avez trouvé l'autre accolade de la paire.

Dans l'exemple précédent, si vous voulez rechercher quelle accolade de droite correspond à l'accolade de gauche sur la ligne `while`, descendez dans le programme, en ajoutant 1 pour chaque accolade gauche rencontrée et en soustrayant 1 pour chaque accolade droite. Voici le même code que ci-dessus, mais cette fois avec des commentaires accompagnant le processus de comptage :

```
while(<INFILE>) { ###Début à 1
  $TheLine = $_;
  . . .
  if($TheLine eq "") { next }; ###+1, -1: total = 1
  . . .
  until($CharPos == $LineLen) { ### +1: total = 2
    if(substr($TheLine, $CharPos, 1) eq " ")
      { $WordCount = $WordCount + 1 }
      ###+1, -1: total = 2
    $CharPos = $CharPos + 1;
  } # Fin de la boucle until ### -1: total = 1
} # Fin de la boucle while(<INFILE>) ### -1: total = 0
```

Constatez que la dernière accolade, qui ramène le compte à `0`, est bien celle associée à la première.

Opérateurs et fonctions

Avant de plonger plus profondément dans Perl, vous devez connaître deux autres éléments de ce langage : les *opérateurs* et les *fonctions*. Les *opérateurs* sont des symboles qui servent à réaliser des actions sur les données, comme l'addition de deux nombres. Dans cette instruction :

```
  $LineCount = $LineCount + 1;
```

le + est un opérateur qui indique à Perl d'ajouter `1` à la valeur de `$LineCount`.

Les *fonctions* sont des instructions qui se comportent comme des opérateurs. Elles portent cependant des noms alphabétiques comme `chomp` au lieu de noms symboliques comme =. La ligne suivante décrit `chomp` :

```
chomp($TheLine); # Supprime le saut de ligne
```

Les fonctions possèdent des *arguments,* placés généralement entre parenthèses, qui indiquent à Perl sur quoi la fonction agit. Il est courant qu'une fonction possède plusieurs arguments, auquel cas les arguments sont séparés par des virgules. Cette ligne montre la fonction `substr` avec trois arguments :

```
substr($TheLine, $CharPos, 1)
```

Note : Dans ce livre, nous utilisons indifféremment les termes *fonctions* et *instructions.* En programmation Perl, il n'existe pas de distinction importante entre les deux, vous pouvez donc employer ces termes de façon interchangeable.

Indentation et espacement

Il n'est pas du tout obligatoire de débuter chaque ligne de programme exactement sur la marge gauche comme dans cet exemple :

```
open(INFILE, $TheFile) or die "Impossible de trouver le " .
  "fichier $TheFile\n";
```

L'indentation (le retrait) de la seconde ligne est totalement facultative. De même qu'il ignore les commentaires, Perl ignore les espaces en début de ligne.

L'indentation est un bon moyen d'améliorer la lisibilité d'un programme. Dans l'exemple précédent, l'indentation est utilisée pour montrer que l'instruction `die` ne se termine pas à la fin de la première ligne. Lorsque vous placez une instruction sur plusieurs lignes, un retrait des lignes suivantes montre plus clairement que ces autres lignes sont la continuation de la première.

Comparez avec les deux lignes ci-dessous où nous avons supprimé le retrait de ligne :

```
open(INFILE, $TheFile) or die "Impossible de trouver le " .
"fichier $TheFile\n";
```

Lorsque vous parcourez le programme, le fait que la seconde ligne ne soit pas en retrait peut faire penser que le bout entre guillemets sur la seconde ligne est une instruction séparée, alors que, en réalité, il fait partie de l'instruction de la première ligne.

Indentation de blocs

L'indentation est également utile pour gérer les blocs. La plupart des programmeurs placent en retrait toutes les lignes d'un bloc, de façon à repérer clairement la fin de celui-ci.

L'exemple suivant illustre l'utilité de l'indentation dans un programme. L'instruction `until` a, comme argument, un bloc, et ce bloc est en retrait de quatre espaces vers la droite par rapport à l'instruction `until`. Dans le bloc `until`, on trouve une instruction `if`, qui est également indentée de quatre espaces :

```
until($CharPos == $LineLen) {
  if(substr($TheLine, $CharPos, 1) eq " ")
    { $WordCount = $WordCount + 1 }
  $CharPos = $CharPos + 1;
}
```

Rappelons que l'indentation est totalement facultative, entièrement à votre discrétion. Vous pouvez organiser vos retraits comme vous l'entendez. Le fonctionnement du programme ne sera pas affecté. En revanche, d'une indentation mal pensée peut découler une mauvaise lisibilité du programme.

Vous avez vraiment carte blanche : vous pouvez commencer et terminer un bloc là où vous le voulez. Rien ne vous empêche non plus de placer les accolades de début et de fin sur une ligne avec le reste du bloc, ou sur leurs propres lignes. Par exemple, le bloc dans cette instruction `if` peut avoir cet aspect :

```
if(substr($TheLine, $CharPos, 1) eq " ")
      { $WordCount = $WordCount + 1 }
```

ou celui-ci si vous choisissez de placer les accolades comme ceci :

```
if(substr($TheLine, $CharPos, 1) eq " ") {
  $WordCount = $WordCount + 1;
} # End of if(substr
```

Certains programmeurs trouvent que la seconde option est meilleure que la première, car tous les blocs ont alors un aspect homogène. En d'autres termes, l'accolade ouvrante { sera toujours à la fin de la ligne qui précède le bloc, et l'accolade fermante } toute seule sur une ligne (ou éventuellement suivie d'un commentaire). Pour ce qui nous concerne, nous préférons la première possibilité, car elle économise un certain nombre de lignes dans le programme et est plus facile à lire. Généralement, lorsqu'un bloc ne comporte qu'une instruction, nous l'écrivons sur une seule ligne avec ses accolades sur la même ligne. Lorsque vous aurez un peu d'expérience en Perl, vous aurez probablement une préférence pour l'un de ces deux styles.

En fait, vous pouvez même placer la totalité de l'instruction `if` et son bloc sur une seule ligne (ce que nous aurions fait ici s'il n'y avait pas les contraintes de mise en page de ce livre). Cependant, notre écran d'ordinateur n'est pas assez large pour montrer l'intégralité de l'instruction : la ligne fait en effet plus de 80 caractères. C'est pourquoi le fait que Perl autorise de scinder les lignes de façon libre est vraiment pratique.

Espacement supplémentaire

Notez que Perl ignore également les espaces supplémentaires entre les éléments des instructions. Par exemple, Perl considère comme identiques les trois instructions suivantes :

```
$CharCount = 0;
$CharCount=0;
$CharCount =   0    ;
```

Nombres et texte

Un programme gère différentes sortes de données : nombres, texte, listes, fichiers, etc. Pour l'instant, les deux types de données importants auxquels vous devez vous habituer sont les nombres et le texte (dans la pratique, vous gérerez principalement trois types de données : nombres réels, entiers et chaînes.

Ah, les nombres ! Vous vous souvenez du *plaisir* que vous aviez à manipuler des chiffres à l'école ? Aujourd'hui, nous nous demandons encore comment les enseignants sont parvenus à amener 80 % des adultes à un dégoût plus ou moins prononcé des maths, alors que nous exploitons des nombres tous les jours de diverses façons.

Or, Perl adore les chiffres. Il est capable de manipuler toutes sortes de nombres et vous facilite d'ailleurs la vie à ce niveau-là. Les deux types de nombres principaux sont les *entiers* et les *nombres réels*. Les entiers sont des nombres qui ne comportent pas de chiffres après le séparateur décimal (dans Perl, il s'agit du point), une définition qui diffère un peu de la stricte définition qu'aurait donnée un mathématicien. Donc, 3 est un entier et 3.5 un nombre réel. Pour plus de détails sur Perl et les nombres, consultez le Chapitre 6.

Cependant, l'univers des données ne se compose pas uniquement de nombres. Il existe aussi le texte, plus quelques autres types de données. Le texte est constitué de *caractères*. Tout ce que vous pouvez taper au clavier est un caractère, comme la lettre *a,* la lettre *b,* un espace, le chiffre *7,* un tiret (-), etc.

Dans Perl, le texte est géré par ce que l'on appelle des *chaînes*. Une *chaîne* est un groupe de caractères. Par exemple, `abcde` est une chaîne de cinq caractères ; `a2-@c` est un autre exemple de chaîne. Perl est particulièrement performant sur le texte. Vous pouvez lui demander des choses comme : "Indique-moi le cinquième caractère dans cette chaîne", "Trouve le premier emplacement dans cette chaîne qui comporte la lettre *j*, et indique-moi ce qui se trouve à la suite", "Sépare cette chaîne en deux chaînes : une avant le premier espace, l'autre après ce même espace", ou même " Sépare cette chaîne en plusieurs chaînes, à chaque tabulation".

Variables et valeurs littérales

Vous avez sans doute remarqué, dans les exemples de code que nous avons vus jusqu'à présent, les mots précédés d'un symbole dollar (`$`). Les symboles dollars signalent les *variables* Perl. Si vous connaissez déjà un autre langage de programmation, vous savez ce qu'est une *variable*, car tout langage gère des variables. Si Perl est votre premier langage, vous verrez que ce concept est assez facile à comprendre.

Une *variable* est un emplacement qui sert à stocker une valeur. Pensez-y comme à une boîte avec une étiquette dessus. La boîte contient une seule chose (la valeur de la variable), et un seul nom se trouve sur l'étiquette (le nom de la variable). Vous avez le droit de placer ce que vous voulez dans la boîte. N'oubliez pas cependant que la boîte ne peut contenir qu'*un seul élément*. Vous avez le droit de créer dans un programme autant de boîtes (variables) que vous voulez.

Un *littéral,* ou valeur littérale, est une valeur, sans nom. Le nombre 47 est un littéral : il vaut 47 et ne peut être modifié. Le nombre ne possède pas de nom, il *est* la valeur 47. La chaîne `Cesar` est un littéral : elle ne peut être autre chose que l'assemblage des caractères `C`, `e`, `s`, `a` et `r`, dans cet ordre exact.

Vous savez si quelque chose est une variable en regardant s'il y a un symbole `$`. Tout ce qui est précédé d'un `$` est un nom de variable. Par exemple, `$TheFile` et `$TheLine` sont des variables.

Il n'y a pas de limite de longueur aux noms de variables. Ils ne doivent pas comporter d'espaces. Ils peuvent contenir des lettres majuscules et minuscules, de même que des chiffres, mais ne peuvent commencer par un chiffre. Vous avez aussi le droit d'employer le caractère souligné (_). Les noms ci-dessous sont des noms de variables valides :

- `$Bill1`
- `$VoiciUnNomDeVariableAssezLong`
- `$Je_DIS_que_C_difficile_A_taper`

Les noms de variables Perl sont *sensibles à la casse*, ce qui veut dire que la combinaison de lettres majuscules et minuscules dans les noms de variables a une grande importance dans l'identification des variables. Ainsi, le nom `$FirstCar` et le nom `$firstcar` identifient deux variables différentes. Lorsque vous travaillez dans un programme, attention à la façon dont vous tapez le nom d'une même variable à différentes reprises dans le programme !

Vous pouvez réaliser deux choses avec une variable : lire sa valeur ou la changer. La première fois que vous utilisez une variable, c'est pour lui affecter une valeur, généralement à l'aide d'un littéral. Par exemple, cette instruction :

```
$TheFile = "sample.txt";
```

indique à Perl "Donne à la variable baptisée `$TheFile` la valeur sample.txt".

Lorsque vous écrivez une instruction d'affectation comme celle-ci, Perl ignore ce qui était dans la variable auparavant. Si vous n'avez pas utilisé la variable auparavant, Perl la crée ; si vous l'avez déjà utilisée, Perl remplace son ancienne valeur par la nouvelle.

Revenons à notre analogie avec la boîte... Écrire une instruction d'affectation revient à indiquer à Perl :

> S'il n'existe pas encore de boîte portant le nom `$TheFile`, créer cette boîte et y placer le littéral `sample.txt`. S'il existe une boîte étiquetée `$TheFile`, remplacer sa valeur par le littéral `sample.txt`.

Voici maintenant comment lire la valeur se trouvant dans une variable, sans la modifier.

```
if($TheLine eq "") { next };
```

Cette instruction signifie :

> Lire la valeur dans la variable nommée `$TheLine` et voir si cette valeur égale `""`. Si c'est le cas, exécuter les instructions dans le bloc.

Voici une autre instruction qui lit la valeur d'une variable :

```
print "Contenu du fichier $TheFile:\n";
```

Cette instruction signifie :

> Afficher le littéral `Contenu du fichier` (y compris l'espace après `fichier`), puis lire la valeur dans la variable nommée `$TheFile`. Afficher cette valeur, puis un deux-points (`:`), et aller à la ligne.

Voici un exemple où Perl lit une variable (`$TheLine)` et en modifie une autre (`$LineLen`) :

```
$LineLen = length($TheLine);
```

Cette ligne signifie :

> Lire la variable appelée `$TheLine`, rechercher sa longueur, et placer la valeur de sa longueur dans la variable appelée `$LineLen`.

Une instruction peut contenir tout à la fois une affectation, une commande indiquant à Perl de lire la valeur d'une variable, et des valeurs littérales. En voici un exemple :

```
$WordCount = $WordCount + 1;
```

Au premier abord, cette instruction laisse perplexe. Elle a cependant un sens. Elle signifie :

> D'abord, lire la valeur de la variable nommée `$WordCount`. Puis, ajouter `1` à cette valeur, et placer la nouvelle valeur dans la variable appelée `$WordCount`.

Voici de nouveau cette instruction, avec cette fois les éléments importants soulignés :

> D'abord, lire la valeur de la variable nommée `$WordCount` :

```
$WordCount = $WordCount + 1;
```

puis, ajouter `1` à cette valeur :

```
$WordCount = $WordCount + 1;
```

enfin placer la nouvelle valeur dans la variable appelée `$WordCount` :

```
$WordCount = $WordCount + 1;
```

Une autre façon de formuler l'ensemble est : "Augmenter de 1 la valeur actuelle de la variable `$WordCount`."

Toujours commencer par affecter des valeurs aux variables

Voici un grand classique dans les erreurs commises un jour ou l'autre par la majorité des programmeurs. C'est, en outre, une des erreurs les plus difficiles à localiser dans un programme. Il s'agit des variables non définies.

Une variable est *non définie* tant que vous ne lui avez pas affecté une valeur. Un problème se pose si vous essayez de lire ou de modifier la valeur de la variable. Examinez cette instruction :

```
$LineLen = length($TheLine);
```

Elle n'est valide que si vous avez déjà affecté une valeur à la variable `$TheLine`, car la fonction `length` travaille alors sur un objet connu. En revanche, si `$TheLine` n'a pas reçu de valeur (dans une instruction antérieure dans le programme), Perl ne sait pas de quoi il faut calculer la longueur. Il tente alors de deviner ce que vous vouliez mettre dans `$TheLine`, et le résultat est presque toujours erroné.

Pour éviter les problèmes d'oubli d'affectation de valeur à des variables, vérifiez toujours votre programme Perl avec l'option de ligne de commande `-w` (voir le Chapitre 2). Cette option détecte les lignes où vous essayez de lire ou de modifier une variable qui ne contient encore aucune valeur, ce qui vous permet de corriger votre programme.

Variables spéciales de Perl

Vous avez vu qu'il existe les valeurs littérales, dont la valeur ne change jamais, et que vous disposez de vos propres variables, dont les valeurs ne changent que lorsque vous indiquez à Perl de les modifier. Vous savez maintenant qu'il faut à tout prix affecter des valeurs à vos variables avant de les utiliser dans le programme.

Il existe aussi des variables *prédéfinies*, c'est-à-dire auxquelles des valeurs ont déjà été affectées sans intervention de votre part.

Les *variables spéciales* de Perl sont des variables auxquelles Perl affecte des valeurs prédéfinies. Vous pouvez traiter ces variables spéciales comme n'importe quelle autre variable de programme Perl : vous pouvez les lire et modifier leurs valeurs. Par exemple, la variable baptisée `$0` contient le nom du programme que vous exécutez.

Perl propose des dizaines de variables spéciales, la majorité d'entre elles offrant peu d'intérêt aux novices (voire même aux utilisateurs avancés). Nous en étudions certaines au fil du livre. Pour une liste complète de ces variables spéciales, consultez l'Annexe A.

Arguments par défaut

De nombreuses fonctions Perl autorisent de ne pas citer tous leurs arguments (pour des détails sur la notion d'argument, voyez plus haut la section "Opérateurs et fonctions"). Pour chaque argument que vous ne spécifiez pas, la fonction utilise alors la valeur *par défaut* de cet argument. Cela accélère la saisie des programmes mais les rend aussi plus difficiles à lire, puisque vous devez vous souvenir des valeurs par défaut de chaque fonction. Pour cette raison, nous utilisons rarement les arguments par défaut. Néanmoins, il faut les connaître, car de nombreux programmeurs les exploitent énormément, vous pouvez donc vous attendre à en rencontrer dans des programmes Perl écrits par d'autres.

Presque toutes les fonctions qui permettent d'employer des arguments par défaut remplacent ceux que vous n'employez pas par la valeur de la variable spéciale `$_`. De nombreuses instructions placent des valeurs dans cette variable spéciale, par exemple pour la lecture d'un fichier ligne par ligne ou pour la recherche d'un motif.

Par exemple, la fonction `lc`, qui convertit du texte en minuscules, prend normalement un argument : le texte à passer en minuscules. Si vous ne donnez pas d'argument à `lc`, la fonction convertit à la place le texte qui se trouve dans la variable `$_`. Ainsi, les trois lignes ci-dessous donnent le même résultat :

```
lc($_);
lc();
lc;
```

Bien que la saisie des deuxième et troisième instructions soit plus facile, la première ligne est plus claire, d'où une meilleure lisibilité du programme.

Chapitre 4

Visite guidée d'un Programme Perl, deuxième volet

Dans ce chapitre :

- Étude de deux exemples de programme Perl et de leur fonctionnement.
- Exécution de programmes sur divers systèmes d'exploitation.
- Traitement de fichiers texte.
- Récupérer la saisie de l'utilisateur.
- Identification des erreurs de frappe courantes.

Une des meilleures façons de commencer à programmer est d'étudier un ou deux exemples de programme qui comportent une grande partie des éléments que vous utiliserez dans vos propres programmes. C'est ce que vous propose ce chapitre.

L'étude des deux exemples de ce chapitre vous montrera les étapes qui interviennent dans la création d'un programme Perl. Même un court programme Perl ne comportant qu'une poignée d'instructions est susceptible d'être étonnamment puissant.

Étude d'un exemple de programme

Le Programme 4.1, baptisé counter1.pl, est un programme Perl type, d'environ 40 lignes de long, conçu pour compter le nombre de caractères, mots et lignes dans un fichier texte (nous avons reproduit quelques extraits de ce programme au Chapitre 3 pour présenter certains éléments de base de la programmation Perl). Après l'avoir disséqué au cours de la prochaine section, nous vous montrerons de quoi il a l'air lorsqu'on l'exécute.

TRUC

Vous pouvez saisir le programme counter1.pl à la main ou télécharger les exemples de programmes de ce livre sur le site des éditions First Interactive, rubrique Téléchargement.

Programme 4.1 : counter1.pl est un programme qui compte les caractères, mots et lignes d'un fichier texte.

```
#!/usr/bin/perl -w

# counter1.pl: comptage de caractères, mots et
#  lignes dans un fichier texte.

# Nom du fichier analysé
$TheFile = "sample.txt";

# Ouvre le fichier, quitte s'il n'existe pas
open(INFILE, $TheFile) or die "Impossible de trouver le " .
  "fichier $TheFile\n";

# Initialise les compteurs
$CharCount = 0;
$WordCount = 0;
$LineCount = 0;

while(<INFILE>) {
  $TheLine = $_; # Stocke le contenu de la ligne
  chomp($TheLine); # Supprime le saut de ligne
  $LineCount = $LineCount + 1;
  $LineLen = length($TheLine);
  # Nous savons combien de caractères (moins le saut
  #  de ligne) cette ligne comporte
  $CharCount = $CharCount + $LineLen;
  # Comptage des mots de la ligne
  # Si la ligne est vide, le travail est fini
  if($TheLine eq "") { next };
  # Si la ligne contient au moins un mot
  $WordCount = $WordCount + 1;
  # Boucle sur chaque caractère de la ligne
  #  pour rechercher les mots
  $CharPos = 0; # Position actuelle dans la ligne
  # Contrôle si la fin de la ligne est atteinte
  #  si non, voir si espace
  until($CharPos == $LineLen) {
```

```
    if(substr($TheLine, $CharPos, 1) eq " ")
      { $WordCount = $WordCount + 1 }
    $CharPos = $CharPos + 1;
  } # Fin de la boucle until
} # Fin de la boucle while(<INFILE>)

# Fin de l'analyse, affichage des résultats
print "Contenu du fichier $TheFile:\n";
print "Nombre de caractères $CharCount\n";
print "Nombre de mots       $WordCount\n";
print "Nombre de lignes     $LineCount\n";
```

La première ligne du Programme 4.1 indique à Perl pour UNIX où trouver le langage Perl. Ce commentaire spécial est facultatif pour les programmes Perl Windows et Macintosh, mais doit apparaître dans les programmes Perl UNIX (voir le Chapitre 2). L'option `-w` indique à Perl de signaler toute syntaxe douteuse dans le programme :

```
#!/usr/bin/perl -w
```

L'ensemble de lignes suivant est un commentaire sur le rôle du programme, décrivant pourquoi il a été écrit. Aussi niais que cela puisse sembler, lorsque vous revenez sur un programme quelque temps après et essayez de comprendre son rôle, une explication de ce type en haut du fichier fait gagner beaucoup de temps :

```
# counter1.pl: comptage de caractères, mots et
#  lignes dans un fichier texte.
```

La ligne suivante initialise la variable `$TheFile`. Du fait que counter1.pl est prévu pour analyser un fichier, vous devez lui indiquer le nom du fichier à décortiquer :

```
# Nom du fichier analysé
$TheFile = "sample.txt";
```

L'instruction `open` qui suit ouvre le fichier dont le nom est dans la variable `$TheFile`, c'est-à-dire rend accessible son contenu à Perl, ici pour une lecture (les Chapitres 11 et 12 décrivent les processus d'ouverture de fichiers dans un programme Perl). La fonction `open` prend deux *arguments* (c'est-à-dire des morceaux d'information avec lesquels la fonction va travailler) : `INFILE` est le descripteur (*handle*) que vous allez utiliser dans le reste du programme, et `$TheFile` le nom du fichier. Plus loin dans le programme, lorsque vous aurez besoin de faire référence au fichier, vous utiliserez son descripteur au lieu de son nom.

La seconde partie de l'instruction open est une instruction die (mourir). Cette ligne signifie : "Ouvrir le fichier sous peine de mort." En d'autres termes encore, l'instruction die indique au programme de s'arrêter s'il n'arrive pas ouvrir le fichier, en prenant soin d'afficher un message juste avant son arrêt :

```
# Ouvre le fichier, quitte s'il n'existe pas
open(INFILE, $TheFile) or die "Impossible de trouver le " .
  "fichier $TheFile\n";
```

N'oubliez pas d'initialiser toutes vos variables avant de les utiliser. Les lignes suivantes contiennent les compteurs qui comptabilisent les caractères, mots et lignes dans le fichier :

```
# Initialise les compteurs
$CharCount = 0;
$WordCount = 0;
$LineCount = 0;
```

La section suivante dans le programme counter1.pl est la boucle while. Une instruction while prend un argument et évalue s'il est vrai (*true*) ou faux (*false*). Si l'argument est vrai, Perl traverse les étapes dans la boucle, puis teste de nouveau l'argument. Si l'argument est faux, Perl passe à la première instruction après le bloc de la boucle.

L'instruction suivante indique le début de la boucle. Dans le cas présent, l'argument est <INFILE>, qui signifie à Perl : "Lire une ligne du fichier qui a été ouvert avec le descripteur appelé INFILE. Si la lecture parvient à la fin du fichier, retourner la valeur false." Ainsi, le programme tourne dans cette boucle tant qu'il reste des lignes dans le fichier, puis passe à la fin du bloc dès qu'il ne reste plus de ligne :

```
while(<INFILE>) {
```

$_ est une variable spéciale qui signifie "les données qui viennent d'être lues". L'instruction suivante indique : "Écrire dans la variable $TheLine la ligne qui vient d'être lue dans INFILE" :

```
$TheLine = $_; # Stocke le contenu de la ligne
```

Lorsque vous lisez une ligne, vous récupérez aussi un *code de fin de ligne,* qui est un caractère spécial qui indique à l'ordinateur : "Ceci est la fin d'une ligne." La fonction chomp supprime, à la fin de la variable, le code de fin de ligne, de façon à ne conserver que le texte réel de la ligne.

Ce comportement de `chomp` est valable pour Perl 5 et versions ultérieures. Dans Perl 4, c'est la fonction `chop` qui accomplit ce travail :

```
chomp($TheLine); # Supprime le saut de ligne
```

`$LineCount` stocke le nombre de lignes que contient le fichier. A ce stade du programme, `$LineCount` vaut 0 (c'est la valeur affectée avant la boucle). Nous lui ajoutons 1 puisqu'une ligne vient d'être lue. `$LineCount` vaut donc maintenant 1. Au prochain passage à travers la boucle, Perl affectera à `$LineCount` le résultat de la somme de 1 (la valeur actuelle de `$LineCount`) et 1, ce qui donnera 2. En d'autres termes, cette instruction ajoute 1 à la valeur de `$LineCount` :

```
$LineCount = $LineCount + 1;
```

La fonction `length` (dans la ligne suivante du programme) lit une variable texte et indique combien de caractères s'y trouvent :

```
$LineLen = length($TheLine);
```

Dans l'instruction suivante, `$CharCount` tient registre du nombre total de caractères ; il faut ajouter au total la longueur de la ligne que vous avez lue dans le fichier (moins le code de fin de ligne). `$CharCount` est donc un compteur. Au lieu de lui ajouter 1 à chaque fois, comme à `$LineCount`, il faut ajouter la longueur de la ligne. Par exemple :

```
# Nous savons combien de caractères (moins le saut
#  de ligne) cette ligne comporte
$CharCount = $CharCount + $LineLen;
```

N'OUBLIEZ PAS

Plus vous écrirez de commentaires dans un programme, plus il sera lisible, puisque les commentaires aident à se rappeler de ce qui s'y déroule :

```
# Comptage des mots de la ligne
```

L'instruction suivante teste si une ligne comporte du texte. Comme l'instruction `while`, l'instruction `if` prend un argument, à savoir un test qui est évalué `true` ou `false`. Ici, nous testons si `$TheLine` est égale à aucun texte ; si c'est le cas, le bloc est exécuté. Dans ce bloc, l'instruction `next` indique à Perl : "Ignorer le reste des lignes dans le bloc actuel." En d'autres termes, Perl doit revenir en arrière et tester de nouveau la condition `while` :

```
# Si la ligne est vide, le travail est fini
if($TheLine eq "") { next };
```

Si ce cap est passé, c'est que la ligne comporte au moins un mot (sinon, le test `if` précédent aurait empêché Perl de parvenir à ce stade). La ligne contenant au moins un mot, l'instruction suivante met à jour la variable `$WordCount` :

```
# Si la ligne contient au moins un mot
$WordCount = $WordCount + 1;
```

La troisième ligne du tronçon de code suivant initialise la variable `$CharPos`, qui indique à quel caractère vous êtes rendu dans la ligne :

```
# Boucle sur chaque caractère de la ligne
#  pour rechercher les mots
$CharPos = 0; # Position actuelle dans la ligne
```

L'instruction suivante progresse dans la ligne caractère par caractère, à la recherche d'espaces. La boucle `until` (dans la seconde ligne du tronçon de code suivant) est exactement l'inverse de `while` : elle indique à Perl d'exécuter un bloc dans une boucle seulement si son argument vaut `false`. Ici, le test est : "Suis-je rendu à la fin de la ligne que je viens de lire dans le fichier ? Si ce n'est pas le cas, retraverser le bloc ; si c'est le cas, aller directement à la fin du bloc." La fin du bloc constitue également la fin de la boucle `while` :

```
# Contrôle si la fin de la ligne est atteinte
#  si non, voir si espace
until($CharPos == $LineLen) {
```

Dans la boucle `until`, l'instruction suivante indique à Perl d'utiliser la fonction `substr` pour voir si le caractère examiné est un espace. Les trois arguments de `substr` signifient : "Lire dans `$TheLine`, en commençant à la position `$CharPos` à partir du côté gauche de la chaîne, `1` caractère." Si le caractère est un espace, alors Perl ajoute `1` à `$WordCount`, car un espace se trouve après chaque mot :

```
if(substr($TheLine, $CharPos, 1) eq " ")
     { $WordCount = $WordCount + 1 }
```

Le comptage des mots est basé sur le nombre d'espaces rencontrés par le programme. De prime abord, cela semble sensé, or, cela peut mener à un résultat erroné. Par exemple, s'il existe deux espaces entre certains mots. Ou s'il existe des espaces à la fin de certaines lignes. Ou encore si des lignes ont été indentées à l'aide d'espaces. De ces situations résulte un compte bien plus élevé que le nombre de mots réels contenus dans le fichier texte.

L'instruction suivante indique à Perl d'ajouter 1 à la variable contenant la position du caractère dans la ligne :

```
$CharPos = $CharPos + 1;
```

La ligne suivante contient l'accolade fermante de la boucle `until` :

```
} # Fin de la boucle until
```

La ligne suivante contient l'accolade fermante de la boucle `while` qui commence plus haut dans le programme :

```
} # Fin de la boucle while(<INFILE>)
```

Le commentaire suivant indique que vous avez presque achevé le programme :

```
# Fin de l'analyse, affichage des résultats
```

Les instructions `print` (comme celle ci-dessous) indiquent à Perl d'afficher le texte sur votre écran. En fait, `print` n'est pas limité à cela (pour plus de détails sur la lecture et l'écriture de fichiers avec l'instruction `print`, consultez le Chapitre 5). Ici, `print` affiche le texte `Contenu du fichier`, puis un espace, puis la valeur de la variable `$TheFile`, puis un deux-points. Le `\n` indique qu'après l'affichage du texte Perl va à la ligne (sur l'écran) avant d'afficher le texte suivant dans la chaîne. Considérez que `\n` est l'équivalent de l'emploi de la touche Entrée du clavier dans un programme de traitement de texte :

```
print "Contenu du fichier $TheFile:\n";
```

Les trois lignes suivantes sont semblables à la première instruction `print` : elles indiquent à Perl d'afficher du texte, la valeur d'une variable, puis d'aller à la ligne :

```
print "Nombre de caractères $CharCount\n";
print "Nombre de mots       $WordCount\n";
print "Nombre de lignes     $LineCount\n";
```

Vous voilà au bout du programme. Peut-être avez-vous envie de l'exécuter ? C'est l'objet de la section suivante.

Exécution de l'exemple de programme counter1.pl

Le programme counter1.pl, présenté dans la section précédente, compte les caractères, mots et lignes dans un fichier texte. Si vous voulez l'exécuter, il vous faut disposer d'un fichier texte à analyser. En l'occurrence, il doit s'appeler sample.txt. Tapez un texte ou renommez une copie d'un fichier texte dont vous disposez.

Après avoir créé votre propre fichier sample.txt, l'étape suivante consiste à exécuter le programme, ce que nous décrivons ci-après.

Les lecteurs de ce livre étant susceptibles de travailler sur divers systèmes d'exploitation, nous expliquons dans les sections suivantes comment exécuter un programme Perl sous UNIX, Windows 95/98 ou Windows NT, et MacOS. Par ailleurs, si Perl trouve des erreurs lors de la vérification de votre programme, allez à la fin de ce chapitre où nous indiquons comment déchiffrer certains messages d'erreur de Perl.

Exécution du programme sous UNIX

Pour exécuter le programme counter1.pl (voir plus haut le Programme 4.1) ou n'importe quel autre programme Perl, assurez-vous que la première ligne du programme pointe sur l'emplacement de Perl sur votre système. Si ce n'est pas le cas, modifiez la ligne en conséquence, sous peine qu'UNIX affiche un message d'erreur. Si vous n'êtes pas sûr de l'emplacement de Perl sur votre système, consultez le Chapitre 2 pour des informations sur l'installation de Perl sous UNIX.

Pour voir si le programme contient des erreurs comme un point-virgule ou un guillemet absent, entrez la commande suivante après l'invite de la ligne de commande UNIX :

```
perl -c counter1.pl
```

Pour exécuter le programme, entrez cette commande :

```
./counter1.pl
```

Elle indique à UNIX d'exécuter le programme counter1.pl dans le répertoire actif.

Exécution du programme sous Windows 95/98 et Windows NT

Pour exécuter l'exemple de programme counter1.pl (ou n'importe quel autre programme Perl sous Windows), assurez-vous que vous avez ouvert une fenêtre MS-DOS et que vous êtes bien dans le répertoire Perl (pour des détails, consultez le Chapitre 2). Pour appliquer un contrôle d'erreur au programme (comme un nom de fonction mal orthographié), entrez la commande suivante :

```
perl -c counter1.pl
```

Pour exécuter le programme, entrez cette commande :

```
perl counter1.pl
```

Exécution du programme sur un Macintosh

Pour exécuter l'exemple de programme counter1.pl ou n'importe quel autre programme Perl sur un Macintosh, démarrez MacPerl en double-cliquant sur son icône dans le Finder. Pour effectuer un contrôle d'erreur (comme une parenthèse oubliée), actionnez Script/Syntax Check. Pour exécuter le programme, actionnez Script/Run Script.

Résultats du programme

Lorsque vous exécutez le programme counter1.pl, vous obtenez sur votre écran des informations semblables à celles ci-dessous. Il est bien évident que les chiffres annoncés seront différents puisque vous appliquez le programme à un fichier texte différent de celui que nous avons exploité :

```
Contenu du fichier sample.txt:
Nombre de caractères 562
Nombre de mots    98
Nombre de lignes    12
```

Après affichage de ces quatre lignes, le programme stoppe. Sous UNIX, Windows 95/98 ou Windows NT, l'invite de la ligne de commande apparaît. Sur Macintosh, MacPerl reste ouvert, attendant que vous choisissiez éventuellement une autre commande de menu.

Un second programme, plus étoffé

Nous vous proposons maintenant le Programme 4.2, un second programme pour continuer à découvrir le travail avec Perl. Ce programme est disponible sur le site des éditions First Interactive, rubrique Téléchargement.

La structure de empdata1.pl est semblable à celle de counter1.pl (le premier exemple de programme de ce chapitre), bien que le rôle dévolu à chaque programme soit différent. empdata.1 sert à lire une petite base de données texte, pour chercher des enregistrements. Il est représentatif des programmes que vous écrirez pour chercher dans un fichier des informations particulières (la base de données d'employés utilisée ici est bien sûr totalement fictive). Nous reproduirons le programme dans sa totalité, puis reviendrons sur certains de ses éléments.

Programme 4.2 : Le programme empdata1.pl sert à effectuer une recherche dans une base de données d'employés.

```
#!/usr/bin/perl -w

# empdata1.pl : application simple de base de données d'employés
#  Ce programme lit un fichier texte qui est une base de données
#  d'employés et permet de rechercher un employé par son
#  numéro d'identification (ID).
#
#  Chaque enregistrement est sur une ligne séparée.
#  Chaque champ dans l'enregistrement est séparé des autres
#  par une tabulation ("\t").
#  La base de données a quatre champs :
#  - Nom de famille (Last name)
#  - Prénom (First name)
#  - Numéro d'identification (ID number)
#  - Suffixe téléphonique


# Nom du fichier de base de données

$TheDB = 'edata.txt';

# Ouvre le fichier de base de données, quitte s'il n'existe pas
open(INDB, $TheDB) or die "Base de données $TheDB " .
  "introuvable.\n";

while(1) { # Boucle éternellement
  print "\nOpérez une recherche par ID d'employé (I), " .
    " ou quittez le programme (Q) : ";
```

```
    $DoSearch = <STDIN>;
    chomp($DoSearch);
    $DoSearch =~ tr/A-Z/a-z/;
    # Vérification si demande de quitter programme
    if($DoSearch eq 'q') { last }
    # Vérification si i ou I n'a *pas* été entré
    unless($DoSearch eq 'i') {
      print "SVP entrez I or Q.\n";
      next; # Sort de la boucle while
    }
    # Demander l'ID à rechercher
    print "Entrez le numéro ID : ";
    $SearchFor = <STDIN>;
    chomp($SearchFor);
    # Va en haut de la base de données si ce n'est pas
    #  la première recherche
    seek(INDB, 0, 0);
    # Réinitialise le compteur d'opérations réussies
    $SuccessCount = 0;
    # Boucle dans les enregistrements du fichier
    while(<INDB>) {
      $TheRec = $_;
      chomp($TheRec);
      ($LastName, $FirstName, $ID, $Tel) =
        split(/\t/, $TheRec);
      if($ID eq $SearchFor) {
        $SuccessCount = $SuccessCount + 1;
        print "$ID: $FirstName $LastName, ext. ".
          "$Tel\n";
      } # Fin du if
    } # Fin de la boucle while(<INDB>)
    if($SuccessCount == 0) { print "Aucun enregistrement trouvé.\n" }
    else { print "$SuccessCount enregistrements trouvés.\n" }
} # Fin de la boucle while(1)

print "Fin du programme.\n";
```

La base de données utilisée dans ce programme, edata.txt, est un simple fichier texte dont voici le contenu :

```
Anastasio   Trey   12 143
Manzanera   Phil   15 156
Stewart   Dave   17 154
Thompson   Richard   20 112
```

Les quatre colonnes du fichier de données contiennent le nom de famille de l'employé, son prénom, son numéro ID, son suffixe téléphonique.

Vous pouvez récupérer le fichier edata.txt sur le site des éditions First Interactive, rubrique Téléchargement ou le taper vous-même. Si vous vous chargez de la saisie, séparez les colonnes par une seule tabulation. N'employez pas d'espace, ne tapez pas plusieurs tabulations, sous peine que le programme empdata1.pl ne fonctionne pas.

Le rôle de ce programme est de vous demander un numéro d'identification d'employé et d'afficher les informations sur l'employé correspondant à ce numéro dans la base de données. Vous pouvez interroger la base autant de fois que vous le voulez. Pour arrêter, tapez **q** ou **Q**.

Décorticage de l'exemple de programme

La première ligne qui indique à UNIX où trouver le langage Perl est nécessaire seulement sur les ordinateurs UNIX. Cependant, puisqu'il s'agit d'un commentaire, cela ne pose pas de problème de le laisser si vous travaillez sous Windows ou sur Mac :

```
#!/usr/bin/perl -w
```

Les lignes suivantes sont des commentaires qui décrivent en détail ce que réalise le programme. Lorsque vous écrivez un programme qui lit un fichier de données dans un format particulier (comme ici les quatre colonnes séparées par des tabulations), indiquez-le dans des commentaires en haut de votre programme Perl :

```
# empdata1.pl : application simple de base de données d'employés
#  Ce programme lit un fichier texte qui est une base de données
#  d'employés et permet de rechercher un employé par son
#  numéro d'identification (ID).
#
#  Chaque enregistrement est sur une ligne séparée.
#  Chaque champ dans l'enregistrement est séparé des autres
#  par une tabulation ("\t").
#  La base de données a quatre champs :
#  - Nom de famille (Last name)
#  - Prénom (First name)
#  - Numéro d'identification (ID number)
#  - Suffixe téléphonique
```

Nous avons créé une variable pour désigner le fichier (voir les lignes de code ci-dessous), de façon que ce nom soit facile à modifier ultérieurement. Remarquez que le nom de fichier est ici entre apostrophes au lieu de guillemets comme dans l'instruction `open` du programme counter1.pl (plus haut dans ce chapitre). Le Chapitre 5 présente la différence entre apostrophes et guillemets dans Perl.

```
# Nom du fichier de base de données
$TheDB = 'edata.txt';
```

Les lignes suivantes indiquent à Perl d'ouvrir le fichier, ou de sortir du programme après affichage d'un message si le fichier est introuvable :

```
# Ouvre le fichier de base de données, quitte s'il n'existe pas
open(INDB, $TheDB) or die "Base de données $TheDB " .
  "introuvable.\n";
```

L'instruction suivante peut sembler bizarre, mais vous aurez pourtant parfois besoin d'une boucle exécutée sans fin (la valeur `1` signifie `true`). Bien sûr, la boucle ne tournera pas sans fin *réellement*. La situation est celle où vous ne voulez pas insérer dans l'instruction `while` le test pour décider du moment où il faut interrompre la boucle. Voyez comment nous avons procédé dans le programme pour déterminer à quel moment il faut sortir de la boucle (il s'agit de l'instruction `last`) :

```
while(1) { # Boucle éternellement
```

Les lignes suivantes indiquent à Perl d'afficher une invite sur l'écran. Notez que la phrase d'invite ne se termine pas par `\n;`, ce qui permet à l'utilisateur d'entrer sa réponse sur la même ligne que l'invite :

```
  print "\nOpérez une recherche par ID d'employé (I), " .
    " ou quittez le programme (Q) : ";
```

Perl attend que vous tapiez quelque chose, puis place ce que vous avez tapé dans la variable `$DoSearch` :

```
$DoSearch = <STDIN>;
```

La ligne suivante indique à Perl de supprimer le code de fin de ligne dans `$DoSearch` :

```
chomp($DoSearch);
```

La ligne suivante du programme convertit en lettres minuscules les éventuels caractères majuscules contenus dans `$DoSearch`. Par exemple, si vous tapez `BON`, il le transforme en `bon`. Ainsi, si votre programme indique à l'utilisateur d'entrer `I` ou `Q`, par exemple, il peut utiliser des majuscules ou des minuscules. Au lieu de les tancer d'un message d'erreur, le programme effectue la conversion :

```
$DoSearch =~ tr/A-Z/a-z/;
```

Si l'utilisateur tape `q` ou `Q`, la boucle `while` stoppe. L'instruction `last` à la fin des lignes de code suivantes indique à Perl de sauter jusqu'au bas du bloc. L'instruction `last` diffère de l'instruction `next` du programme counter1.pl (voir plus haut le Programme 4.1) qui indique à Perl de recommencer la traversée du bloc à partir du haut. L'emploi de `last` est le meilleur moyen d'indiquer à Perl de sortir d'une boucle `while` sans fin :

```
# Vérification si demande de quitter programme
if($DoSearch eq 'q') { last }
```

Si l'utilisateur ne tape pas `q` ou `Q` ou `i` ou `I`, c'est incorrect. Il faut alors recommencer la boucle :

```
# Vérification si i ou I n'a *pas* été entré
unless($DoSearch eq 'i') {
  print "SVP entrez I or Q.\n";
  next; # Sort de la boucle while
}
```

L'utilisateur parvient au tronçon de code suivant s'il a entré `i` ou `I` ; à ce stade, le programme demande à l'utilisateur quel numéro ID il désire :

```
# Demander l'ID à rechercher
print "Entrez le numéro ID : ";
```

Perl attend ensuite que l'utilisateur tape quelque chose sur son clavier. Cette fois, il place les données tapées dans `$SearchFor` (au lieu de `$DoSearch` comme plus haut dans le programme). N'oubliez pas de tronquer le code de fin de ligne avec `chomp` :

```
$SearchFor = <STDIN>;
  chomp($SearchFor);
```

Dans le programme counter1.pl (voir plus haut le Programme 4.1), vous avez scruté le fichier texte de haut en bas, une seule fois. Dans empdata1.pl, il faut examiner le fichier chaque fois que l'utilisateur tape un numéro ID. Par conséquent, vous devez indiquer à Perl de stopper la lecture du fichier à l'endroit où vous êtes et de recommencer en haut. L'instruction `seek` (dans les lignes suivantes du programme) sert à indiquer à Perl où commencer dans le fichier. Ici, l'instruction est de commencer en haut :

```
# Va en haut de la base de données si ce n'est pas
#  la première recherche
seek(INDB, 0, 0);
```

Considérons que vous voulez savoir combien d'enregistrements sont trouvés à chaque requête. La base de données utilisée dans cet exemple ne contient qu'une personne par numéro ID. Sachant qu'il est possible que vous vouliez plus tard pouvoir gérer plusieurs personnes par ID, compter le nombre de réussites est susceptible d'être utile :

```
# Réinitialise le compteur d'opérations réussies
$SuccessCount = 0;
```

La boucle `while` suivante lit chaque enregistrement de la base de données. Le programme lit un enregistrement, l'affecte à une variable, et applique la fonction `chomp` pour supprimer le code de fin de ligne. Puis Perl lit le dernier enregistrement et saute en dehors du bloc `while` :

```
# Boucle dans les enregistrements du fichier
while(<INDB>) {
  $TheRec = $_;
  chomp($TheRec);
```

La fonction `split` sépare une chaîne en plusieurs autres chaînes, en se basant sur un séparateur de chaîne. La chaîne spéciale `/\t/` indique à Perl de rechercher les tabulations. L'instruction suivante indique à Perl d'injecter dans les quatre variables `$LastName`, `$FirstName`, `$ID` et `$Tel` le contenu des quatre champs de l'enregistrement que vous venez de lire dans le fichier de la base de données :

```
  ($LastName, $FirstName, $ID, $Tel) =
    split(/\t/, $TheRec);
```

L'instruction `if` compare le champ de l'enregistrement avec la valeur recherchée par l'utilisateur. S'il y a correspondance, le bloc est exécuté. Les instructions suivantes ajoutent `1` à la variable `$SuccessCount` et affichent l'enregistrement :

```
  if($ID eq $SearchFor) {
    $SuccessCount = $SuccessCount + 1;
```

```
      print "$ID: $FirstName $LastName, ext. ".
        "$Tel\n";
    } # Fin du if
```

L'instruction suivante marque la fin du bloc interne de la boucle `while`, ce qui veut dire qu'il n'y a pas d'autres enregistrements dans la base de données :

```
  } # Fin de la boucle while(<INDB>)
```

Puis le programme affiche le nombre d'enregistrements trouvés. Le `else` fait partie de l'instruction `if` et n'est exécuté que si l'instruction `if` vaut `false` :

```
  if($SuccessCount == 0) { print "Aucun enregistrement trouvé.\n" }
  else { print "$SuccessCount enregistrements trouvés.\n" }
```

Le programme se termine à ce stade après que l'utilisateur a entré `q` ou `Q` :

```
} # Fin de la boucle while(1)
```

Il est toujours poli de dire au revoir lorsque vous quittez quelqu'un. Cela reste valable en programmation ; c'est pourquoi ce programme affiche un message de fin :

```
print "Fin du programme.\n";
```

Exécution de l'exemple de programme empdata1. pl

Vous pouvez démarrer le programme empdata1.pl de la même façon que vous avez démarré le programme counter1.pl ou n'importe quel autre programme Perl (voir "Exécution de l'exemple de programme counter1.pl" plus haut dans ce chapitre).

A l'invite du programme, tapez `I` ou `i` et appuyez sur Entrée ou Retour.

La touche au-dessus de la touche Majuscule de droite sur votre clavier est étiquetée Entrée ou Retour. Dans ce livre, chaque fois que nous écrivons "appuyez sur Entrée", nous parlons de cette touche et non de celle figurant complètement à droite du clavier, sur le pavé numérique. Cette distinction est source de confusion pour de nombreux débutants, et certains utilisateurs avancés s'y font encore prendre de temps à autre.

Le programme affiche ensuite cette invite :

```
Entrez le numéro ID :
```

et attend une entrée de l'utilisateur. Pour cet exemple, tapez `15` et appuyez sur Entrée. Le programme trouve l'enregistrement du numéro ID 15 (l'enregistrement qui commence par "Manzanera"), et affiche de nouveau le message d'invite d'origine.

Faites quelques essais avec le programme en entrant différents caractères en réponses aux deux invites et voyez ce que cela donne. Des messages sont affichés lorsque vous entrez quelque chose que le programme n'a pas prévu. Pour quitter le programme, tapez **q** ou **Q** lorsque le programme vous le propose.

Fautes les plus courantes

Il n'est pas rare de faire quelques fautes de saisie durant l'écriture d'un programme Perl. Aussi, lors de son exécution, Perl, rencontrant un problème, vous le signalera en affichant un message d'erreur. La réaction naturelle de la plupart des programmeurs, même avec des années d'expérience, est de s'inquiéter ou de se mettre en colère.

Pas de panique ! Respirez profondément. Plusieurs fois si nécessaire... Plus sérieusement : vous ne pourrez trouver la source du problème si vous êtes tendu et contrarié. Sachez que, quel que soit le nombre d'années d'expérience en programmation, on trouve toujours quelques erreurs dans un nouveau code.

Prenez le temps d'apprécier que Perl soit doté de plus de messages d'erreur que la plupart des autres langages de programmation. Les messages ne sont pas toujours d'une limpidité à toute épreuve, mais ils vous mènent près de la source du problème ; vous n'aurez pour votre part qu'un minimum de recherche à faire.

Il existe de très nombreux messages d'erreur, mais quelques-uns reviennent plus souvent que les autres, en raison de certaines fautes courantes que tout le monde semble commettre. Ce sont des erreurs provoquées par des fautes de frappe ou de petits oublis, et qui sont faciles à éviter. Les exemples des sections ci-après sont des extraits du programme counter1.pl (voir le Programme 4.1 plus haut dans ce chapitre) dans lesquels nous avons inséré quelques fautes.

Oubli d'un point-virgule

Le message d'erreur Perl le plus courant est probablement celui-ci :

```
# syntax error, near "open"
File 'counter1.pl'; Line 10
# Execution aborted due to compilation errors.
```

Vous pouvez bien scruter la ligne 10 du programme, celle qui contient l'instruction `open`, vous n'y verrez rien de problématique. L'astuce est d'examiner l'instruction qui vient *avant* l'instruction `open`, pour voir s'il manque un point-virgule à la fin de l'instruction (rappelons que Perl ne sait qu'une instruction s'achève que s'il rencontre un point-virgule). Dans le cas présent, l'erreur est provoquée par un point-virgule absent à la fin de la ligne 7 du programme :

```
$TheFile = "sample.txt"
```

Oubli d'un guillemet

Voici un autre type de message d'erreur, impressionnant pour celui qui ignore ce qui le provoque :

```
# Bare word found où operator expected, near
# "open(INFILE, $TheFile) or die "The"
# (Might be a runaway multi-line "" string commencer on
# line 7)
File 'counter1.pl'; Line 10
```

Cette erreur est semblable à l'oubli d'un point-virgule ; cependant, il s'agit ici de l'absence d'un guillemet :

```
$TheFile = "sample.txt;
```

Ici, Perl a fait un bon travail de détective en suggérant la présence d'une chaîne courant sur plusieurs lignes (`runaway multi-line "" string`), ce qui est précisément exact.

Manque ou surplus de parenthèses

Lorsque le programme contient un grand nombre de parenthèses ouvrantes et fermantes, un oubli ou un doublon sont vite arrivés. Lorsque c'est le cas, vous obtiendrez un message Perl de ce genre :

```
# syntax error, near ") eq"
File 'counter1.pl'; Line 38
# syntax error, near "}"
File 'counter1.pl'; Line 42
```

Perl ne peut ici déterminer où se trouve exactement l'erreur, pourtant il s'est positionné correctement, puisque la ligne 38 contient une parenthèse de droite en trop :

```
    if(substr($TheLine, $CharPos, 1)) eq " ")
```

Un manque de parenthèses dans un programme Perl est plus difficile à localiser :

```
# Can't use constant item as left arg of implicit ->,
# near "1 }"
File 'counter1.pl'; Line 39
# Scalar found où operator expected, near "$CharPos"
File 'counter1.pl'; Line 40
# (Missing semicolon on antérieur line?)
# syntax error, near "$CharPos "
File 'counter1.pl'; Line 40
```

... *Waoou* ! Tout ça pour une parenthèse manquante ! à savoir la dernière sur la ligne 38 :

```
    if(substr($TheLine, $CharPos, 1) eq " "
```

Un bon conseil pour la chasse aux erreurs : commencez où Perl indique qu'il a trouvé une erreur. Si vous ne la trouvez pas à cet endroit-là, remontez d'une ligne ou deux et voyez si le problème se situe plus haut.

Un dernier mot : n'oubliez pas que Perl apporte bien plus d'aide dans la localisation des erreurs que ne le font la majorité des autres langages de programmation.

Deuxième partie

Éléments de base de la programmation en Perl

Dans un stade de foot, le Vrai Programmeur est celui qui compare le match avec la sortie imprimée de sa simulation.

Dans cette partie...

Perl est un langage de programmation assez facile à apprendre. A la fin de cette deuxième partie, vous en aurez ingéré suffisamment pour écrire un programme Perl fonctionnel. Cette partie étudie le travail sur le texte et les nombres, ainsi que certaines caractéristiques de programmation que seul Perl offre.

Chapitre 5
Le texte

Dans ce chapitre :

- L'instruction print.
- Comprendre les chaînes.
- Emploi de caractères spéciaux.
- Apostrophes et guillemets.
- Assembler et séparer des chaînes.
- Modifier des tronçons de chaînes.

Si vous lisez ce livre depuis le début, vous n'avez encore vu qu'une petite partie de ce dont Perl est capable. Si vous n'avez pas lu les chapitres précédents, cela ne pose pas de problème majeur, mais nous vous invitons cependant à consulter les deux exemples de programmes présentés au Chapitre 4. Ils présentent quelques dizaines d'instructions, fonctions et opérateurs Perl.

Ce chapitre ainsi que les Chapitres 6 à 8 étudient les types de données majeurs sur lesquels Perl travaille et vous montre comment utiliser Perl pour manipuler ces données. Dans ce chapitre en particulier, nous décrivons une des plus puissantes caractéristiques de Perl : la manipulation de texte.

Tout le monde (même les programmeurs Perl) utilise bien plus de texte que de nombres dans la vie de tous les jours. Nous parlons, nous lisons, nous prenons des notes, chaque jour. Pour ce qui concerne l'ordinateur, un programme Perl vous permet d'accomplir quatre tâches de base en terme de gestion de texte : lecture de texte, écriture de texte, recherche dans un texte, modification de texte.

Certains exemples des chapitres suivants sont basés sur les deux programmes présentés au Chapitre 4 (prenez le temps d'y jeter un œil si vous ne l'avez pas encore fait). Nous présentons des exemples où nous avons modifié l'un ou l'autre de ces programmes du Chapitre 4 pour opérer quelque chose de différent ou de plus intéressant. Nous avons aussi inclus d'autres exemples pour vous donner un avant-goût des nombreuses capacités de manipulation de texte offertes par Perl.

L'instruction print

Une des instructions les plus courantes de Perl, avec laquelle vous travaillerez beaucoup, est l'instruction `print`. Elle permet d'ailleurs d'expérimenter les caractéristiques Perl, puisque vous contrôlez ainsi facilement à l'écran les résultats de vos divers essais. En outre, elle ne sert pas qu'à l'affichage, mais aussi à d'autres formes de sortie de données.

L'instruction `print` se rencontre sous diverses formes, la principale étant la fonction suivie d'un *argument* (une chaîne ou un nombre), comme dans cet exemple :

```
print "Ceci est une chaîne !";
print 72;
```

Hormis une chaîne ou un nombre, vous pouvez utiliser une *liste* d'arguments (les chaînes sont abordées à la section suivante de ce chapitre et les listes au Chapitre 7). Une autre possibilité intéressante de la commande `print` est l'écriture dans un fichier (voir le Chapitre 11).

A tout moment d'un programme, vous pouvez utiliser l'instruction `print` pour afficher le résultat de vos opérations. Par exemple, vous désirez tester l'ajout de deux nombres avec l'opérateur + (voir le Chapitre 6). Pour tester l'opérateur, tapez cette ligne :

```
print 2+3;
```

Cette ligne affiche le chiffre 5.

Vous obtiendrez le même résultat avec ces deux lignes :

```
$a = 2 + 3;
print $a;
```

Perl affiche `5` sur votre écran.

Notion de chaîne

Dans Perl, un texte s'appelle une *chaîne*. Une chaîne est composée d'un certain nombre de caractères (éventuellement aucun), qui constituent un assemblage unique. Un *caractère* est tout ce que pouvez taper sur votre clavier : lettre, chiffre, ponctuation. Les chaînes sont stockées dans des variables ou sont écrites directement dans le programme, auquel cas on parle de *chaîne littérale*. La lettre *d* est un exemple de chaîne littérale. Autre exemple : la chaîne *vbn59* est une chaîne littérale à cinq caractères. Les variables Perl (voir le Chapitre 3) stockent des chaînes ou des nombres.

Chaînes nulles, chaînes vides

Il n'y a pas de limite à la longueur d'une chaîne Perl. Vous avez le droit de lui donner la longueur que vous voulez, même une longueur nulle. Une chaîne ne contenant aucun caractère est connue sous le nom de *chaîne nulle* ou *chaîne vide*.

Si vous avez une variable qui ne contient qu'un seul caractère et que vous effectuez une manipulation qui ôte ce caractère de la variable, vous obtenez une chaîne qui ne comporte aucun caractère. La variable ne disparaît pas, car Perl sait comment supprimer le caractère tout en conservant la variable. Si vous voulez ajouter des caractères un par un à une variable, vous pouvez commencer avec une chaîne nulle, ne comportant aucun caractère.

Caractère visible et valeur de caractère

Vous pensez probablement aux caractères sous la forme des entités affichées sur votre écran ou imprimées sur les pages de ce livre. Cependant, les ordinateurs ont, par nécessité, une vision bien plus large de ce qui constitue un caractère. Un ordinateur reconnaît de nombreuses autres sortes de caractères, qui n'apparaissent pas à l'écran ou à l'impression, ou apparaissent différemment sur différents ordinateurs.

Dans les versions 4 et 5 de Perl, un *caractère* est un octet (huit bits) ; dans la version 5.6 de Perl, c'est un peu plus compliqué (voir la description à la fin de ce chapitre). Un *bit* est une unité unique d'information, un 1 ou un 0. Un *octet* contient 8 bits. La section ci-dessous explique la relation entre bits, octets et caractères.

Conversion des valeurs en caractères

Un octet contient une valeur. Cette valeur est comprise entre 0 et 255. Il existe un standard qui stipule que telles valeurs correspondent à telles lettres, chiffres et signes de ponctuation. En d'autres termes, le standard dit : "La valeur 65 signifie A" ou "La valeur 97 signifie a". Ainsi, lorsqu'un ordinateur doit afficher un octet et que cet octet a la valeur 65, l'ordinateur sait qu'il doit afficher un A majuscule.

L'ordinateur ne peut afficher certaines valeurs de caractères. Par exemple, la valeur 20 est convertie en espace (l'espace est considéré comme un caractère à part entière par l'ordinateur).

Autre exemple, un peu plus compliqué : la valeur 13 signifie "retour chariot". Sur un écran d'ordinateur, il est interprété comme "ceci est la fin de la ligne". D'autres exemples de caractères non affichables (le terme d'origine est non imprimables) sont les valeurs 7 (bip), 12 (saut de page) et 24 (annuler). Ces valeurs représentent des caractères valides, même s'ils ne résultent pas dans l'affichage de quelque chose à l'écran.

Valeurs de caractères définies et valeurs de caractères non définies

Le standard d'origine pour les caractères, l'ASCII, est maintenant une antiquité, même s'il constitue la base des autres standards de caractères nés ensuite. L'ASCII définit des caractères seulement pour les valeurs 0 à 127, et, comme on vient de le voir, tous les caractères associés à ces valeurs ne sont pas visibles. Les valeurs de caractères pouvant aller de 0 à 255, l'ASCII laisse indéfinies les valeurs 128 à 255.

Les 128 valeurs restantes ont été définies par différents groupes de standardisation. Malheureusement, ces différents groupes n'ont jamais réussi à se mettre d'accord.

Par exemple, lorsque l'IBM PC est sorti en 1981, IBM a décidé de construire son propre ensemble de définitions. Il a décrété que la valeur 128 signifierait la lettre C cédille majuscule (Ç), que 129 équivaudrait au u tréma minuscule (ü), etc. Apple, de son côté, a défini 128 comme A tréma majuscule (Ä), 129 comme A majuscule surmonté d'un rond (Å), et ainsi de suite.

Les 93 caractères visibles standards

Rappelons que pour un ordinateur les caractères ne sont que des valeurs numériques comprises entre 0 et 255, dont seulement 93 (les valeurs 33 à 126) ont des représentations standards. Les 93 caractères visibles sont A à Z (en majuscules et minuscules), 0 à 9, ainsi que ceux-ci :

```
!"#$%&'()*+,-./:;<=>?@[\]^_'{|}~
```

Le Programme 5.1 est conçu pour afficher les 93 caractères visibles standards. Il utilise l'opérateur % (expliqué au Chapitre 6), l'instruction de boucle `for` (décrite au Chapitre 8) et la fonction `sprintf` (présentée au Chapitre 9). Le programme génère deux tableaux de caractères et leurs valeurs correspondantes (Figure 5.1).

Programme 5.1 : Ce programme produit les tableaux de caractères visibles sur la Figure 5.1.

```
# chartabl.pl: affichage de tableaux de caractères

$Column = 1;
$Out = '';
for ($i = 33; $i<=126; $i++) {
  $Out .= sprintf("%3s", $i) . "=" . chr($i) . " ";
  if(($Column % 10) == 0) { $Out .= "\n" }
  $Column += 1;
}

$Out .= "\n\n";
$Column = 1;
for ($i = 33; $i<=126; $i++) {
  $Out .= chr($i). "=" . sprintf("%3s", $i) . " ";
  if(($Column % 10) == 0) { $Out .= "\n" }
  $Column += 1;
}
print $Out;
```

Dans Perl, les chaînes de texte peuvent contenir n'importe quels caractères, pas seulement ceux que vous pouvez taper. Cela s'avère utile dans de nombreuses circonstances. Par exemple, pour afficher un caractère qui n'est pas disponible sur votre clavier.

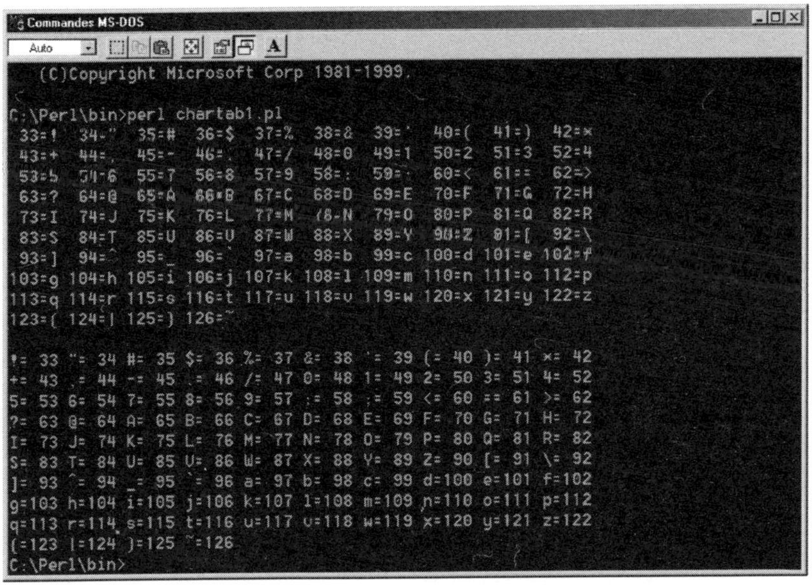

Figure 5.1 : Tableaux de caractères produits par le programme chartab1.pl (Programme 5.1).

Caractères spéciaux dans le texte

Perl propose différentes combinaisons de caractères pour représenter des caractères invisibles que vous ne pouvez taper au clavier (Tableau 5.1).

Tableau 5.1 : Caractères spéciaux dans les chaînes.

Combinaison de caractères	Signification
`\n`	Saut de ligne
`\r`	Retour chariot
`\t`	Tabulation
`\f`	Saut de page
`\b`	Espace arrière
`\v`	Tabulation verticale (Perl 5 et versions ultérieures)
`\a`	Bip
`\e`	Échappement

A l'attention des utilisateurs MacPerl : `\n` a la même signification que le caractère dont le code ASCII est 10, à opposer au caractère dont le code ASCII est 13 et avec lequel les utilisateurs de Perl UNIX sont familiers. Cela peut représenter un véritable casse-tête lors de la conversion de programmes Perl d'un système d'exploitation à l'autre.

Les actions opérées par l'instruction `print` pour l'affichage de ces caractères varient d'un système d'exploitation à l'autre. A notre connaissance, le seul caractère universel est `\n`, qui impose à l'instruction `print` de se positionner sur la marge gauche de la ligne suivante.

Par exemple, l'instruction :

```
print "Ceci est la ligne 1.\nCeci est la ligne 2.\n";
```

affiche :

```
Ceci est la ligne 1.
Ceci est la ligne 2.
```

Et les instructions :

```
$Blue1 = "Saphir";
$Blue2 = "Azur";
print "$Blue1\n$Blue2\n";
```

affichent :

```
Saphir
Azur
```

Pour ceux qui doivent compter en hexadécimal ou octal, vous disposez également de combinaisons spéciales qui correspondent aux caractères dans ces systèmes de numérotation (le système *décimal* est basé sur dix chiffres ; le système *hexadécimal* utilise 16 chiffres ; le système *octal* exploite seulement 8 chiffres). Vous pouvez utiliser la combinaison `\x` suivie de deux caractères représentant la valeur hexa à employer, ou juste `\` suivi d'une valeur en octal. Par exemple, la lettre *B* se représente par `\x42` en hexadécimal et par `\102` en octal.

Ces caractères spéciaux ne sont *pas* exploitables dans les chaînes avec apostrophes. Voyons ce qui se passe lorsque vous utilisez des apostrophes au lieu de guillemets :

```
print 'Ceci est la ligne 1.\n Ceci est la ligne 2.\n';
```

Cette instruction affiche :

```
Ceci est la ligne 1.\n Ceci est la ligne 2.\n
```

Notez cependant que tout ce que vous placez entre apostrophes n'est pas affiché tel quel : les deux exceptions sont \' et \\. Perl convertit en apostrophe toute combinaison \' rencontrée entre apostrophes ou guillemets. Il convertit en antislash toute combinaison \\ rencontrée entre apostrophes ou guillemets. Il faut bien en effet un moyen d'afficher une apostrophe (') ou un antislash (\) lorsque vous employez les apostrophes pour délimiter une chaîne. Par exemple :

```
print 'C\'est un antislash : \\.';
```

Ce programme affiche :

```
C'est un antislash : \.
```

Voici deux autres astuces avec les guillemets (notez que cela ne fonctionne pas dans les apostrophes) : si vous voulez obtenir du texte entre guillemets dans une chaîne, utilisez la combinaison \" :

```
$Shout = "Au secours !";
print "Ils crièrent \"$Shout\" très fort.\n";
```

Ce programme affiche :

```
Ils crièrent "Au secours !" très fort.
```

Pour empêcher Perl d'interpréter un symbole dollar entre guillemets, tapez \$, comme ici :

```
$Sweet = "sucre";
print "La valeur de \$Sweet est $Sweet.";
```

qui affiche :

```
La valeur de $Sweet est sucre.
```

Perl vous donne aussi la possibilité de spécifier un caractère par sa valeur (son code ASCII). Plus haut dans ce chapitre, vous avez vu que chaque caractère a une valeur entre 0 et 255. Si vous connaissez la valeur du caractère à afficher, vous disposez de la fonction `chr`, qui prend en argument une valeur de caractère et retourne le caractère associé à cette valeur. Par exemple :

```
$CapB = chr(66);
print "La lettre après A est $CapB.\n";
```

affiche :

```
La lettre après A est B.
```

Texte entre apostrophes, texte entre guillemets

Lorsque vous voulez indiquer à Perl d'utiliser un littéral chaîne, vous utilisez du *texte entre apostrophes* ou *entre guillemets*. Par exemple, pour affecter les caractères "Au secours !" à la variable `$Shout`, écrivez une de ces instructions :

```
$Shout = 'Au secours !';
$Shout = " Au secours !";
```

Ces deux instructions produisent le même résultat (`Au secours !` s'affiche). Cependant, dans certaines circonstances, l'usage d'apostrophes ou de guillemets fait une grande différence. Savoir comment exploiter les apostrophes et les guillemets est un aspect essentiel de la manipulation du texte dans Perl.

Comparaison des apostrophes et des guillemets

Résumons la principale différence entre les apostrophes et les guillemets : *les apostrophes indiquent de ne pas interpréter ; les guillemets indiquent d'interpréter.* Si vous placez quelque chose entre apostrophes, Perl considère que vous voulez obtenir les caractères exacts qui sont entre apostrophes, sauf s'il s'agit de la combinaison `\'` ou `\\`, dont nous avons parlé un peu plus haut. En revanche, si vous placez du texte entre guillemets, Perl interprète les noms de variables. Perl interprète également les caractères spéciaux dans les chaînes littérales écrites entre guillemets.

Étudiez ce court programme, qui utilise des apostrophes dans son instruction `print` :

```
$Book = 'Perl pour les Nuls';
print 'Le titre est $Book.';
```

Lorsque vous exécutez le programme, Perl affiche :

```
Le titre est $Book.
```

Remplaçons maintenant les apostrophes par des guillemets dans l'instruction `print` :

```
$Book = 'Perl pour les Nuls';
print "Le titre est $Book.";
```

Lorsque vous exécutez le programme, Perl affiche maintenant :

```
Le titre est Perl pour les Nuls.
```

Dans le premier programme, les apostrophes indiquent à Perl de ne pas interpréter ce qui se trouve entre les apostrophes. Dans le second programme, Perl rencontre les guillemets, interprète la variable `$Book` et insère le contenu de cette variable dans le texte.

Notez que le point à la fin de l'instruction `print` apparaît immédiatement après la valeur de `$Book`. Après interprétation de la variable `$Book`, Perl continue de lire le texte, trouve le point, et l'affiche.

Vous n'avez pas de limite au nombre de variables entre guillemets. Par exemple, ces lignes :

```
$Word1 = "vraiment";
$Word2 = "merci";
$Sentence = "Je voulais vous dire $Word1 $Word2.";
print $Sentence;
```

affichent :

```
Je voulais vous dire vraiment merci.
```

Perl interprète chaque variable et la place directement dans la variable `$Sentence`. Notez que lorsque l'instruction `print` affiche le contenu de `$Sentence`, elle insère un espace entre les deux mots produits par les variables, comme cela l'a été demandé, et le point à la fin. Perl se contente en fait de remplacer les noms de variables par leur contenu, et ne touche pas au reste : espaces et autres caractères, qui sont affichés exactement comme vous les avez tapés.

Fonctions pour placer le texte entre apostrophes ou guillemets

Bien que placer du texte entre apostrophes ou guillemets ne soit pas très difficile, disposer d'une fonction qui s'acquitte de ce travail est très pratique dans certaines situations. Il s'agit des fonctions `q` et `qq`. La fonction `q` place son argument entre apostrophes ; la fonction `qq` place son argument entre guillemets. Le rôle principal de ces fonctions est de vous autoriser à employer des apostrophes et des guillemets à l'intérieur de chaînes sans avoir à utiliser les combinaisons spéciales `\'`, `\\` et `\"`.

Vous utiliserez donc `q` dès que vous aurez une chaîne comportant de nombreuses apostrophes. Comparez cette instruction :

```
$ISaid = 'C\'est aujourd\'hui qu\'il s\'en va.';
```

avec celle-ci :

```
$ISaid = q/C'est aujourd'hui qu'il s'en va./;
```

Ces deux lignes affectent la même chaîne à `$ISaid`, mais la seconde est bien plus facile à lire (et à taper).

Vous avez le droit d'employer n'importe quel caractère pour délimiter le début et la fin de votre phrase. Le slash (/) est courant, ainsi que la barre verticale (|) :

```
$ISaid = q|C'est aujourd'hui qu'il s'en va.|;
```

Vous pouvez aussi utiliser des parenthèses, des corniers, des crochets, des accolades :

```
$ISaid = q(C'est aujourd'hui qu'il s'en va.);
$ISaid = q<C'est aujourd'hui qu'il s'en va.>;
```

Si vous avez beaucoup à dire

Voici un autre moyen, particulièrement utile si vous avez de nombreuses lignes dans une chaîne. Au lieu de placer un guillemet au début et en fin de chaîne, commencez par `<<` et une chaîne de votre choix (sans espace entre la combinaison de caractères `<<` et la chaîne), et achevez le texte en écrivant la chaîne sur une ligne séparée.

Voici un exemple qui place quatre lignes de texte dans une variable baptisée `$TheLongString`, avec `LARGE` comme chaîne de délimitation :

```
$TheLongString = <<'LARGE';
Ceci est la première ligne,
et voici la seconde,
suivie de près par la troisième,
et ainsi de suite ad nauseum.
LARGE
```

La façon dont vous entourez la chaîne indique à Perl si vous demandez à interpréter ou non les éventuelles variables à l'intérieur du texte. Si vous utilisez `<<"LARGE"` (au lieu de `<<'LARGE'`) dans le code précédent, Perl substitue leurs valeurs aux éventuels noms de variables existant dans le texte `$TheLongString`.

Manipulation de chaînes

Perl dispose d'opérateurs pour réaliser des opérations sur les chaînes, semblables à l'addition, la multiplication et la soustraction. En réalité, ces opérateurs ne font pas de calculs, mais manipulent les chaînes d'une façon qui *ressemble* à ce qui est produit par certaines fonctions mathématiques de base.

Combinaison de chaînes

L'*addition de chaîne,* par exemple, consiste à prendre une chaîne et à ajouter son texte à la fin d'une autre chaîne. Le terme technique pour l'addition de chaîne est *concaténation*. L'opérateur de concaténation de Perl est le *point*.

La ligne suivante affiche `fenêtre` à l'écran :

```
print "fen" . "être";
```

La concaténation de chaîne est aussi utilisable dans l'affectation de chaîne :

```
$Name = "Susan";
$Sentence = "Demander à ". $Name . " son nouveau disque.";
print $Sentence;
```

Cela affiche :

```
Demander à Susan son nouveau disque.
```

Il est souvent nécessaire de concaténer des chaînes. C'est en effet un moyen pratique pour recueillir des informations à différents endroits et d'en faire une seule chaîne. Lorsque vous utilisez des chaînes entre guillemets, vous n'avez pas besoin de la concaténation de chaîne puisque les variables sont interprétées. Par exemple, les deux lignes ci-dessous affichent la même chose :

```
$Sentence = "Demander à ". $Name . " son nouveau disque.";
$Sentence = "Demander à $Name son nouveau disque.";
```

La première ligne de cet exemple concatène trois chaînes ; la seconde ligne utilise la substitution à l'intérieur de la chaîne.

La concaténation de chaîne sert aussi à accomplir diverses tâches comme s'assurer que les lignes d'un programme ne sont pas trop longues. Par exemple, considérez cette instruction :

```
print "$ID: $FirstName $LastName, ext. ".
        "$Tel\n";
```

Ici, nous avons utilisé la concaténation pour éviter de déborder de la fin de la ligne. Au lieu d'afficher une chaîne unique, Perl affiche en fait deux chaînes concaténées.

Perl propose même un moyen d'ajouter une chaîne à la fin d'une autre tout en vous épargnant de la saisie. Considérez que vous voulez ajouter plusieurs noms à la chaîne `$AllNames`. Au lieu de taper l'instruction :

```
$AllNames = $AllNames . $CurrentName;
```

vous disposez d'un moyen plus court :

```
$AllNames .= $CurrentName;
```

L'opérateur .= ajoute la chaîne de droite à la fin de la chaîne de gauche.

Répéter un texte

Il est possible de multiplier une chaîne. Le terme non technique est *répétition*. Perl utilise pour cela l'opérateur `x`. Vous écrivez la chaîne à gauche du `x` et un nombre à droite, pour que Perl répète la chaîne ce nombre de fois. Par exemple :

```
print 'Q'x10;
```

affiche 10 Q sur la même ligne :

```
QQQQQQQQQQ
```

Tronquer la fin d'une chaîne

Une forme simple de soustraction de chaîne consiste à en supprimer le dernier caractère. On emploie pour cela la fonction `chop`. Cette fonction supprime le dernier caractère de la chaîne, mais sa valeur de retour est le caractère supprimé, ce qui peut être source de confusion. Voici un exemple :

```
$SixLet = "TUVWXY";
$A = chop($SixLet);
print "\$SixLet vaut maintenant $SixLet et \$A vaut maintenant $A.";
```

Ce code affiche :

```
$SixLet vaut maintenant TUVWX et $A vaut maintenant Y.
```

Les programmeurs utilisent typiquement `chop` pour supprimer le caractère de saut de ligne placé à la fin d'une entrée multiligne. Par exemple (vous en trouverez dans ce livre), certains programmes lisent des lignes dans un fichier. Ces lignes se terminent systématiquement par le code de saut de ligne de l'ordinateur. La fonction `chop` sert alors à supprimer ce caractère.

La fonction `chomp` fonctionne comme la fonction `chop`, sauf qu'elle sait que certains ordinateurs gèrent deux caractères en fin de ligne, et par conséquent qu'il faut alors tronquer deux caractères au lieu d'un. Il est rare d'avoir à se préoccuper de cette différence, mais si vous devez tronquer les fins de lignes, il est préférable d'exploiter `chomp` que `chop`.

Note : La commande `chomp` n'existe pas dans Perl 4.

Transformations simples de chaînes

Perl offre bien d'autres possibilités que de coller deux chaînes. De nombreuses fonctions servent à modifier le contenu réel d'une chaîne. Nous présentons ici les fonctions de base.

Les lettres existent en deux casses : bas de casse (les minuscules) et capitales (les majuscules). Les fonctions `lc`, `lcfirst`, `uc` et `ucfirst` convertissent un texte dans une casse particulière (minuscules ou majuscules). Les fonctions `lc` et `uc` convertissent toute la chaîne ; les fonctions `lcfirst` et `ucfirst` changent juste la première lettre. Les utilisateurs de Perl 4 n'ont pas accès à ces fonctions qui n'existent que depuis la version 5.

Par exemple, ces lignes :

```
$Name1 = "AbCdEf";
$Name2 = "GhIjKl";
print lc($Name1) . " -- " . uc($Name2) . "\n";
print lcfirst($Name1) . " -- " . ucfirst($Name2) . "\n";
```

génèrent ce résultat :

```
abcdef -- GHIJKL
abCdEf -- GhIjKl
```

Si vous aimez réellement utiliser des caractères antislash au lieu de fonctions, vous disposez aussi de caractères spéciaux pour accomplir le rôle de ces quatre fonctions de conversion majuscules/minuscules. Les caractères spéciaux `\l` et `\u` convertissent la lettre suivante dans une chaîne en minuscules ou majuscules, respectivement, ce qui remplit le même rôle que les fonctions `lcfirst` et `ucfirst`. Par exemple :

```
$Name1 = "AbCdEf";
print "\l$Name1\n";
```

affiche :

```
AbCdEf
```

Les caractères spéciaux `\L` et `\U` indiquent à Perl de passer en minuscules ou majuscules, respectivement, toutes les lettres qui suivent, jusqu'à rencontrer le caractère spécial `\E`, qui indique la fin du `\L` ou `\U`.

Par exemple :

```
$Name1 = "AbCdEf";
print "\L$Name1 ET PUIS\E \U$Name1\U\n";
```

affiche :

```
abcdef et puis ABCDEF
```

Informations sur les chaînes

Deux fonctions de chaîne, `length` et `ord`, retournent des informations sur une chaîne. La fonction `length` fournit le nombre de caractères dans la chaîne. Par exemple :

```
$LineLen = length($TheLine);
```

Voici un autre exemple de fonction `print` au travail :

```
$TodaysWord = 'équilibrage';
print length($TodaysWord);
```

Cette commande affiche :

```
11
```

La fonction `ord` indique la valeur numérique (le code ASCII) d'un caractère (c'est le contraire de la fonction `chr` qui convertit un code ASCII en caractère ; voir plus haut dans ce chapitre la section "Caractères spéciaux dans le texte"). Par exemple :

```
print ord('C');
```

affiche :

```
67
```

Si la chaîne que vous utilisez comme argument pour `ord` fait plus d'un caractère, Perl n'examine que le premier caractère de la chaîne et en détermine le code ASCII.

Caractères internationaux dans Perl 5.6

Le texte utilisé dans les exemples de code de ce chapitre ne comporte que des caractères de l'alphabet français. Or, de par le monde, des peuples emploient des caractères différents pour écrire. Par exemple, certains pays européens utilisent les lettres ä et ñ.

La possibilité d'exploiter des caractères internationaux est importante même si vous ne parlez que le français. Par exemple, Copenhague, en danois, s'écrit København. Dans certaines occasions, il sera préférable d'employer l'orthographe originale.

Depuis la version 5.6 de Perl, la plupart des éléments de programmation qui manipulent des caractères les traitent en tant que caractères internationaux. Il existe de nombreux standards différents pour les caractères internationaux. Les développeurs qui actualisent Perl ont judicieusement choisi le plus répandu : Unicode. Ce choix vous permet d'utiliser dans vos programmes Perl presque n'importe quel caractère couramment utilisé dans le monde d'aujourd'hui.

Unicode et UTF-8

Des dizaines de milliers de caractères sont utilisés dans le monde. Le standard le plus exploité pour identifier ces caractères et leurs propriétés est *Unicode*, géré par le Unicode Consortium.

Si vous devez gérer des caractères internationaux, vous devez étudier Unicode (`www.unicode.org`). Le standard Unicode existe aussi sous forme de livre imprimé, avec des tonnes d'informations sur les styles d'écriture dans le monde et comment ils sont représentés dans les ordinateurs.

Comme on l'a vu plus haut dans ce chapitre, chaque caractère ASCII possède une valeur numérique qui indique sa position dans le jeu de caractères ASCII. De même, chaque caractère Unicode a une valeur qui signale sa position. Le jeu de caractères Unicode est bien plus volumineux que l'ASCII ; la fourchette des valeurs est beaucoup plus large (en fait, il peut compter plus d'un million de codes de caractères).

Il existe de nombreuses façons de représenter le jeu de caractères Unicode dans un ordinateur. La méthode la plus populaire aujourd'hui est *UTF-8 (Unicode Transformation Format 8).* Dans UTF-8, chaque caractère Unicode est représenté par un ou plusieurs octets. Le nombre d'octets variant, les langages comme Perl doivent être capables de prévoir combien d'octets seront utilisés pour chaque caractère, de façon à pouvoir réaliser des tâches courantes comme trouver le caractère suivant dans une chaîne. UTF-8 facilite ce processus pour l'ordinateur.

UTF-8 dans vos programmes

Vous avez vu plus haut dans ce chapitre qu'il existe de nombreuses fonctions et opérateurs qui manipulent des caractères. Si vous utilisez Perl 5.6, ces fonctions et opérateurs se comporteront exactement comme prévu sur les caractères internationaux UTF-8, même si ces caractères sont stockés sur plusieurs octets. Par exemple, l'emploi de la fonction `length` sur le *fün* retourne bien 3, alors que le caractère *ü* UTF-8 consomme deux octets.

Vous pouvez également utiliser des caractères UTF-8 dans les noms de variables, si cela vous dit. Par exemple, rien ne vous empêche d'appeler une variable `$Aérien`. Vous pouvez employer n'importe quel caractère Unicode alphabétique ou numérique (ce qui s'appliquait aux caractères ASCII dans les versions antérieures de Perl).

Note : Perl 5.6 intègre une grande partie de la gestion Unicode et UTF-8. Perl 5.6 n'est néanmoins qu'une étape de transition de Perl 5 (qui ne gère pas Unicode) vers une future version de Perl qui gérera intégralement Unicode. De ce fait, vous devez écrire l'instruction Perl `use utf8` au début de chaque programme utilisant des caractères Unicode. La présence de cette ligne ne sera plus nécessaire dans les versions futures de Perl (elle ne posera cependant pas de problème et pourra y être laissée sans dommage).

Lorsque vous créez un programme Perl qui exploite des caractères UTF-8 dans les chaînes, vous avez deux possibilités : soit écrire le programme dans un éditeur de texte qui sait lire et écrire en UTF-8, soit entrer les caractères UTF-8 en notation hexadécimale (nous étudions la notation hexadécimale au Chapitre 6, mais nous devons en parler un peu ici puisque peu d'utilisateurs possèdent un éditeur de texte compatible UTF-8). Quelques éditeurs de texte pour Windows 95/98/NT gèrent UTF-8. Il n'y en a pas sous UNIX ou pour Mac.

La notation hexadécimale pour UTF-8 se compose des caractères `\x{}`, avec la valeur hexa du caractère UTF-8 placée entre les accolades. Par exemple, le caractère *ñ* a la valeur hexa `c3b1` en UTF-8, et doit donc être saisi sous la forme `\x{c3b1}`. Par conséquent, un programme qui affecte à la variable `$Tomorrow` la chaîne "mañana" s'écrit :

```
use utf8;
$Tomorrow = "ma\x{c3b1}ana";
```

Si ce code est entré dans un éditeur de texte qui gère UTF-8, le programme aura cet aspect :

```
use utf8;
$Tomorrow = "mañana";
```

La saisie de caractères UTF-8 en notation `\x{}` est plutôt difficile, car il n'existe pas de tableaux qui donnent les équivalents UTF-8 pour les caractères Unicode. C'est-à-dire que si vous consultez des caractères dans le standard Unicode, les valeurs sont au format UTF-16, pas UTF-8. Par conséquent, vous avez besoin d'un programme qui fasse la conversion entre les deux formats de façon à savoir quelles valeurs saisir dans vos programmes Perl. Comme vous pouvez l'imaginer, se servir d'un éditeur de texte gérant UTF-8 est bien plus facile.

Vous disposez d'une autre méthode pour entrer des caractères Unicode ; elle demande cependant beaucoup de saisie, et est donc, pour cette raison, rarement utilisée. Elle consiste à taper le nom Unicode complet. Par exemple, le nom Unicode complet pour *ñ* est "Latin small letter *n* with tilde". Vous devez, de plus, placer dans votre programme Perl l'instruction `use charnames ':full'`. Le programme de tout à l'heure serait alors écrit ainsi :

```
use utf8;
use charnames ':full';
$Tomorrow = "ma\N{LATIN SMALL LETTER N WITH TILDE}ana";
```

Emploi de caractères internationaux

En Perl 5.6, les chaînes avec caractères internationaux sont traitées comme les autres chaînes ordinaires. Par exemple, `length("ma\x{c3b1}ana")` retourne 6. De même, `ucfirst("ma\x{c3b1}ana")` retourne Mañana. Les Chapitres 9 et 13 présentent d'autres fonctions liées aux chaînes, des fonctions qui travaillent tout aussi bien sur les caractères internationaux que `length` et `ucfirst`.

Tout n'est pas rose dans le traitement des chaînes internationales en Perl 5.6. Comme nous l'avons dit plus haut, les capacités de gestion Unicode de Perl sont encore en progression. Par exemple, lorsque vous lisez du texte dans un fichier, Perl considère qu'il s'agit de caractères ASCII (c'est-à-dire d'octets) au lieu de caractères Unicode. Cette situation changera dans une future version de Perl, mais nous ne savons pas quand. En attendant, vous devez savoir constamment quelles chaînes *vous* avez entrées (en sachant par conséquent si elles sont en Unicode ou pas), et lesquelles proviennent de lecture de fichiers et sont donc considérées comme de l'ASCII par Perl.

Chapitre 6

Les nombres

Dans ce chapitre :

- Différences entre entiers et nombres réels.
- Les opérateurs mathématiques de Perl.
- Emploi de compteurs pour incrémenter et décrémenter des valeurs.
- Affectation de valeurs à des variables.
- Étude des fonctions numériques.
- Transformation de nombres en chaînes.

Perl est capable de bien des choses en termes de calcul, outre l'addition, la soustraction, la multiplication et la division. La mise en place des manipulations mathématiques est moins lourde que dans d'autres langages comme C ou Java. A la différence de ces derniers, vous n'avez pas à passer autant de temps à définir formellement les variables numériques et à vous assurer constamment que vous combinez bien deux variables de même type.

Différences entre entiers et nombres réels

Les ordinateurs manipulent deux sortes de nombres : les *entiers* et les *nombres réels* (également appelés *réels* ou *nombres à virgule flottante*). La différence de base est que les entiers n'ont pas de séparateur décimal (le point dans Perl), et donc de partie fractionnaire, comme les nombres réels.

Si ce livre concernait presque n'importe quel autre langage de programmation, il faudrait maintenant remplir des pages et des pages pour décrire la façon dont le langage stocke les entiers dans le microprocesseur, dont il gère différemment les nombres réels, etc. Heureusement, ce livre parle de Perl.

Perl stocke en interne toutes les valeurs numériques sous forme de nombres réels, de la façon qui convient le mieux au système d'exploitation et au microprocesseur. Perl gère les calculs en virgule flottante, ce qui simplifie la programmation puisque vous n'avez pas à vous soucier des différents systèmes numériques auxquels vous êtes confronté dans la plupart des autres langages.

Perl est à même de deviner lorsque vous pensez probablement en termes d'entiers au lieu de réels. Lorsque vous spécifiez un nombre sans séparateur décimal, Perl sait qu'il lui faut travailler sur ce nombre en tant qu'entier.

Il faut donc écrire les nombres entiers sans séparateur décimal :

```
$Count = 43; # Nombre entier
```

En revanche, il faut écrire les nombres réels avec séparateur décimal :

```
$Temperature = 43.955; # Nombre réel
```

Il est également possible d'écrire les nombres en notation scientifique. Dans Perl, la notation scientifique se compose de la lettre E insérée entre deux nombres (que le E soit en majuscule ou en minuscule importe peu). La valeur à gauche du E est multipliée par 10 à la puissance du nombre de droite. Voici la notation scientifique Perl pour la variable `$Temperature` lorsque cette variable vaut 0.43955×10^2 :

```
$Temperature = .43955E2 # Nombre réel exprimé
                        # en notation scientifique
```

En d'autres termes, ne vous souciez pas outre mesure de la différence entre entiers et réels (sauf si vous faites en plus l'apprentissage d'un autre langage de programmation). Dans Perl, un nombre est un nombre, et il est utilisé dans les calculs sans que vous ayez à vous en préoccuper spécialement.

Opérateurs mathématiques

Commençons par le commencement, à savoir les opérateurs mathématiques.

Opérateurs pour calculs simples

Les opérateurs Perl pour les calculs simples, c'est-à-dire addition, soustraction, multiplication et division, sont +, -, * et / respectivement. Par exemple, voici comment obtenir le produit de 93 par 46 :

```
$BigNum = 93 * 46;
print $BigNum;
```

Ce code affiche :

```
4278
```

Vrai et faux (true et false) sont également des nombres

Perl, comme la plupart des langages de programmation, vous permet d'utiliser la logique mathématique pour manipuler les valeurs vrai (*true*) et faux (*false*). L'instruction `if` prend un argument, qui est vrai ou faux (qui vaut true ou false). Si l'argument est vrai, l'instruction `if` exécute les instructions dans son bloc. (La logique est étudiée au Chapitre 8, avec description des instructions qui font appel à la logique, dont les instructions `if`.)

NdT. Bien que l'on puisse traduire systématiquement *true* par vrai et *false* par faux, il est indispensable de s'acclimater à manipuler les termes *true* et *false*, puisque ce sont ces termes qui sont employés dans les programmes.

La principale raison pour laquelle nous mentionnons ici les instructions `if` est de montrer une partie essentielle de la logique : comment Perl gère les situations vrai/faux. Perl utilise des nombres pour représenter les valeurs *true* et *false*. Toute valeur valant 0 (zéro) représente la valeur false (faux). Toute valeur différente de 0 vaut true (vrai).

Ainsi, lorsqu'une instruction regarde si un argument vaut true, il regarde en réalité s'il est égal à 0 ou à la chaîne "0". Si l'argument est égal à une de ces valeurs, il est faux ; sinon, il est vrai.

Outre le nombre 0, la chaîne nulle ("") représente également la valeur false. Cependant, les programmeurs Perl y ont rarement recours. Penser que faux égale 0 et que vrai correspond à toute autre valeur est bien plus simple.

Parenthèses et calculs algébriques

En calcul algébrique, on peut utiliser les parenthèses pour forcer le traitement de certaines opérations avant les autres dans une équation. Par exemple :

```
$a = (5 + 2) - (4 * 9) + (3 / 7); print $a;
```

On calcule ici cinq plus deux, moins le produit de quatre fois neuf, plus la division de trois par sept. Cela donne :

```
-28.5714285714286
```

TRUC

L'emploi systématique de parenthèses dans les instructions mathématiques, même si cela n'est pas réellement nécessaire, permet de se rendre facilement compte des différents calculs opérés. Perl réalise certes les opérations en tenant compte de la priorité des opérateurs lorsqu'il n'y a pas de parenthèses, mais vous oublierez probablement assez vite les priorités affectées aux opérateurs. Par exemple, l'équation `5 + 2 - 4 * 9 + 3 / 7` réalise-t-elle exactement ce à quoi vous vous attendez ? Dans votre esprit, elle peut signifier `((((5 + 2) - 4) * 9) + 3) / 7)`, ce qui donne 4.28571 ; dans l'esprit de quelqu'un d'autre, elle peut vouloir dire `(5 + 2) - (4 * 9) + (3 / 7)`, ce qui donne -28.57143. Pourquoi risquer de se tromper quand vous avez la possibilité de vous assurer dès le début du bon ordre des opérations ?

Opérateurs valeur positive et valeur négative

Le signe moins rend négatif un nombre positif, et positif un nombre négatif. Par exemple, -3 signifie la valeur négative trois, et -(-4) représente la valeur positive quatre. Cela vaut aussi pour les variables, c'est-à-dire que le signe moins inverse la valeur de la variable. Voici un exemple :

```
$Count = -2;
$InverseCount = -$Count;
print $InverseCount;
```

Ce code affiche à l'écran la valeur positive 2 :

```
2
```

Opérateur pour élévation à une puissance

Dans Perl, l'opérateur ** élève le nombre à gauche de l'opérateur à la puissance du nombre de droite. Ainsi, pour élever 2 à la puissance 10, entrez :

```
$b=2**10; print $b;
```

Ce code donne le résultat suivant :

```
1024
```

Opérateur arithmétique modulo

L'opération arithmétique *modulo* calcule le reste de la division d'un nombre par un entier. Pour obtenir le reste d'une division dans Perl, on utilise l'opérateur % à la place de l'opérateur de division /. Par exemple, le code ci-dessous fournit le reste de 8 divisé par 3 :

```
$c=8 % 3; print $c;
```

Le résultat est :

```
2
```

Si l'opération était une division ordinaire au lieu de modulo, la ligne serait écrite comme ceci :

```
$c=8 / 3; print $c;
```

Et l'affichage obtenu serait celui-ci :

```
2.66666666666667
```

Calcul et affectation simultanés

Il est parfois nécessaire de modifier la valeur d'une variable en se basant sur la valeur actuelle de la variable. Par exemple, vous désirez doubler la valeur de `$d`. En français, vous diriez : "Prendre la valeur actuelle de `$d`, la doubler, puis donner à `$d` la nouvelle valeur obtenue." Dans Perl, utilisez l'instruction suivante :

```
$d = $d * 2;
```

Perl donne la possibilité d'une écriture plus compacte de cette instruction en plaçant l'opérateur au-devant du signe = et en n'écrivant pas la variable de droite. Ici, cela donne :

```
$d *= 2;
```

Bien que moins claire, certains programmeurs préfèrent la seconde méthode, car elle réclame moins de saisie.

Un exemple courant de modification de variable basée sur la valeur actuelle de la variable est l'ajout de `1` à la variable. Par exemple, pour la variable `$e` :

```
$e += 1;
```

Auto-incrémentation et autodécrémentation

Une pratique très courante en programmation est le *compteur.* Un *compteur* est une variable que vous définissez dans le but d'augmenter ou de réduire une valeur de façon incrémentale ou décrémentale (de la même valeur à chaque fois) à chaque passage dans une boucle (rappelons qu'il s'agit d'un ensemble d'instructions répété jusqu'à ce qu'une action particulière se produise). Lorsque vous utilisez un compteur de la sorte, vous appliquez à la valeur une *auto-incrémentation* ou une *autodécrémentation*.

L'emploi de boucles avec auto-incrémentation ou autodécrémentation est un usage courant dans les programmes Perl. Dans la vie de tous les jours, vous êtes régulièrement confronté à des instructions comme "Placer dans l'eau quatre cuillerées à café de sel" ou "Prendre ce médicament trois fois par jour". Dans votre esprit, vous gérez un compteur que vous incrémentez chaque fois que vous avez réalisé la tâche et que vous comparez avec les instructions données : "Voilà pour une cuillérée ; cela fait-il quatre ? Non. Voilà une deuxième cuillerée ; cela fait-il quatre ? Non. Voilà une..."

Voici un exemple de compteur :

```
$SuccessCount = $SuccessCount + 1;
```

Voici une autre façon d'écrire l'instruction, plus compacte, comme nous l'avons indiqué un peu plus haut :

```
$SuccessCount += 1;
```

L'emploi de compteurs est si courant en programmation que les créateurs de Perl ont inclus une construction spéciale pour compacter encore plus cette ligne d'instruction. Il s'agit de l'*opérateur d'auto-incrémentation* ++ qui ajoute 1 à la valeur. L'exemple précédent s'écrit alors ainsi :

```
$SuccessCount++;
```

Pour décrémenter un nombre (c'est-à-dire lui soustraire 1) de la même façon, utilisez l'*opérateur d'autodécrémentation* (--). Par exemple :

```
$SuccessCount--;
```

Les opérateurs ++ et -- ajoutent ou soustraient 1 à la variable. Pour ajouter ou soustraire une valeur différente de 1, vous devez utiliser += et -=.

Les opérateurs d'auto-incrémentation et d'autodécrémentation sont utilisables au milieu d'une affectation, mais Perl interprète le code qui utilise ++ et -- différemment selon que l'opérateur se trouve avant ou après la variable.

Si l'opérateur se trouve avant le nom de variable, Perl incrémente la variable et retourne la valeur incrémentée. Si l'opérateur apparaît après le nom de variable, Perl retourne la valeur originale de la variable puis incrémente la variable.

Les lignes ci-dessous montrent ce qui se passe lorsque vous placez l'opérateur *après* la variable :

```
$f = 7; $g = $f++;
print "Emploi de \$f++, \$g vaut $g et \$f vaut $f\n";
```

Le résultat est :

```
Emploi de $f++, $g vaut 7 et $f vaut 8
```

Ici, Perl affecte la valeur initiale de `$f` (qui est 7) à `$g`, puis incrémente `$f` de 1 (`$f` vaut donc maintenant 8). La position de l'opérateur ++ détermine le moment précis où la variable est incrémentée. Si vous placez l'opérateur après `$f`, elle n'est pas incrémentée tant que l'on n'a pas réellement rencontré l'opérateur ++.

Voici un autre exemple pour montrer ce qui se passe lorsque vous placez l'opérateur *avant* la variable :

```
$f = 7; $g = ++$f;
print "Emploi de ++\$f, \$g vaut $g et \$f vaut $f\n";
```

Le résultat est :

```
Emploi de ++$f, $g vaut 8 et $f vaut 8
```

Ici, Perl affecte à `$f` une valeur (7), incrémente la valeur `$f` de 1 (ainsi `$f` vaut maintenant 8), puis affecte la valeur de `$f` à `$g` (rendant `$g` aussi égale à 8). Tout dépend de la position de l'opérateur. Vous comprenez maintenant pourquoi il faut faire très attention au code qui met en jeu les opérateurs `++` ou `--` pour s'assurer que les instructions réalisent bien ce que l'on veut.

TRUC

Il est quand même manifeste que l'emploi de `+= 1` et `-= 1` est plus clair que celui de `++` et `--`. Bien sûr, vous devez choisir l'écriture qui vous convient le mieux.

Fonctions numériques simples

Les développeurs de Perl ont inclus plusieurs fonctions pour les calculs simples. Ces fonctions sont aussi faciles à utiliser que les opérateurs, même si leur explication demande des termes techniques. La fonction `sqrt` retourne la racine carrée de l'*argument* de la fonction (la valeur ou instruction qui est traitée par la fonction). La fonction `log` retourne le *logarithme naturel* (logarithme de base *e*) de son argument. La fonction `exp` retourne *e* élevé à la puissance de son argument. Les instructions suivantes présentent des exemples des trois fonctions :

```
print "La racine carrée de 121 est " . sqrt(121);
print "Le logarithme de 121 est " . log(121);
print "e à la puissance 121 vaut " . exp(121);
```

La fonction `abs` retourne la valeur absolue de l'argument. Elle retourne une valeur positive, que la valeur de l'argument soit négative ou positive. La fonction `int` retourne la portion entière de l'argument. Voici un exemple de chacune de ces deux fonctions :

```
$ThePosValue = abs($SomeValue);
$MyWhole = int($SomeValue);
```

ATTENTION !

A savoir sur la fonction `int` : elle arrondit vers le bas pour les nombres positifs, vers le haut pour les nombres négatifs. Voici un exemple pour illustrer ce fonctionnement :

```
$h = 3.4; $i = int($h); print "$i\n";
$h = -3.4; $i = int($h); print "$i\n";
```

Ces instructions affichent :

```
3
-3
```

Conversion de nombres en chaînes

Perl facilite la conversion de nombres en chaînes mieux que la plupart des autres langages de programmation. En fait, vous n'avez rien de spécial à faire, car Perl "comprend" que lorsque vous utilisez des nombres dans un contexte où l'on utilise des chaînes, vous demandez à traiter ces nombres comme s'il s'agissait de chaînes. Voici un exemple qui crée une variable composée d'un nombre suivi de lettres :

```
$Ann = 5; $Ann += 1;
$Ann = $Ann . "bcd";
print $Ann;
```

Ces instructions affichent :

```
6bcd
```

Dans la première ligne, `$Ann` est un nombre (6). Dans la seconde ligne, `$Ann` est transformée de nombre en chaîne (`6bcd`). A partir de ce stade, `$Ann` est une chaîne et vous ne devez pas la traiter en tant que nombre.

ATTENTION !

Après conversion d'une variable numérique en variable chaîne, il faut traiter cette variable comme une chaîne. Techniquement, vous *pouvez* traiter des chaînes en tant que nombres, mais il est impossible de prévoir les résultats de façon précise. Par exemple, l'opérateur * tentera de multiplier deux chaînes, Perl essaiera de trouver des nombres dans les chaînes et de travailler sur ces nombres, mais le résultat n'est pas garanti. Il est donc préférable de ne pas s'y risquer. Utilisez toujours les fonctions et opérateurs de calcul exclusivement sur des nombres.

Systèmes non décimaux

Il est possible de calculer en *hexadécimal* (basé sur 16 chiffres) ou en *octal* (basé sur 8 chiffres). Pour spécifier un nombre en hexadécimal (ou *hexa*), placez les caractères `0x` devant le nombre ; en octal, faites de même, mais remplacez les caractères `0x` par un zéro (0). Par exemple :

```
$Mask = 0xFF00;
$SomeOctal = 0177;
```

Perl met aussi à votre disposition deux fonctions de conversion en valeurs décimales à partir de nombres de ces deux systèmes. Il s'agit des fonctions `hex` et `oct` qui prennent en argument une chaîne représentant un nombre hexa ou octal et retournent la valeur décimale correspondante. Par exemple :

```
$Address = 'FFFF';
$Location = hex($Address) + 12;
```

Si vous exploitez le système hexadécimal, le programme ci-dessous crée un tableau de conversion du système décimal vers le système hexadécimal. Le programme utilise certains opérateurs mathématiques vus dans ce chapitre, ainsi que des possibilités de traitement de liste étudiées au Chapitre 7.

```
# hexchart.pl: Affiche un tableau de conversion
# décimal vers hexadécimal.

@HexD = ('0', '1', '2', '3', '4', '5', '6', '7', '8',
  '9', 'A', 'B', 'C', 'D', 'E', 'F');

for($i = 0; $i <= 255; $i += 1) {
  printf("%3s=$HexD[int($i / 16)]$HexD[$i % 16] ", $i);
  if(($i % 8) == 7) { print "\n" }
}
```

La sortie de ce programme est reproduite sur la Figure 6.1 (dans une fenêtre MS-DOS Windows 95).

Perl en version 5.6 permet également d'entrer des nombres sous forme binaire. Cette nouvelle caractéristique est particulièrement pratique si vous savez quels bits représenter et que vous ne voulez pas les convertir en hexadécimal. Pour entrer un nombre sous forme binaire, placez les caractères `0b` au début du nombre. Par exemple :

```
$Mask = 0b1101110;
```

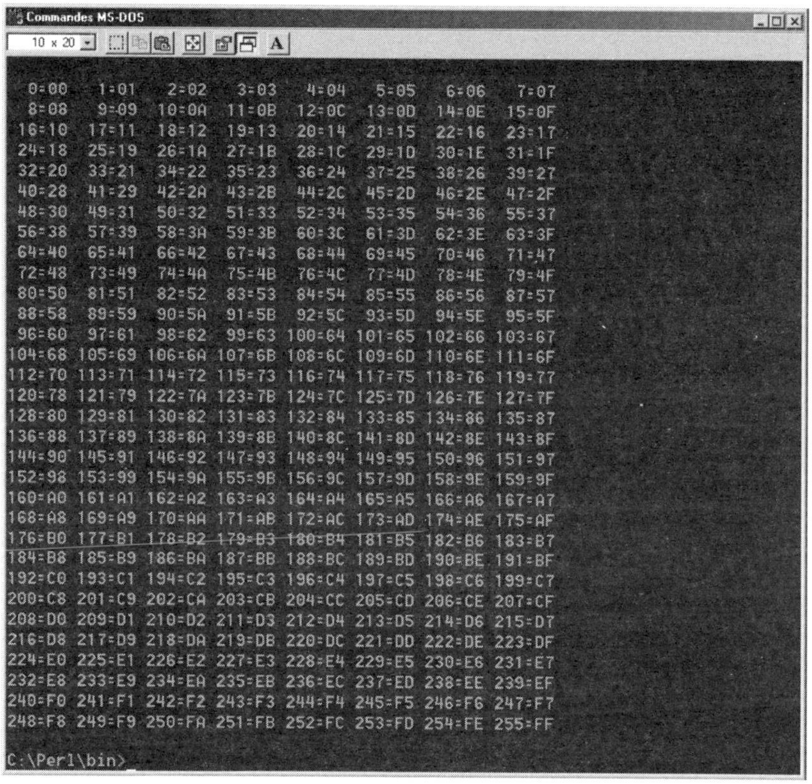

Figure 6.1 : La sortie du programme de conversion décimal vers hexadécimal.

Chapitre 7

A la découverte des listes

Dans ce chapitre :

- Construire une liste.
- Ajout et suppression d'éléments de liste.
- Accès aux éléments d'une liste.
- Séparation de chaînes et transformation en listes.
- Différences entre contexte scalaire et contexte de liste.

En plus des deux types de données de base que sont le texte et les nombres (étudiés aux Chapitres 5 et 6), Perl exploite un troisième type de données : la *liste.* Lorsqu'une fonction Perl retourne plusieurs valeurs, elle les retourne toujours sous forme de liste. Perl utilise également des listes pour réunir ses propres données internes, ce qui permet aux programmes de travailler plus efficacement. Comprendre comment exploiter les listes est crucial pour tirer pleinement parti d'une des plus puissantes caractéristiques de Perl, par exemple sa capacité à organiser de grands volumes de données en un ensemble manipulable.

Listes : les bases

Une *liste* est un groupe ordonné d'éléments, chaque élément étant généralement un nombre ou une chaîne. La liste est toujours dans le même ordre : le premier élément est toujours le premier, le second élément est toujours second, etc. Notez que *ordonné* ne veut pas dire *trié* comme dans certains autres langages de programmation. Une liste a une certaine longueur, que vous pouvez connaître à tout moment. La longueur d'une liste est susceptible de changer, si vous ajoutez ou soustrayez des éléments.

En plus des nombres et chaînes, une liste peut comporter des *références*. Cette notion de référence est un sujet avancé, étudié aux Chapitres 16 et 19.

Les programmeurs Perl se servent également du terme *tableau* (*array*) pour parler d'une liste. D'un point de vue pratique, la *liste* et le *tableau* sont la même chose, et les deux termes sont alors interchangeables (ce que nous ne manquerons pas de faire pour ajouter de la diversité dans le texte).

Les programmeurs Perl utilisent un autre terme spécial pour désigner une donnée qui est exclusivement soit un nombre, soit une chaîne, et rien d'autre : on parle de *scalaire*. Gardez à l'esprit qu'un *scalaire* n'est donc jamais une *liste*, et qu'une *liste* n'est jamais un *scalaire*. En fait, vous pouvez considérer que le terme scalaire veut dire "chaîne ou nombre".

Construction basique de liste

Une liste Perl est construite un peu comme une liste de courses :

```
jus de fruit
pain
papier
asparagus
```

Cette liste contient des éléments individuels, dans un ordre particulier. La liste en elle-même est envisageable comme un tout, comme *un* élément, par exemple *la* liste des courses.

Si vous calculez à chaque plein votre consommation de carburant, vous obtenez une liste comme celle-ci :

```
8.4
8.6
8.4
8.9
```

Ces deux listes, celle des courses et celle des consommations, sont des listes parfaitement valides pour Perl.

Une liste peut comporter à la fois des chaînes (du texte) et des nombres. Par exemple, une liste peut comporter ces éléments :

```
jus de fruit
pain
```

```
9
jus de fruit
```

Bien qu'il soit difficile de deviner quelle logique a mené à l'ordre de cette liste, elle est valide aux yeux de Perl.

Liste littérale

Une *liste littérale* Perl est presque toujours présentée sous forme d'une série d'éléments séparés par des virgules (,). En général, la liste littérale est aussi placée entre parenthèses. Ces parenthèses ne sont pas obligatoires, mais vous risquez de rencontrer certains problèmes difficiles à diagnostiquer si vous ne les utilisez pas, il est donc nettement préférable de les employer systématiquement, vous serez ainsi sûr que Perl interprétera vos intentions sans ambiguïté. Une liste, quoique souvent rédigée sur une seule ligne, peut courir sur plusieurs lignes. Voici la liste de tout à l'heure rédigée à la mode Perl :

```
('jus de fruit', 'pain', 'papier', 'asparagus')
```

Cette liste contient quatre chaînes *littérales* (la notion de *valeur littérale* est abordée au Chapitre 5). Placez toujours les chaînes littérales entre guillemets, de façon que Perl sache où commence et où se termine chaque chaîne.

Noms de variables listes

Les noms de variables vus depuis le début de ce livre commencent par un symbole dollar (`$`). Perl emploie un autre symbole pour commencer les noms de variables listes : le symbole `@`. Par exemple, dans l'affectation suivante, plusieurs valeurs sont stockées dans la variable liste `@Shop` :

```
@Shop = ('jus de fruit', 'pain', 'papier', 'asparagus');
```

Cette instruction indique à Perl : "La liste appelée `Shop` fait quatre éléments de long : le premier est `'jus de fruit'`, le deuxième `'pain'`, le troisième `'papier'` et le quatrième `'asparagus'`".

Les noms de variables listes commencent par `@` et ceux de variables scalaires par `$`. Lorsque vous rencontrez un nom de variable comme `@Shop`, vous savez que vous avez affaire à une liste ; lorsque vous rencontrez un nom de variable comme `$Shop`, vous savez qu'il s'agit d'une chaîne ou d'un nombre.

Listes nulles (vides)

Les listes ne contiennent pas toujours des éléments. Une liste qui ne comporte aucun élément est dite *liste vide* ou *liste nulle*. Il est possible de créer une liste vide avec une affectation comme celle ci-dessous, où la liste `@Shop` est créée sans recevoir d'éléments :

```
@Shop = ();
```

La paire de parenthèses `()` dans l'instruction ci-dessus est vraiment une liste, elle ne comporte simplement aucun élément entre `(` et `)`. Vous avez le droit de placer plusieurs espaces entre les parenthèses puisque la liste ne comporte pas encore d'éléments :

```
@Shop = ( );
```

Accès aux éléments d'une liste

Il est possible d'accéder à un élément particulier d'une liste ; vous n'êtes pas obligé de travailler systématiquement avec la totalité de la liste. L'accès à un élément se fait via son numéro de place dans la liste. Vous pouvez par exemple indiquer à Perl : "Affecter à la variable `$Dub` la valeur du troisième élément de la liste `@Music`", ce qui s'écrit :

```
$Dub = @Music(2);
```

N'OUBLIEZ PAS

Si vous considérez que l'instruction précédente devrait s'écrire `@Music(3)` et pas `@Music(2)`, sachez que Perl compte les éléments de liste à partir de 0 et non de 1. Ainsi, le premier élément d'une liste Perl est toujours l'élément n° 0, le deuxième l'élément n° 1, et ainsi de suite. Si vous avez déjà travaillé avec un autre langage de programmation, comme C ou Pascal, vous êtes déjà familiarisé avec cette notion. Si Perl est votre premier langage de programmation, rentrez-vous dans le crâne que Perl compte les éléments de listes en commençant à 0.

Pour faire référence à une portion de liste ou *tranche*, vous indiquez la tranche en plaçant entre crochets (`[` et `]`) les numéros des éléments qui la composent. Lorsque la tranche ne comporte qu'un élément, elle est dite *tranche scalaire,* et vous devez placer un `$` au début du nom de la variable liste.

Par exemple, pour afficher le premier élément de la liste @Shop, tapez :

```
@Shop = ('jus de fruit', 'pain', 'papier', 'asparagus');
print $Shop[0];
```

Cette commande affiche :

```
jus de fruit
```

Vous pouvez affecter une tranche scalaire à une variable scalaire, comme ici :

```
$Third = $Shop[2];
```

Cette instruction affecte à la variable $Third la chaîne papier (élément n° 3 de la liste, désigné par [2] dans Perl).

Vous vous demandez peut-être pourquoi il faut changer le symbole de tranche @ en $ lorsque vous manipulez une tranche qui ne contient qu'un seul élément. C'est parce que les valeurs dans une liste sont toujours scalaires, ce ne sont jamais des listes. Par exemple, la valeur dans Shop[0] est un scalaire, pas une liste. Par conséquent, son nom doit commencer par $, le symbole signalant une variable scalaire.

Une tranche de liste peut aussi contenir plusieurs éléments. Une tranche à plusieurs éléments est elle-même une liste, son nom de variable commence donc par @. Par exemple, une tranche de la liste @Shop se composant des deuxième et troisième éléments se déclare de la sorte :

```
@TwoEls = @Shop[1,2];
```

Vous pouvez également placer une tranche de liste du côté gauche de l'affectation. Cette pratique est courante pour changer la valeur d'un élément sans redéfinir toute la liste. Par exemple :

```
@Shop = ('jus de fruit', 'pain', 'papier', 'asparagus');
$Shop[1] = 'muffins';
```

transforme la liste @Shop en :

```
('jus de fruit', 'muffins', 'papier', 'asparagus')
```

Il est possible de trouver combien d'éléments contient la liste sans devoir compter chaque élément. La variable `$#listname` stocke en effet le numéro du dernier élément de la liste. Ainsi, pour notre liste de courses, qui contient quatre éléments, tapez :

```
print $#Shop;
```

ce qui affiche le nombre :

```
3
```

Note : Ce nombre n'est *pas* la longueur de la liste mais le numéro de son dernier élément. La longueur de la liste est donc en réalité ce nombre plus 1.

ATTENTION !

Lorsque Perl ne reconnaît pas votre liste

Perl permet d'avoir une variable liste et une variable scalaire portant le même nom tout en étant totalement étrangères. Par exemple, vous pouvez avoir un programme qui contient `@Shop` et `$Shop` mais dont les contenus n'ont pas forcément de rapport.

Cette possibilité risque d'embrouiller le débutant programmeur lorsqu'il apprend à se servir d'une tranche de tableau ne contenant qu'un seul élément. Si vous oubliez de placer les crochets avec numéro de l'élément dans le nom de variable, vous pouvez vous retrouver à utiliser la variable scalaire et non pas la tranche de liste, deux éléments de votre programme qui n'ont rien à voir ensemble.

Pour plus de tranquillité, ne donnez jamais à une variable scalaire le même nom qu'à une variable liste. Si vous avez une liste `@Shop`, n'employez pas de scalaire `$Shop`, baptisez le scalaire autrement, par exemple `$ShopNum`.

Emploi de listes pour simplifier les tâches de base

Les capacités de manipulation de listes de Perl simplifient un certain nombre de tâches de programmation. Par exemple, supposez que vous désiriez comparer une chaîne avec un grand nombre de chaînes dans un dictionnaire pour déterminer si cette chaîne correspond à une des chaînes du dictionnaire. Supposez que la chaîne soit dans la variable `$Test` et que le dictionnaire comprenne les mots suivants :

```
. . .
lundi
mardi
mercredi
jeudi
vendredi
samedi
dimanche
. . .
```

Si vous ne faites pas appel à des listes, votre programme aura cet aspect :

```
. . .
if($Test eq 'lundi') { print "Occurrence trouvée.\n" }
if($Test eq 'mardi') { print " Occurrence trouvée.\n" }
if($Test eq 'mercredi') { print " Occurrence trouvée.\n" }
. . .
```

La création d'un tel programme est fastidieuse. En outre, si vous voulez réaliser une ou plusieurs actions dans le cas où le test réussit, il faut écrire l'action dans chaque ligne de code. Or toute saisie supplémentaire est susceptible de comporter des erreurs de frappe. Et pour toute modification de l'action, il faudra revoir toutes les lignes de code.

En utilisant une liste, cette tâche sera simplifiée. Commencez par créer une liste dont les éléments sont les mots du dictionnaire. Puis, écrivez une *boucle* qui traverse cette liste comme dans l'exemple suivant (les boucles sont étudiées au Chapitre 8) :

```
. . .
@WordList = (
  'lundi', 'mardi', 'mercredi', 'jeudi',
  'vendredi', 'samedi', 'dimanche');
$ListPos = 0; # Démarre à la position 0
# Boucle tant qu'on ne dépasse pas la fin de liste
until($ListPos > $#WordList) {
  if($Test eq $WordList[$ListPos])
    { print "Occurrence trouvée.\n" }
  $ListPos += 1;
}
. . .
```

L'action (ici, l'instruction `print`) est maintenant opérée à un seul endroit, ce qui rend possible une modification simple et rapide.

TRUC

L'emploi de listes simplifie bien d'autres choses que la modification d'un programme. Par exemple, il se peut que vous ne connaissiez pas le contenu de la liste avec lequel vous opérez la comparaison, avant d'exécuter le programme. Cette situation se produit lorsque les listes sont stockées dans des fichiers texte (qui permettent de modifier les listes indépendamment du programme Perl). Au lieu de créer la liste au début du programme, vous écrivez deux ou trois lignes de code Perl (voir le Chapitre 11) qui lisent les lignes dans le fichier texte et ajoutent chaque ligne a la liste. La boucle dans le programme ne change pas, seule la source de la liste subit des modifications.

L'instruction print et les listes

De nombreuses fonctions prennent des listes en *arguments* (valeurs entrées à la suite du nom de fonction pour modifier l'opération de la fonction). L'instruction la plus exploitée à ce propos est l'instruction `print`. L'instruction `print` prend un seul argument : une liste. Il est courant que cette liste ne contienne qu'un seul élément. Par exemple :

```
$Color = "blanc";
print $Color;
```

affiche :

```
blanc
```

Vous pouvez également afficher une liste contenant plusieurs éléments. Par exemple :

```
@Color = ('blanc', 'noir', 'rouge');
print @Color;
```

affiche :

```
blancnoirrouge
```

L'instruction `print` affiche les éléments collés les uns aux autres, au lieu de les séparer par des espaces. Pour imprimer les éléments individuellement, entrez l'instruction suivante :

```
print $Color[0] . ' ' . $Color[1] . ' ' . $Color[2];
```

qui affiche la chaîne :

```
blanc noir rouge
```

Ici, vous affichez en fait une liste qui se compose d'une chaîne formée elle-même de cinq chaînes : la première tranche, puis une chaîne qui contient un espace, la deuxième tranche, puis une chaîne qui contient un espace, puis la troisième tranche. Vous pouvez également afficher une liste de cinq éléments avec une instruction comme celle-ci :

```
print ($Color[0], ' ', $Color[1], ' ', $Color[2]);
```

qui affiche la chaîne :

```
blanc noir rouge
```

Note : Il s'agit ici d'une véritable liste contenant cinq éléments : la première tranche, une chaîne, la deuxième tranche, une autre chaîne, et la troisième tranche.

Ajout et suppression d'éléments de liste

L'affectation n'est pas la seule façon de construire une liste. Démarrer avec une liste nulle et ajouter des éléments au fur et à mesure est une pratique courante.

Fonctions push et unshift

Les fonctions `push` et `unshift` permettent l'ajout d'éléments à une liste. La fonction `push` ajoute les éléments à la fin de la liste, alors que `unshift` les ajoute au début. Chacune de ces fonctions prend deux arguments : le nom de la liste à laquelle vous voulez ajouter les éléments, et la liste d'éléments à ajouter. Les lignes suivantes montrent `push` et `unshift` en action :

```
@SomeList = (8, 'huit', 9, 'neuf');
@TenList = (10, 'dix');
push(@SomeList, @TenList);
unshift(@SomeList, "sept");
```

Après exécution de ces instructions, la liste `@SomeList` devient :

```
('sept', 8, 'huit', 9, 'neuf', 10, 'dix')
```

Fonctions shift et pop

Vous pouvez également supprimer un élément au début ou à la fin d'une liste avec les fonctions `shift` et `pop`, respectivement. Ces fonctions prennent en argument le nom d'une liste et retournent la valeur qui a été supprimée. Par exemple :

```
@SomeList = (8, 'huit', 9, 'neuf');
$Removed = shift(@SomeList);
print $Removed;
```

affiche :

```
8
```

et la liste `@SomeList` ne contient plus maintenant que trois éléments :

```
('huit', 9, 'neuf')
```

Les fonctions que nous venons de décrire servent à modifier les deux extrémités d'une liste, pour l'étendre ou la réduire à souhait. Le Tableau 7.1 récapitule ces fonctions.

Tableau 7.1 : Fonctions pour ajouter ou soustraire des éléments en début ou en fin de liste.

Fonction	Effet
`push`	Ajoute des éléments à la fin de la liste
`pop`	Supprime des éléments à la fin de la liste
`unshift`	Ajoute des éléments au début de la liste
`shift`	Supprime des éléments au début de la liste

Fonction splice

Perl possède aussi une fonction pour ajouter ou supprimer des éléments à n'importe quel endroit de la liste. Il s'agit de la fonction `splice`, qui permet d'ajouter des éléments ou d'en remplacer certains par de nouveaux. La fonction prend quatre arguments :

- La liste à modifier.
- La position (numéro de l'élément) qui indique l'endroit où commence le remplacement.
- Le nombre d'éléments à supprimer.
- La liste des éléments à insérer.

Par exemple :

```
@Nums = (1, 2, 3, 4, 5);
splice(@Nums, 3, 1, ('chien', 'vache'));
```

Ces instructions affichent :

```
(1, 2, 3, 'chien', 'vache', 5)
```

Lorsque vous donnez au troisième argument (le nombre d'éléments à supprimer) la valeur `0`, vous indiquez que vous ajoutez des éléments à la liste. Par exemple :

```
@Nums = (1, 2, 3, 4, 5);
splice(@Nums, 3, 0, ('chien', 'vache'));
```

La liste `@Nums` est maintenant égale à :

```
(1, 2, 3, 'chien', 'vache', 4, 5)
```

Note : Lorsque vous ne supprimez pas des éléments, les nouveaux éléments sont insérés *avant* l'élément indiqué par le second argument.

Vous pouvez aussi employer `splice` pour supprimer des éléments via une liste nulle. Par exemple, ces instructions :

```
@Nums = (1, 2, 3, 4, 5);
splice(@Nums, 3, 1, ());
```

affichent :

```
(1, 2, 3, 5)
```

Perl vous permet de fournir le quatrième argument sous forme de liste nulle. L'instruction `splice` équivalente sans liste nulle serait :

```
splice(@Nums, 3, 1);
```

Lorsque vous utilisez `splice` pour supprimer des éléments, la fonction retourne ces éléments (la notion de valeur de retour d'une fonction est décrite au Chapitre 3). Par exemple :

```
@Nums = (1, 2, 3, 4, 5);
$GotOne = splice(@Nums, 3, 1);
print $GotOne;
```

affiche :

```
4
```

N'OUBLIEZ PAS

Si vous supprimez plusieurs éléments, les éléments sont retournés sous forme de liste. Par exemple :

```
@Nums = (1, 2, 3, 4, 5);
@GotSome = splice(@Nums, 3, 2);
```

La liste `@GotSome` est maintenant égale à :

```
(4, 5)
```

Deux opérateurs de liste

Perl propose deux opérateurs pour simplifier la création des listes. Au Chapitre 5, nous avons décrit l'opérateur `x`, qui sert à répéter une chaîne. Ce même opérateur est aussi utilisable pour répéter une liste. Si vous écrivez :

```
@h = (883, 895) x 3;
```

@h vaut alors :

```
(883, 895, 883, 895, 883, 895)
```

Perl rend également facile la création de listes qui se composent d'entiers séquentiels (et pas de nombres réels comme 3.45 ou 8.76), via l'*opérateur intervalle,* qui s'écrit avec deux points de suite (..) placés entre les valeurs de début et de fin de la fourchette. Par exemple :

```
@n = (3 .. 8);
```


donne la liste :

```
(3, 4, 5, 6, 7, 8)
```

Vous devez indiquer d'abord dans l'intervalle le plus petit nombre ; il est en effet impossible d'employer l'opérateur intervalle pour créer une liste comme (8, 7, 6, 5, 4, 3). Notez que l'opérateur intervalle fonctionne avec les caractères. Par exemple, pour créer la liste ('a', 'b', 'c', 'd', 'e', 'f'), vous pouvez taper cette instruction :

```
('a' .. 'f')
```

Les fonctions push, unshift, shift et pop constituent finalement des configurations particulières de la fonction splice. Vous pouvez donc les employer de façon interchangeable, à votre goût. Le Tableau 7.2 montre les équivalences entre ces fonctions et la fonction splice :

Tableau 7.2 : Relations de splice avec push, unshift, shift et pop.

Fonction	Équivalent splice
push(@r, @s)	splice(@r, $#r+1, 0, @s)
pop(@r)	splice(@r, $#r, 1)
unshift(@r, @s)	splice(@r, 0, 0, @s)
splice(@r)	splice(@r, 0, 1)

Séparation de chaînes avec la fonction split

Nous revenons souvent dans ce livre sur le fait que Perl est un excellent langage pour manipuler du texte. La fonction `split` est un des meilleurs outils de manipulation de texte de Perl, cela devient encore plus évident après avoir travaillé un peu sur les listes.

La fonction `split` analyse une chaîne, la sépare, et retourne une liste de chaînes. Par exemple, on utilise `split` pour examiner une phrase et retourner la liste des mots qui la composent. Ou, si vous avez un fichier texte avec délimitations par tabulations, c'est-à-dire une base de données (comme le programme empdata1.pl décrit au Chapitre 4), `split` est capable de décortiquer les lignes du fichier pour en séparer les différents champs.

A moins d'employer les arguments par défaut de `split` (nous mettons en garde contre cette pratique, car elle diminue la lisibilité des programmes), `split` prend deux ou trois arguments. Si vous voulez créer une liste avec toutes les chaînes obtenues par séparation, utilisez deux arguments : le motif à utiliser comme *délimiteur* (c'est-à-dire l'indicateur de la fin d'une chose et du début de la suivante) et la chaîne à analyser. Plus loin dans cette section, nous indiquons comment exploiter `split` avec trois arguments.

Le *motif de chaîne* fait partie des notions les plus avancées en Perl (voir le Chapitre 13). Pour l'instant, nous vous présentons de simples motifs. Un motif commence et finit par un slash (/). Entre les slashes se trouvent le caractère exact à utiliser comme signal de séparation pour la fonction `split`.

Par exemple, voici comment séparer en liste de mots une phrase stockée dans une chaîne, en prenant l'espace comme délimiteur :

```
$Sentence = "Un grand moment que celui du thé.";
@Words = split(/ /, $Sentence);
```

La liste `@Words` contient maintenant :

```
('Un' , 'grand' , 'moment' , 'que' , 'celui' , 'du' , 'thé.')
```

Une séparation au niveau des tabulations est aussi facile. Par exemple :

```
($LastName, $FirstName, $ID, $Tel) =
  split(/\t/, $TheRec);
```

Le premier argument est le motif correspondant au caractère tabulation (\t). Chaque champ de l'enregistrement est stocké dans une des variables énumérées avant le signe égal. Vous pouvez aussi créer une liste directement, sans en nommer les différentes variables, puis affecter les valeurs de cette liste à des variables. C'est ce qu'effectuent ces instructions :

```
@TempList = split(/\t/, $TheRec);
$LastName = $TempList[0];
$FirstName = $TempList[1];
$ID = $TempList[2];
$Tel = $TempList[3];
```

Si vous avez juste besoin des premiers éléments d'une chaîne et que le reste vous importe peu, split offre un troisième argument pour indiquer combien d'éléments doivent être extraits et placés dans la liste résultante. Pour revenir à notre précédent exemple, si les seules données à récupérer sont le nom de famille (first name) et le prénom (last name), écrivez ces instructions :

```
    ($LastName, $FirstName, $RestOfLine) =
      split(/\t/, $TheRec, 3);
```

Ici, split ne fait aucune différence, que $RestOfLine comporte ou non des tabulations. La fonction split stoppe sa recherche d'éléments après avoir rencontré la deuxième tabulation et stocke tout ce qui reste dans le dernier élément du tableau, ici $RestOfLine.

Vous trouverez de nombreux usages pour split au fur et à mesure que vous écrirez vos propres programmes Perl. Par exemple, si vous avez un fichier texte contenant des lignes comme celles-ci :

```
Temperature=28.3
Size=large
Color=crimson
Texture=rough
```

et que vous désirez connaître, pour chaque ligne, l'attribut à gauche du signe égal ainsi que la valeur de droite, il suffira d'une boucle qui lise le fichier ligne par ligne et qui effectue la séparation à chaque signe égal :

```
    ($Attribute, $Value) = split(/=/, $TheLine);
```

Il vous restera alors à tester $Attribute.

Emploi de variables scalaires

Les instructions d'affectation pour créer des listes dans les sections précédentes de ce chapitre utilisent toutes des *valeurs littérales*. Or vous avez le droit d'exploiter des variables scalaires dans l'affectation de liste (pour une définition des valeurs littérales et scalaires, consultez le Chapitre 3). Étudiez les lignes suivantes :

```
$LakeName = "Mammoth";
$LakeLen = 1291.3;
@Lake[8,9] = ($LakeName, $LakeLen);
```

Ces instructions stockent la chaîne `Mammoth` dans l'élément de liste `$Lake[8]` et le nombre `1291.3` dans l'élément `$Lake[9]`.

Injection de listes dans une liste

Il est aussi possible d'injecter des listes existantes dans de nouvelles listes. En effet, lorsque vous écrivez le nom d'une liste dans l'affectation de la nouvelle liste, Perl injecte en réalité les éléments individuels de la liste existante dans la nouvelle liste. Par exemple :

```
@a = (12, 24, 36);
@b = ('Douzaines', @a);
```

La liste `@b` contient maintenant :

```
('Douzaines', 12, 24, 36)
```

Perl se comporte ainsi car un élément de liste ne peut être une liste. Si vous essayez donc d'inclure une liste dans une liste, Perl extrait tous les éléments de la liste et les place dans la nouvelle liste.

Contextes

Perl opère dans deux contextes : contexte scalaire (tout ce qui est sous la forme de chaînes ou de nombres) et contexte de liste (on pourrait aussi dire contexte de tableau puisque *tableau* et *liste* sont, dans Perl, synonymes). Perl se base sur le contexte d'une expression pour déterminer quel type de sortie une fonction ou un opérateur produira. Vous-même pouvez savoir dans quel contexte vous vous trouvez en regardant quelle sorte d'affectation est créée. Étudiez cet exemple :

```
$a = somefunction($b); # context scalaire
@c = somefunction($d); # contexte de liste
($e, $f) = somefunction($g); # context de liste
```

La règle générale est que si l'élément à gauche d'une affectation est un scalaire, vous êtes en contexte scalaire ; si l'élément à gauche de l'affectation est une liste, vous êtes en contexte de liste. Notez que, dans la troisième ligne de l'exemple ci-dessus, bien que des variables scalaires soient employées, elles se trouvent dans une liste, aussi l'instruction est-elle en contexte de liste.

La plupart du temps, vous n'avez pas à vous préoccuper du contexte dans lequel une fonction se trouve, car la fonction retourne le même résultat quel que soit le contexte dans lequel elle est. Cependant, certaines fonctions Perl donnent des résultats complètement différents selon le contexte. Quelques opérateurs Perl ont également un comportement différent selon le contexte.

Dans les exemples précédents de ce chapitre, la fonction `split` est dans un contexte de liste, c'est-à-dire que le côté gauche de chaque affectation est toujours une liste. Si le côté gauche de l'affectation est un scalaire, alors `split` retourne le nombre d'éléments que ce scalaire contient. Par exemple :

```
$x = "On trouve ici cinq mots.";
@y = split(/ /, $x);
$z = split(/ /, $x);
```

Ici, `@y` devient la liste :

```
('On', 'trouve', 'ici', 'cinq', 'mots.')
```

et `$z` devient :

```
5
```

Ces deux résultats différents, pourtant issus d'un même appel de fonction `split(/ /, $x)`, sont dus à la différence de contexte.

Voici d'ailleurs un aspect de Perl susceptible de porter à confusion : si vous utilisez le nom d'une liste en contexte scalaire, Perl interprète le nom comme la longueur de la liste. Par exemple :

```
@h = ('Une', 'courte', 'liste', 'de', 'mots');
$ListLen = @h;
print $ListLen;
```

Ici, Perl affiche :

```
5
```

L'emploi de `$#h+1` pour obtenir la longueur d'une liste est plus clair que l'emploi de `@h`.

Il arrive de devoir forcer Perl à évaluer une fonction dans un contexte scalaire. Vous disposez pour cela de la fonction `scalar`. Si vous devez employer `@` pour obtenir la longueur d'une liste, servez-vous de `scalar` pour rendre votre programme moins obscur lors d'une lecture ultérieure. Par exemple :

```
@h = ('Une', 'courte', 'liste', 'de', 'mots');
print scalar(@h);
```

affiche :

```
5
```

Si vous n'utilisez pas dans ce cas la fonction `scalar`, Perl affiche tous les éléments de la liste.

Chapitre 8

Instructions conditionnelles et boucles

Dans ce chapitre :

- Les opérateurs de comparaison.
- Les instructions conditionnelles.
- Les boucles.
- Traversée des éléments d'une liste.

Presque tous les programmes contiennent au moins une instruction `if`. Celle-ci met le programme devant une alternative : si ceci est vrai, faire A ; sinon faire B.

Une autre instruction courante de programmation indique à Perl : "Boucler tant que ceci reste vrai." Par exemple, "Tant qu'il y a encore des lignes dans ce fichier, faire ceci" ou "Tant qu'il y a encore des éléments dans cette liste, faire cela". L'instruction `while` permet de mettre facilement en place une telle boucle.

Dans ce chapitre, nous explorons la mise en place d'instructions `if` conditionnelles et d'instructions de boucle `while`. Une *instruction conditionnelle* est une instruction qui teste une condition (qui détermine si elle est vraie ou fausse) et qui, selon le résultat du test, effectue telle ou telle action.

Un peu de logique : instructions if/then et comparaisons de valeurs

Avant de vous embarquer dans les méandres des instructions `if`, vous devez posséder un peu de la logique Perl. L'instruction `if` prend un argument : une valeur logique. Voici le format de cette instruction :

```
if(LOGIQUE) { BLOC }
```

Si l'argument `LOGIQUE` est vrai, Perl exécute le bloc d'instructions ; sinon, Perl continue avec l'instruction suivante, après l'instruction `if`. Revoici l'instruction sous une forme légèrement moins simple :

```
if(LOGIQUE) { BLOC1 } else { BLOC2 }
```

Cette ligne signifie : si l'argument est vrai, exécuter `BLOC1`, sinon exécuter `BLOC2`.

Perl utilise 0 (zéro) pour représenter la valeur logique fausse (false), et toute autre valeur numérique pour exprimer la valeur logique vraie (true). Pour générer une valeur true ou false, on utilise typiquement les opérateurs de comparaison Perl pour comparer deux éléments (le Tableau 8.1 présente les opérateurs de comparaison utilisables). Par exemple, ces opérateurs vous serviront à tester si une variable numérique est supérieure à une autre, ou si elle est égale, ou si une variable chaîne est égale à `'terminé'`, etc.

Tableau 8.1 : Opérateurs de comparaison.

Comparaison	Opérateurs pour nombres	Opérateurs pour chaînes
Égal à	`==`	`eq`
Différent de	`!=`	`ne`
Inférieur à	`<`	`lt`
Supérieur à	`>`	`gt`
Inférieur à ou égal à	`<=`	`le`
Supérieur à ou égal à	`>=`	`ge`

Il est judicieux de placer les comparaisons à l'intérieur de parenthèses de façon à les dégager clairement dans l'instruction.

Lorsque vous mettez en place une comparaison, Perl retourne un 0 si la comparaison est fausse, et une valeur différente de 0 si la comparaison est vraie.

L'exemple suivant compare les valeurs `5` et `3` à l'aide de l'opérateur numérique *supérieur à* :

```
$T1 = 5;
$T2 = 3;
if($T1 > $T2) { print "$T1 est supérieur à $T2\n" };
```

Perl affiche :

```
5 est supérieur à 3
```

Si vous donnez respectivement à `$T1` et `$T2` les valeurs `4` et `6`, vous obtenez un résultat différent : 4 n'est pas supérieur à 6 et, par conséquent, Perl n'exécute pas le bloc contenant l'instruction `print` et n'affiche donc pas le message.

Une erreur couramment commise avec les opérateurs de comparaison numérique est la comparaison de deux nombres avec l'opérateur = au lieu de l'opérateur == (deux signes "égal"). Vous devez utiliser l'opérateur == dans les comparaisons, puisque = retourne presque toujours true et donc ne compare rien du tout. Par exemple :

```
$a=3;
if($a = 7) { print "C\'est vrai !\n" }
else { print "C\'est faux !\n" }
```

affiche toujours :

```
C'est vrai !
```

Si vous remplacez `if($a = 7)` par `if($a == 7)`, le programme fonctionne correctement.

Pour comparer les chaînes, vous devez utiliser les opérateurs de comparaison énumérés dans la troisième colonne du Tableau 8.1. Par exemple :

```
if($Time eq 'tôt') { print "Il est tôt !\n" };
```

La plupart du temps, on emploie les opérateurs de comparaison de chaînes `eq` et `ne`. Cependant, vous disposez d'autres opérateurs pour déterminer quelle chaîne se situe alphabétiquement avant l'autre. On dit alors que la première chaîne est *inférieure* à la seconde. Par exemple, *a* est inférieur à *b* ; *ad* est inférieur à *ae*. Le classement de chaque caractère est dérivé du standard ASCII (voir le Chapitre 5).

Perl compare les deux chaînes jusqu'à trouver une lettre à la même position mais différente dans les deux chaînes, et base alors le résultat sur la comparaison de ces deux lettres. Par exemple, en comparant *abcd* à *abxy,* Perl voit que les deux premières lettres sont identiques et opère donc en comparant le *c* de la première chaîne au *x* de la seconde.

Perl possède également un opérateur de comparaison qui retourne trois valeurs différentes. Cet opérateur est `<=>` pour les nombres et `cmp` pour les chaînes. Il retourne -1, 0 ou 1 selon que la valeur de gauche est inférieure à, égale à ou supérieure à la valeur de droite. Par exemple, si `$a` vaut `4`, alors la comparaison `3 <=> $a` retourne `-1` ; la comparaison `4 <=> $a` retourne 0, et la comparaison `5 <=> $a` retourne 1. Pour les chaînes, si `$b` vaut `Frank`, alors la comparaison `'Bob' cmp $b` retourne `-1`, car *B* est inférieure à *F*, la comparaison `'Frank' cmp $b` retourne 0 et la comparaison `'Fred' cmp $b` retourne 1, car *e* est supérieure à *a* (les deux premières lettres sont identiques).

Il est possible de lier des conditions en Perl comme on le fait en français courant. Par exemple : "Si j'ai faim *et* que le bol contient des pistaches, je grignoterai." Cela veut bien dire que vous ne grignoterez que si les deux hypothèses "j'ai faim" et "le bol contient des pistaches" sont vraies ; si l'une des deux conditions est fausse, vous ne mangerez pas. Un autre exemple est : "Si c'est Michel ou Bernard au téléphone, je prends l'appel." Si l'une des deux situations : "Michel est au téléphone" ou "Bernard est au téléphone", est vraie, alors vous prendrez l'appel.

Perl est capable de manipuler facilement ce genre de logique à tiroirs. Les deux opérateurs logiques les plus courants dans les instructions `if/then` sont `and` (et) et `or` (ou).

N'OUBLIEZ PAS

Ici encore, il est judicieux d'employer des parenthèses pour améliorer la lisibilité des programmes.

L'exemple suivant utilise une expression `and` :

```
if(($Hunger >= 8) and ($Cupboard[4] eq 'pistaches'))
  { print "Bien bien je grignote, alors.\n" }
```

Voici maintenant un exemple employant `or` :

```
if(($Caller eq 'Bernard') or ($Caller eq 'Michel'))
  { print "Répondre au téléphone\n" }
```

L'opérateur `not` inverse la signification d'un test conditionnel. En d'autres termes, il transforme le résultat faux en résultat vrai, et vice versa. Par exemple, si vous dites : "Si nous ne sommes pas samedi soir, nous ne sortons pas", vous pouvez écrire cette instruction avec un `not` :

```
if(not($Night eq 'Samedi'))
  { print "Pas de sortie ce soir !\n" }
```

Vous avez le droit d'employer `&&` au lieu de `and`, `||` au lieu de `or`, et `!` au lieu de `not`. D'ailleurs, si vous travaillez en Perl 4, vous êtes forcé d'employer `&&`, `||` et `!`, car les opérateurs `and`, `or` et `not` n'ont été introduits dans Perl qu'à partir de la version 5.

Si vous exploitez Perl 5, vous disposez aussi de l'opérateur `xor` (ou exclusif), que finalement les programmeurs utilisent rarement. Cet opérateur retourne la valeur true si les deux éléments comparés ont des valeurs logiques différentes, et retourne la valeur false si les deux éléments comparés ont la même valeur logique. Une autre façon de voir les choses est de se dire que cet opérateur retourne true seulement si les deux valeurs sont vraies (voir le Tableau 8.2).

Tableau 8.2 : Résultats de l'opérateur xor.

Si A est	et B est	alors A xor B est
Vrai	Vrai	Faux
Vrai	Faux	Vrai
Faux	Vrai	Vrai
Faux	Faux	Faux

L'opérateur `xor` n'est pas exploité dans la programmation de tous les jours. Certains programmes en ont cependant besoin ; il était donc utile que Perl en soit doté.

Instructions conditionnelles

Une *instruction conditionnelle* est une instruction qui teste une condition et décide, selon le résultat du test, ce qui doit se passer.

Instructions else et elsif

Nous avons vu plus haut dans ce chapitre qu'une instruction `if` s'écrit sous cette forme :

```
if(LOGIQUE) { BLOC }
```

Étudiez maintenant cette forme-là :

```
if(LOGIQUE) { BLOC1 } else { BLOC2 }
```

Si le bloc `else` commence par un autre `if`, vous pouvez employer une clause `elsif`, qui signifie "sinon, si ceci est vrai, exécuter le bloc suivant". Voici le format de `elsif` :

```
if(LOGIQUE1) { BLOC1 } elsif(LOGIQUE2) { BLOC2 }
     else { BLOC3 }
```

Si la première comparaison est vraie, Perl exécute `BLOC1` et ignore le reste. Si la première comparaison est fausse, mais que la deuxième est vraie, Perl exécute `BLOC2` mais pas `BLOC1` ni `BLOC3`. Si aucune des comparaisons n'est vraie, Perl exécute `BLOC3`. En résumé, quelle que soit la forme de l'instruction `if`, Perl exécute un des blocs seulement.

Il est possible de grouper plusieurs clauses `elsif` :

```
if(LOGIQUE1) { BLOC1 }
      elsif(LOGIQUE2) { BLOC2 }
      elsif(LOGIQUE3) { BLOC3 }
      elsif(LOGIQUE4) { BLOC4 }
      else { BLOC5 }
```

TRUC

L'emploi de l'instruction `else` n'est pas obligatoire après `elsif`, mais terminer avec un `else` est une bonne habitude de programmation, car vous êtes ainsi assuré que toutes les situations possibles sont couvertes.

Note : `elsif` ne contient pas de *e* avant le *if*. N'écrivez pas `elseif` ou `else if` sous peine de déclencher un message d'erreur.

Instruction unless

Si votre test de condition dans l'instruction `if` commence sans `not`, vous pouvez utiliser `unless` au lieu de `if` car `unless` est l'équivalent de `if not`. Par exemple :

```
if(pas($Flavor eq 'banane'))
    { print "Excuse-moi, j'ai demandé à la banane.\n" }
```

est l'équivalente de :

```
unless($Flavor eq 'banane')
    { print "Excuse-moi, j'ai demandé à la banane.\n" }
```

L'emploi de `unless` donne des programmes plus clairs, particulièrement si la logique dans l'argument est déjà assez compliquée sans instruction `not`.

Opérateurs conditionnels

Lorsque vous vous servez d'une instruction `if` pour déterminer une affectation, vous disposez de l'opérateur ? comme raccourci. L'opérateur ? est toujours précédé d'un test : si le test est vrai, l'opérateur retourne le résultat à droite du point d'interrogation (`?`) ; si le test est faux, l'opérateur retourne le résultat à droite de l'opérateur deux-points (`:`) placé plus loin. En d'autres termes, l'opérateur ? retourne la valeur avant l'opérateur deux-points (`:`) si le test est vrai ou la valeur après l'opérateur deux-points (`:`) si le test est faux.

Par exemple, pour programmer le test "Si la surface est lisse, peindre, sinon ne pas peindre", écrivez :

```
if($Texture eq 'lisse') { $PaintVal = 'oui' }
else { $PaintVal = 'non' }
```

ou encore :

```
$PaintVal = ($Texture eq 'lisse') ? 'oui' : 'non';
```

Bien que la seconde version soit plus compacte, elle est aussi plus difficile à lire. Il est donc préférable de l'éviter, pour gagner en clarté.

Les boucles

L'instruction `if` convient pour tester une condition, exécuter un bloc de code si la condition est vraie, puis continuer en exécutant les instructions après ce bloc. En revanche, elle n'est guère utile pour une exécution en boucle tout en continuant à tester la condition. Voici un exemple de situation pour une boucle :

```
Rechercher tout coin avec de la poussière.
Si un tel coin est trouvé, le nettoyer.
Continuer d'inspecter et nettoyer jusqu'à
ne plus trouver de coin sale.
```

Voici un autre exemple, plus dans le contexte informatique :

```
Regarder si la chaîne contient des caractères. Si
c'est le cas, supprimer un caractère, réaliser un
autre traitement, puis recommencer à regarder si
la chaîne contient des caractères.
```

Boucle while

L'instruction `while` permet de créer rapidement le type de boucle décrite dans les paragraphes ci-dessus. Voici le format de l'instruction `while` :

```
while(LOGIQUE) { BLOC }
```

Lorsque Perl rencontre une instruction `while` dans un programme, il regarde si l'argument de l'instruction est vrai. Si c'est le cas, il exécute les instructions dans le bloc. Lorsqu'il atteint la fin du bloc, Perl regarde de nouveau l'argument de `while`. Si l'argument est toujours vrai, Perl exécute le bloc une fois de plus, etc.

Éviter les boucles sans fin

Perl achève une boucle `while` lorsque :

- Quelque chose dans la boucle force le changement de true à false de la condition testée.
- La dernière itération prévue pour la boucle est atteinte.

Il est fréquent qu'une instruction conditionnelle dans la boucle `while` affecte le test sur lequel la boucle `while` est basée. Par exemple :

```
$Counter = 3;
while($Counter > 0) {
  print "$Counter ";
      $Counter -= 1;
}
print "\nZéro atteint.\n";
```

affiche :

```
3 2 1
Zéro atteint.
```

Dans cet exemple, Perl modifie la variable `$Counter` dans la boucle et effectue chaque fois le test avec une nouvelle valeur.

Une instruction `until` est l'équivalent d'une instruction `while` suivie d'un `not` ou d'une expression négative semblable. La relation entre `until` et `while` est la même qu'entre `unless` et `if`. Revoici le programme précédent, réécrit avec une instruction `until` (et l'opérateur > remplacé par <=) :

```
$Counter = 3;
until($Counter <= 0) {
  print "$Counter ";
      $Counter -= 1;
}
print "\nZéro atteint.\n";
```

Instructions next et last

Une autre méthode pour sortir d'une boucle est d'employer l'instruction `last`. Cette instruction indique : "Sauter à la fin de la boucle, juste à droite de l'accolade fermante." Une instruction `last` est utilisable à la place d'un test logique dans l'instruction `while`. Par exemple :

```
$Counter = 3;
while(1) { # Toujours vrai !
  print "$Counter ";
      $Counter -= 1;
  unless($Counter > 0) { last }
}
print "\nZéro atteint.\n";
```

Ces instructions affichent :

```
3 2 1
Zéro atteint.
```

L'instruction `next` indique à Perl de sauter en haut de la boucle et d'appliquer de nouveau le test conditionnel. L'instruction `next` sert à éviter l'exécution du reste des lignes dans un bloc.

Une autre instruction semblable, `redo`, est rarement sollicitée. Comme `next`, elle force Perl à sauter en haut d'un bloc, mais cette fois sans effectuer le test logique, alors que `next` applique toujours le test. Il est préférable de s'en tenir à `last` pour sauter à la fin du bloc de la boucle et à `next` pour sauter en haut de la boucle.

A noter, une autre forme de boucle `while` rarement utilisée :

```
while(LOGIQUE) { BLOC1 } continue { BLOC2 }
```

Ici, `BLOC2` est exécuté après `BLOC1`, mais avant que `LOGIQUE` soit testé une seconde fois. L'intérêt de construire ainsi une instruction est que `BLOC2` est exécuté même si vous utilisez `next`. Optez pour cette forme si vous désirez que certaines étapes soient exécutées après un `next` ou à la fin de `BLOC1`, par exemple pour effectuer un "nettoyage" ou vérifier qu'il n'y a plus de données à traiter.

Instruction for

Bien que la boucle `while` soit très pratique, elle ne satisfait pas toutes les situations. Par exemple, si un compteur est incrémenté dans la boucle et que vous vous servez de ce compteur dans le test conditionnel, il est préférable de réunir le test et le code d'incrémentation dans une unique instruction, pour une meilleure lisibilité du code. Pour cela, Perl dispose des instructions `foreach` et `for`.

Il est parfois nécessaire d'employer les données d'une liste pour opérer certains traitements élément par élément. Par exemple, si la liste est un ensemble de mots d'une phrase, on examine chaque mot pour le comparer avec une certaine valeur. Ou encore, si la liste est un ensemble de mesures numériques, il faut trouver les éléments de la liste qui excèdent une certaine valeur.

Pour traverser la liste élément par élément, vous avez la possibilité de mettre en place une boucle `while`. Cependant, Perl vous offre un moyen plus simple pour accomplir la même tâche : il s'agit de l'instruction `foreach`. Voici son format :

```
foreach $VARIABLE (LISTE) { BLOC }
```

Voici l'effet de cette instruction : pour chaque élément de la liste, Perl affecte à `$VARIABLE` la valeur de cet élément, puis exécute les instructions dans `BLOC`.

Par exemple :

```
@StartTimes = (25.6, 34.0, 26.7, 30.8, 32.7);
@LowTimes = ();
foreach $i (@StartTimes) {
  if($i < 30 ) {
    print "$i est un bon temps.\n";
    push(@LowTimes, $i);
  }
}
```

Voici le résultat de ce code :

```
25.6 est un bon temps.
26.7 est un bon temps.
```

La liste `@LowTimes` vaut alors `(25.6, 26.7)`.

Si nécessaire, une instruction `foreach` peut contenir une instruction `continue` :

```
foreach $VARIABLE (LISTE) { BLOC1 } continue { BLOC2 }
```

Perl propose aussi l'instruction `for` pour baser la boucle sur un compteur initialisé au début de la boucle, puis contrôlé et modifié à chaque passage dans la boucle. Voici le format de la boucle `for` :

```
for(INITIALISATION; LOGIQUE; REINITIALISATION) { BLOC }
```

`INITIALISATION` est une instruction exécutée une seule fois, au démarrage de la boucle. `LOGIQUE` est un test comme dans une boucle `while`. `REINITIALISATION` est une instruction exécutée juste avant que `LOGIQUE` soit testé après chaque passage dans la boucle (sauf le premier).

Voici un exemple de boucle `for` :

```
for($i = 0; $i <10; $i +=1) { print "$i " }
```

Cette boucle affiche :

```
0 1 2 3 4 5 6 7 8 9
```

La boucle `for` se comporte exactement comme la boucle `while`, mais est construite de façon plus compacte. Son format :

```
for(INITIALISATION; LOGIQUE; REINITIALISATION) { BLOC }
```

équivaut à celui-ci :

```
INITIALISATION;
while(LOGIQUE)
  { BLOC }
continue
  { REINITIALISATION }
```

Pour avoir une meilleure idée du fonctionnement de la boucle `for`, étudiez ce code :

```
# hexchart.pl: Affiche un tableau de conversion
# décimal vers hexadécimal.
@HexD = ('0', '1', '2', '3', '4', '5', '6', '7', '8',
  '9', 'A', 'B', 'C', 'D', 'E', 'F');
for($i = 0; $i <= 255; $i += 1) {
  printf("%3s=$HexD[int($i / 16)]$HexD[$i % 16] ", $i);
  if(($i % 8) == 7) { print "\n" }
}
```

Dans ce bloc de code, la boucle `for` est utilisée pour compter de 0 à 255, et le bloc lui-même sert à afficher les données. Dans le bloc, l'instruction `printf` utilise la valeur du compteur `$i` dans ses calculs, et l'instruction `if` utilise `$i` pour décider où placer les sauts de ligne.

La boucle `for` est très pratique pour effectuer des cycles sur un nombre limité de valeurs, avec exécution d'un bloc pour chaque valeur. Elle donne un moyen efficace de définir une boucle dans un seul argument et de réaliser le traitement dans le bloc associé.

Instruction map

Une autre fonction, `map`, est encore plus pratique que `foreach` dans certaines situations. La fonction `map` retourne une liste, élaborée en appliquant soit une expression Perl, soit un bloc entier sur chaque élément d'une autre liste. Notez bien que `map` ne modifie pas la liste d'origine, mais retourne une autre liste. Cette fonction existe uniquement à partir de Perl 5.

Pour exécuter une seule expression pour chaque élément de la liste, utilisez cette forme :

```
map(EXPRESSION, LISTE);
```

Voici un exemple qui génère la version en minuscules de toutes les chaînes d'une liste :

```
@LCWords = map(lc, @Input);
```

Ici, on crée une liste contenant le logarithme de chaque nombre d'une autre liste :

```
@Logs = map(log, @Measurements);
```

L'autre forme de la fonction `map` s'emploie lorsque vous avez un bloc à exécuter pour chaque élément d'une liste :

```
map { BLOC } LISTE;
```

Au début du `BLOC`, la variable spéciale `$_` reçoit la valeur de l'élément examiné (pour plus d'informations sur la variable `$_`, consultez le Chapitre 14).

Voici un exemple qui crée une liste d'éléments et les passe en minuscules :

```
@AllLC = map { if(lc($_) eq $_) { $_ } } @Input;
```

Voici ce même exemple un peu retravaillé pour retourner les éléments en minuscules et la chaîne `erreur` pour tout élément qui n'est pas en minuscules :

```
@AllLC = map
  { if(lc($_) eq $_) { $_ } else { 'erreur' } }
  @Input;
```

Emploi d'expressions comme valeurs logiques

Les instructions conditionnelles et de boucle vues pour l'instant dans ce chapitre utilisent toutes des instructions de comparaison dans leurs arguments. Or il n'est pas obligatoire d'écrire des comparaisons dans les instructions conditionnelles et de boucle. Vous avez le droit d'employer ce que vous voulez comme argument pour `if` ou `while`, par exemple. Les comparaisons sont les constructions vers lesquelles se tournent les débutants parce qu'elles sont simples à élaborer, mais des *expressions* sont aussi exploitables.

Toute expression Perl retourne une certaine valeur. Si vous utilisez une expression comme argument d'instruction conditionnelle ou de boucle et que l'expression retourne la valeur 0 ou une chaîne nulle, l'expression est considérée comme valant false ; si l'expression retourne une valeur ou une chaîne non nulle, l'expression est considérée comme valant true.

L'emploi d'expressions dans les arguments d'instructions conditionnelles est un bon moyen de rendre vos programmes plus compacts, bien que cela puisse en affecter la lisibilité. Par exemple, cette instruction conditionnelle :

```
if($Counter != 0) { ... quelques instructions... }
```

peut être remplacée par celle-ci :

```
if($Counter) { ... quelques instructions... }
```

Dans cet exemple, `$Counter` différent de 0 est l'équivalent de `$Counter` valant true. Vous pouvez par conséquent utiliser directement sa valeur comme argument de `if`.

Certaines fonctions Perl retournent la valeur true si leur opération a réussi, et la valeur false si elle a échoué. Ces fonctions sont exploitables à la place de comparaisons dans les instructions `if`, `while` et autres (au Chapitre 14, nous présentons l'écriture de procédures qui retournent des valeurs ; il est possible d'employer les valeurs de retour de procédures comme valeurs logiques).

Fonction open

La fonction `open` sert à ouvrir un fichier texte (voir le Chapitre 4). La valeur true est retournée si l'ouverture du fichier a réussi et false si elle a échoué (si par exemple le fichier est introuvable). Sachant cela, vous pouvez écrire du code comme celui-ci :

```
$CheckOpen = open(DATA, "data.txt");
unless($CheckOpen)
  { die "Impossible d\'ouvrir le fichier data.txt." }
```

Dans cet exemple, l'instruction `unless` regarde si `open` a retourné une valeur false ; si c'est le cas, `unless` force le programme à se terminer, via l'instruction `die`. Vous pouvez raccourcir ces trois lignes de cette façon :

```
unless(open(DATA, "data.txt"))
  { die "Impossible d\'ouvrir le fichier data.txt" }
```

Court-circuit d'évaluation avec les opérateurs and et or

Dans Perl, les opérateurs `or` et `and` (et leurs équivalents Perl 4 `||` et `&&`) "court-circuitent" l'évaluation d'instructions. Perl n'évalue les instructions à droite de `or` ou de `and` seulement dans le cas où il ne peut pas faire autrement pour déterminer le résultat de l'expression logique.

Les opérateurs `or` et `and` ne sont pas exactement identiques à `||` et `&&`, mais sont cependant très proches. Certains programmeurs Perl vous diront que `or` et `and` ont une priorité plus basse que `||` et `&&` et que de nombreux autres opérateurs. La *priorité* est l'ordre dans lequel les opérateurs sont évalués s'ils ne sont pas entre parenthèses. Évitez par conséquent d'utiliser `or` et `and` à des endroits où vous n'insérez pas les arguments de fonction entre parenthèses. Employez toujours des parenthèses pour éviter toute erreur d'interprétation, quels que soient les opérateurs et fonctions utilisés.

La comparaison `or` est vérifiée lorsque l'instruction du côté gauche ou du côté droit de l'opérateur `or` est vraie. Ainsi, l'instruction :

```
INSTRUCTION1 or INSTRUCTION2
```

signifie "Évaluer `INSTRUCTION1` ; si elle est vérifiée, ignorer `INSTRUCTION2`".

Dans l'instruction `open` ci-dessous, Perl commence par évaluer `open(INFILE, $TheFile)`. Si l'expression retourne la valeur true, Perl ne prend même pas la peine d'évaluer l'expression à droite de l'opérateur `or`. L'évaluation de ce qui se trouve à droite du `or` (ici, l'instruction `die`) est dite *court-circuitée*.

```
open(INFILE, $TheFile) or die "Impossible de trouver le " .
  "fichier $TheFile\n";
```

L'opérateur `and` produit de semblables courts-circuits d'évaluation. Du fait qu'une comparaison `and` est vraie seulement si les deux côtés de la comparaison sont vrais, il n'y a aucune raison pour Perl d'évaluer la valeur du côté droit si le côté gauche est faux. Ainsi, l'instruction :

```
INSTRUCTION1 and INSTRUCTION2
```

signifie "Évaluer `INSTRUCTION1` ; si elle est fausse, ignorer `INSTRUCTION2`".

Sauts dans un programme via des étiquettes

Perl, comme la plupart des langages de programmation, donne la possibilité de sauter à une autre partie d'un programme, repérée par une *étiquette*.

L'emploi d'étiquettes n'est pas forcément une bonne idée. Cela ne veut pas dire qu'il faut les éviter systématiquement mais qu'il est préférable, en général, d'opter pour d'autres mécanismes de programmation. En effet, les étiquettes rendent un programme difficile à lire. Cela n'empêche pas que vous les rencontrerez dans des programmes écrits par certains programmeurs. Pour ce qui nous concerne, nous les évitons car nous trouvons qu'elles présentent plus d'inconvénients que d'avantages.

Dans Perl, une étiquette se compose d'un unique mot suivi d'un deux-points. Traditionnellement, les étiquettes sont écrites tout en majuscules, mais cela n'a rien d'obligatoire. Une étiquette apparaît par exemple avant une instruction de boucle (comme `while`, `until`, `for` et `foreach`) ou juste avant un bloc.

Les programmeurs Perl qui se servent d'étiquettes le font souvent pour éviter l'emploi de boucles. Les instructions `last` ou `next`, placées à l'intérieur d'un bloc, redirigent Perl au début ou à la fin du bloc, comme dans les instructions de boucle. Ces mêmes instructions, employées conjointement avec des étiquettes qui indiquent au programme où sauter, servent par exemple à déterminer si une certaine valeur est égale à quelques valeurs connues et à réaliser une opération différente selon chaque cas.

Prenons un exemple : la variable `$CheckID` contient le numéro ID d'un produit. Si cet ID est égal à une des trois valeurs spéciales, alors vous affichez un des trois messages spéciaux, sinon vous placez l'ID à la fin d'une liste en attendant. Ce genre de programme utilise une instruction `last`. Voici un exemple de code :

```
IDlCHECK: {
    if($CheckID == 101) {
     print "Signature du chef de service nécessaire.\n";
     last IDlCHECK;
    }
    if($CheckID == 121) {
     print "En rupture.\n";
     last IDlCHECK;
    }
    if($CheckID == 131) {
     print "Attention, taxes d'importation.\n";
     last IDlCHECK;
    }
    # Ici si tout va bien
    push(@OnHold, $CheckID);
}
```

Les étiquettes sont aussi utilisables avec l'instruction `goto` qui indique à Perl de sauter de l'emplacement de l'instruction jusqu'à celui de l'étiquette. Certains programmeurs vous mettront radicalement en garde contre l'usage de `goto`. Nous n'avons pas une position aussi tranchée, mais nous recommandons cependant de l'éviter.

Une autre mauvaise idée est l'instruction `reset`, utilisable dans une boucle pour réinitialiser les valeurs de variables, c'est-à-dire leur redonner leur état initial. L'emploi de cette instruction étant source de problème, nous n'expliquons pas même comment l'employer. Vous trouverez néanmoins à l'Annexe A quelques lignes la concernant.

Chapitre 9

Manipulations avancées avec les opérateurs et les fonctions

Dans ce chapitre :

- Localisation de texte dans une chaîne.
- Mise en forme de texte.
- Emploi de nombres aléatoires.
- Connaître l'heure et la date.
- Manipulations au niveau bit.
- Transformation de listes en chaînes.
- Tri de listes.

Si vous avez étudié suffisamment les chapitres précédents, vous avez en main un bon bagage sur les opérateurs et instructions de base se rapportant aux chaînes, aux nombres et aux listes. Dans ce chapitre, nous montons le niveau d'un cran, pour vous faire découvrir de nouvelles possibilités de programmation.

Emploi de variables non définies

Voici une règle de base pour la construction d'instructions : il faut systématiquement définir vos variables avant de les utiliser du côté droit d'une affectation. Cela évite que Perl insère des valeurs par défaut dans vos variables non définies.

Il arrive cependant d'avoir de bonnes raisons pour manipuler sciemment des variables non définies. Par exemple, la fonction `pop` (étudiée au Chapitre 7) retourne une valeur non définie si vous tentez de supprimer un élément d'une liste vide et non une valeur false, car false est une valeur parfaitement valide pour un élément de liste.

Certaines fonctions retournant ainsi une valeur non définie, vous devez être capable de déterminer si c'est effectivement une valeur non définie qui a été retournée. Vous disposez pour cela de la fonction `defined`. La fonction `defined` prend pour seul argument une expression. Elle retourne true si l'argument est défini et false si l'argument est non défini. Par exemple :

```
unless(defined($Yummy = pop(@Bonbons)))
    { print "Il n'y a plus de bonbons." }
```

Après exécution de ces instructions, la variable `$Yummy` contient la valeur supprimée de la liste `@Bonbons`. Cependant, si la liste est vide, la fonction `defined` retourne false et Perl affiche le message indiquant qu'il n'y a plus de bonbons. La variable `$Yummy` contient alors la valeur non définie.

Recherche d'une sous-chaîne à l'intérieur d'une chaîne

Vous avez vu au Chapitre 5 que les chaînes sont des groupes de caractères. Il faut parfois rechercher une *sous-chaîne*, c'est-à-dire une portion de chaîne dans une chaîne.

Fonction substr

La fonction `substr` sert à extraire une portion de chaîne. Son format est :

```
substr(CHAÎNE, POSITION, LONGUEUR)
```

TRUC

Le premier caractère se trouve à la position 0, le deuxième à la position 1, etc. Pour compter les caractères à partir du côté droit de la chaîne au lieu du côté gauche, utilisez un nombre négatif pour la position.

Par exemple :

```
$Small = substr("Ceci semble une longue chaîne", 5, 4);
print $Small;
```

affiche :

```
semb
```

puisque `semb` sont les quatre lettres qui commencent à la position 5 à partir du côté gauche de la chaîne. En revanche :

```
$Small = substr("Ceci semble une longue chaîne", -5, 4);
print $Small;
```

affiche :

```
ue c
```

car `ue c` sont les quatre lettres qui commencent à la cinquième position à partir du côté droit de la chaîne.

Il n'est pas obligatoire de fournir l'argument de longueur à la fonction `substr`. Lorsque vous ne le fournissez pas, Perl retourne tout ce qui va de la position spécifiée par le deuxième argument jusqu'à la fin de la chaîne. Par exemple :

```
print substr("Ceci semble une longue chaîne", 5);
```

affiche :

```
semble une longue chaîne
```

Vous pouvez également utiliser la fonction `substr` du côté gauche d'une affectation pour ajouter une sous-chaîne dans une chaîne. Dans ce cas, le premier argument est le nom de la variable chaîne à modifier, et la longueur le nombre de caractères à effacer dans la chaîne à partir de la position où est ajoutée la sous-chaîne. Vous comprendrez mieux cette fonction avec quelques exemples.

Pour ajouter une sous-chaîne sans supprimer quoi que ce soit, réglez l'argument de longueur sur 0. Par exemple, si vous indiquez à Perl :

```
$TestStr = "Chaîne longue";
substr($TestStr, 7, 0) = "plus ";
print $TestStr;
```

celui-ci affiche :

```
Chaîne plus longue
```

Pour remplacer des caractères et en ajouter d'autres, utilisez comme argument de longueur le nombre de caractères à effacer :

```
$TestStr = "Chaîne longue";
substr($TestStr, -4, 4) = "intaine de montagnes";
print $TestStr;
```

affiche :

```
Chaîne lointaine de montagnes
```

TRUC

Si vous utilisez Perl en version 5.005 ou ultérieure, la fonction `substr` possède un quatrième argument, pour déclarer directement la chaîne de remplacement. Du coup, l'exemple ci-dessus s'écrit :

```
# Fonctionne dans Perl 5.005 et ultérieur
$TestStr = "Chaîne longue";
substr($TestStr, -3, 3, "intaine de montagnes");
print $TestStr;
```

Avec le même résultat :

```
Chaîne lointaine de montagnes
```

Fonction index

La fonction `index` sert à vérifier si une chaîne contient une sous-chaîne particulière. Voici son format :

```
index(CHAÎNE, SOUS-CHAÎNE, POSITION)
```

Perl recherche la sous-chaîne dans la chaîne, en commençant à la position indiquée. Si vous ne précisez pas de position, Perl commence par la gauche, à la position 0.

Si la recherche aboutit, Perl fournit la position où il a rencontré le début de la sous-chaîne. Si la chaîne n'est pas trouvée, Perl retourne la valeur -1. Par exemple :

```
print index("Calmement", "me");
```

affiche :

```
3
```

Alors que :

```
print index("Calmement", "L");
```

affiche :

```
-1
```

Fonction rindex

La fonction `rindex` travaille comme la fonction `index`, mais fournit la position de la dernière occurrence de la sous-chaîne dans la chaîne :

```
print rindex("Calmement", "me");
```

affiche :

```
5
```

Formatage de texte et de nombres

L'instruction `print` (décrite au Chapitre 5) n'est pas performante dans les possibilités de présentation. Prenons l'exemple où vous affichez une colonne de nombres, certains étant à deux chiffres et d'autres à trois chiffres, avec cette instruction :

```
for($i = 98; $i <= 101; $i += 1) { print "$i\n" }
```

Cette instruction affiche :

```
98
99
100
101
```

Or vous voudriez que les côtés droits des nombres soient alignés, comme ceci :

```
 98
 99
100
101
```

Il n'existe pas de moyen facile d'aligner à droite une colonne de nombres avec l'instruction `print`. Vous disposez pour cela de la fonction `printf` qui permet de définir un format à appliquer à ce qui va être affiché. Voici comment se présente cette fonction :

```
printf(FORMAT, LISTE)
```

`FORMAT` est une chaîne qui décrit la mise en forme à appliquer. `LISTE` est la liste des éléments à formater en utilisant ce format.

La fonction `sprintf`, presque identique à la fonction `printf`, sert à l'affectation de chaînes. `sprintf` retourne ce que `printf` aurait affiché, vous pouvez alors affecter cette valeur à une variable chaîne.

TRUC

La fonction `printf` est puissante et offre de nombreuses possibilités de formatage. Malheureusement, les chaînes à utiliser pour définir les mises en forme à appliquer ne sont pas faciles à mémoriser. Pour être honnête, elles sont carrément compliquées et de nombreux programmeurs Perl doivent systématiquement regarder dans le manuel chaque fois qu'ils s'en servent. Cela n'empêche que le résultat en vaut la peine.

Chaque chaîne de formatage commence par un symbole pour cent (`%`). La chaîne de formatage se compose de quatre parties, dont les trois premières sont facultatives :

- Un indicateur pour donner plus de précision au formatage.
- La largeur minimale de champ.
- La précision.
- Le type de champ.

Nous vous proposons d'étudier les parties de la chaîne de formatage dans le sens inverse, puisque ce sont les dernières les plus importantes :

- **Type de champ :** Indique à Perl le type de format à utiliser. Les diverses possibilités sont énumérées au Tableau 9.1.

Tableau 9.1 : Options pour les types de champs.

Option	Description
`s`	Chaîne
`d`	Entier
`f`	Nombre réel
`g`	Nombre réel compact
`u`	Entier non signé
`x`	Hexadécimal (minuscules)
`X`	Hexadécimal (majuscules)
`o`	Octal
`b`	Binaire (Perl version 5.6 seulement)
`e`	Notation scientifique (minuscules)
`E`	Notation scientifique (majuscules)
`c`	Caractère seul (par valeur)
`ld`	Entier long
`lu`	Entier long non signé
`lx`	Hexadécimal long
`lo`	Octal long

- **Précision :** Exprimée par un point (.) suivi d'un nombre. Pour les nombres réels et la notation scientifique, la précision est le nombre de chiffres après le point décimal dans la chaîne résultante. Pour les chaînes, il s'agit du nombre maximal de caractères extraits à partir du début de la chaîne.

- **Largeur minimale de champ :** Indique à Perl qu'il doit caler le nombre ou la chaîne dans une certaine largeur, ce qui est pratique pour aligner des colonnes. Par exemple, si vous avez une colonne avec des nombres à deux ou trois chiffres, vous réglez la largeur minimale de champ sur 3 pour obtenir le calage à droite des nombres à deux chiffres. Notez que si le nombre ne remplit pas la largeur minimale de champ, Perl remplit l'espace vacant avec un caractère (l'espace, par défaut).

- **Indicateur :** Il existe cinq valeurs d'indicateurs. Les indicateurs sont utilisés principalement avec les nombres, plutôt qu'avec les chaînes. Le Tableau 9.2 donne la signification de chaque indicateur.

Tableau 9.2 : Valeurs d'indicateurs et signification.

Indicateur	Signification
+	Un + ou un - est systématiquement affiché devant chaque nombre.
-	Alignement à gauche (fonctionne aussi avec les chaînes).
0	Remplit, si besoin, l'espace vacant avec des zéros au lieu d'espaces.
#	Ajoute 0 ou 0x (ou 0X) devant un nombre octal ou hexadécimal non nul.

Note : En plus des valeurs d'indicateurs présentées au Tableau 9.2, un autre indicateur est exploitable. Un *espace* insère un espace avant les nombres positifs de façon qu'ils s'alignent avec les nombres négatifs.

Ne vous inquiétez pas si vous n'avez pas tout compris. Tout cela devient plus clair après avoir étudié quelques cas concrets. Par exemple, le code ci-dessous montre comment formater un nombre réel de façon à n'afficher que deux chiffres après le point décimal :

```
$TestNum = 283.357;
printf("%.2f", $TestNum);
```

Ce code affiche :

```
283.36
```

Notez que Perl arrondit correctement le nombre avant de tronquer les chiffres en trop. Voici le même exemple mais en notation scientifique :

```
$TestNum = 283.357;
printf("%.2E", $TestNum);
```

Le résultat est :

```
2.83E+02
```

Une chaîne de formatage peut contenir du texte en plus de la chaîne de formatage. Tant que ce texte ne comporte pas de symbole pour-cent (%), Perl interprète ce texte comme étant à afficher tel quel. Par exemple :

```
$TestNum = 283.357;
printf("La réponse est %.2f, à quelque chose près.", $TestNum);
```

Ce qui affiche :

```
La réponse est 283.36 à quelque chose près.
```

Pour afficher un symbole pour-cent, tapez deux symboles % à la suite :

```
printf("Deux tiers font environ %.3f%%.", ((2/3)*100));
```

Ce qui donne :

```
Deux tiers font environ 66.667%.
```

Les exemples vus pour l'instant ne comportent qu'un seul nombre formaté. Or, une chaîne de formatage peut décrire plusieurs valeurs avec différents formats. Par exemple :

```
$Str = "Deux tiers font environ ";
$Num = (2/3)*100;
printf('%s%.3f%s', $Str, $Num, '%.');
```

Ces instructions constituent un autre moyen d'afficher la chaîne de l'exemple précédent :

```
Deux tiers font environ 66.667%.
```

La fonction `sprintf` travaille comme `printf`, mais retourne la chaîne formatée au lieu de l'afficher. Vous l'utiliserez par exemple dans une instruction comme celle-ci :

```
$Answer = sprintf("La réponse est %.2f.", $TestNum);
```

Le Programme 9.1 montre les différentes possibilités des formats. La sortie du programme est reproduite par le Programme 9.2. Cet exemple de programme présente un moyen d'employer `printf` pour obtenir deux colonnes de texte alignées. En utilisant `printf` avec la chaîne de formatage `%-29s`, le programme force la seconde colonne à commencer à la position 30, quel que soit le contenu de la première colonne. A noter que ce programme utilise une *procédure* (sujet étudié au Chapitre 10).

Note : Certaines versions de Perl produiront des sorties légèrement différentes de ce qui est visible sur le Programme 9.2.

Programme 9.1 : Le programme printf1.pl illustre les possibilités de formatage. Les résultats sont visibles sur le Programme 9.2.

```
$Str = 'Les-Nuls';
$Num = 3.141593;
$Int = 4142;
@StrFmts = ('s', '4s', '.4s', '4.4s', '10.4s',
    '10.9s', '-10.9s' );
print "La chaine d'\origine est \"$Str\"\n";
&OutList(@StrFmts, $Str);
@NumFmts = (
    'd', '4d', '.4d', '4.4d', '10.4d', '10.10d',
    '-4.4d', '+4.4d', ' 4.4d', '04.4d',
    'f', '4f', '.4f', '4.4f', '10.4f', '10.10f',
    '-10.4f', '+10.4f', ' 10.4f', '010.4f',
    'e', '4e', '.4e', '4.4e', '10.4e', '10.10e',
    '-10.4e', '+10.4e', ' 10.4e', '010.4e',
    'g', '4g', '.4g', '4.4g', '10.4g', '10.10g',
    '-10.4g', '+10.4g', ' 10.4g', '010.4g',
);
print "\nLe nombre d'\origine est $Num\n";
&OutList(@NumFmts, $Num);
@HOFmts = ('x', 'X', '3x', '.3x', '3.3x', '10.3x',
    '10.10x', '#x', 'o', '#o' );
print "\nQuelques exemples en hexa et octal sur $Int.\n";
&OutList(@HOFmts, $Int);

sub OutList {
    local($TestStr) = pop(@_);
    local(@TestFmts) = @_;
    local(@OutFmts, $Fmt);
    foreach $Fmt (@TestFmts) {
        unshift(@OutFmts, sprintf("%s%$Fmt%s", ("%$Fmt=|",
            $TestStr, "|")));
    }
```

```
    until(@OutFmts == 0) {
        printf('%-29s%-29s%s',
        pop(@OutFmts), pop(@OutFmts), "\n");
    }
}
```

Programme 9.2 : La sortie du programme printf1.pl (Programme 9.1).

```
La chaine d'origine est "Les-Nuls"
%s=|Les-Nuls|                %4s=|Les-Nuls|
%.4s=|Les-|                  %4.4s=|Les-|
%10.4s=|      Les-|          %10.9s=| Les-Nuls|
%-10.9s=|Les-Nuls /

Le nombre d'origine est 3.141593
%d=|3|                       %4d=|   3|
%.4d=|0003|                  %4.4d=|0003|
%10.4d=|      0003|          %10.10d=|0000000003|
%-4.4d=|0003|                %+4.4d=|+0003|
% 4.4d=| 0003|               %04.4d=|0003|
%f=|3.141593|                %4f=|3.141593|
%.4f=|3.1416|                %4.4f=|3.1416|
%10.4f=|    3.1416|          %10.10f=|3.1415930000|
%-10.4f=|3.1416    /        %+10.4f=|   +3.1416|
% 10.4f=|    3.1416|         %010.4f=|00003.1416|
%e=|3.141593e+000|           %4e=|3.141593e+000|
%.4e=|3.1416e+000|           %4.4e=|3.1416e+000|
%10.4e=|3.1416e+000|         %10.10e=|3.1415930000e+000|
%-10.4e=|3.1416e+000|        %+10.4e=|+3.1416e+000|
% 10.4e=| 3.1416e+000|       %010.4e=|3.1416e+000|
%g=|3.14159|                 %4g=|3.14159|
%.4g=|3.142|                 %4.4g=|3.142|
%10.4g=|     3.142|          %10.10g=|  3.141593|
%-10.4g=|3.142     /        %+10.4g=|    +3.142|
% 10.4g=|     3.142|         %010.4g=|000003.142|

Quelques exemples en hexa et octal sur 4142.
%x=|102e|                    %X=|102E|
%3x=|102e|                   %.3x=|102e|
%3.3x=|102e|                 %10.3x=|      102e|
%10.10x=|000000102e|         %#x=|0x102e|
%o=|10056|                   %#o=|010056|
```

Le temps (date et heure)

Tous les ordinateurs ont une horloge interne pour connaître la date et l'heure. Perl donne un accès facile à ces informations via quatre fonctions. Vous pouvez inclure ces fonctions dans vos programmes pour afficher l'heure et la date, déterminer la durée d'exécution d'une tâche, afficher l'âge d'un fichier, etc.

La fonction `time`, qui ne prend pas d'argument, indique le nombre de secondes écoulées depuis le 1er janvier 1970 (dans MacPerl, c'est le nombre de secondes depuis le 1er janvier 1904). Cette fonction s'emploie en conjonction avec `localtime` et `gmtime` pour lire le mois, le jour, etc.

La fonction `time` seule n'est guère utile. Par exemple :

```
print time;
```

affiche :

```
904500209
```

La fonction `localtime` prend en argument une valeur fournie par la fonction `time` et retourne une liste de neuf éléments :

- Seconde
- Minute
- Heure
- Jour dans le mois
- Mois (janvier = 0, février = 1, ...)
- Années depuis 1900
- Jour dans la semaine (dimanche = 0, lundi = 1, ...)
- Jour dans l'année (1er janvier = 0, 2 janvier = 1, ...)
- Heure d'été (vrai ou faux)

Les lignes suivantes montrent comment utiliser la fonction `localtime` pour afficher la date :

```
 ($Second, $Minute, $Hour, $DayOfMonth, $Month, $Year,
  $WeekDay, $DayOfYear, $IsDST) = localtime(time);
$RealMonth = $Month + 1;
print "$DayOfMonth/$RealMonth/$Year";
```

Le résultat est :

```
13/9/98
```

Dans ce programme, il faut ajouter 1 au numéro du mois avant de l'utiliser dans une chaîne de date. Si vous ne le faites pas, votre mois sera décalé d'un mois.

La fonction `gmtime` retourne la date et l'heure au format GMT (Greenwich Mean Time), qui constitue la base temporelle standard à travers le monde.

Pour afficher la date et l'heure dans un certain format (avec par exemple chaque information sur deux chiffres), utilisez la fonction `printf` (étudiée plus haut dans ce chapitre). Voici un affichage formaté de l'heure et de la date :

```
printf('%02d:%02d:%02d %02d/%02d/%02d', $Hour, $Minute,
  $Second, $DayOfMonth, $RealMonth, $Year);
```

Le résultat est :

```
15:40:01 13/09/98
```

Si vous voulez utiliser des *listes* (voir le Chapitre 8) au lieu de noms de variables explicites, écrivez quelque chose du genre :

```
@DayNames = ('Dim', 'Lun', 'Mar', 'Mer', 'Jeu',
  'Ven', 'Sam');
@TimeArr = localtime(time);
print $DayNames[$TimeArr[6]];
```

Dans cet extrait de code, `$TimeArr[6]` est l'élément qui stocke le jour de la semaine actuel. Il est utilisé pour lire le nom de jour adéquat dans la liste `@DayNames`.

Une autre fonction liée au temps est `sleep`. L'argument à fournir est le nombre de secondes pendant lequel vous désirez que votre programme se mette en pause. Par exemple, pour que le programme ne fasse rien pendant deux secondes, écrivez :

```
sleep(2);
```

ATTENTION !

Lorsque vous utilisez les fonctions `localtime` et `gmtime`, l'année retournée par ces fonctions est le nombre d'années depuis l'année 1900 et non pas les deux derniers chiffres de l'année en cours. Il faut donc prévoir cela dans votre programmation. Reprenons l'exemple de tout à l'heure :

```
($Second, $Minute, $Hour, $DayOfMonth, $Month, $Year,
  $WeekDay, $DayOfYear, $IsDST) = localtime(time);
$RealMonth = $Month + 1;
print "$DayOfMonth/$RealMonth/$Year";
```

En 1998, ce programme affiche :

```
13/9/98
```

Cependant, en 2000, il affiche :

```
9/13/100
```

Dans vos programmes qui affichent des valeurs d'années obtenues via les fonctions `localtime` et `gmtime`, vous devez corriger le problème. Vous avez trois façons de procéder :

- Affichez une année à quatre chiffres en ajoutant `1900` à la valeur retournée. Vous obtenez des dates comme `13/9/1998` ou `13/9/2000`, ce qui est précis.
- Regardez si la valeur retournée est supérieure à 100, et si c'est le cas soustrayez 100 à cette valeur. Cette méthode vous donne un nombre à un ou deux chiffres (en tout cas jusqu'à l'année 2100, stade auquel vous allez provoquer les mêmes problèmes que le bogue de l'an 2000). Le problème est que l'on ne sait alors pas si la date se rapporte à la période 1900-1999 ou 2000-2099.
- Affichez l'année sur un ou deux chiffres avec l'opérateur %.

Nous préférons la première solution, car la date ne pose aucune ambiguïté, l'on sait toujours de quelle période il s'agit. La deuxième solution est plus difficile, on ne la rencontre d'ailleurs presque jamais dans les programmes Perl. Si vous insistez pour exploiter la troisième, voici du code Perl qui retourne toujours une année sur deux chiffres :

```
 ($Second, $Minute, $Hour, $DayOfMonth, $Month, $Year,
  $WeekDay, $DayOfYear, $IsDST) = localtime(time);
$RealMonth = $Month + 1;
$ShortYear = ($Year % 100); # Utilise modulo
printf('%02d/%02d/%02d', $DayOfMonth, $RealMonth,
  $ShortYear);
```

Lorsque vous exécutez ce programme, vous obtenez :

```
13/09/00
```

Nombres aléatoires

Quelques tâches de programmation réclament l'emploi de *nombres aléatoires*. Par exemple, si vous utilisez Perl pour écrire des jeux, vous avez besoin de nombres aléatoires pour reconstituer un jet de dé ou pour choisir un enregistrement aléatoire dans une base de données.

La fonction `rand` retourne un nombre réel pseudo-aléatoire compris entre 0 et l'argument que vous avez fourni à la fonction (nous employons le terme *pseudo-aléatoire* car ce ne sont pas de véritables nombres aléatoires ; nous expliquons la différence un peu plus loin). Si vous ne fournissez pas d'argument, `rand` retourne un nombre réel aléatoire compris entre 0 et 1. Par exemple, l'instruction suivante produit un entier aléatoire entre 1 et 10 :

```
$PickANumber = int(rand(10)) + 1;
```

`rand` choisissant ici un nombre entre 0 et 10, la fonction `int` produit des entiers entre 0 et 9. Pour élargir l'intervalle de 1 à 10, ajoutez 1 au résultat.

La fonction `rand` ne génère pas d'authentiques nombres aléatoires. En fait, si vous ne lui fournissez pas de *graine*, la même série de nombres est produite chaque fois que vous exécutez Perl (la *graine* ou *borne* est le premier nombre aléatoire dans la série de valeurs aléatoires retournées par Perl). Si vous voulez que les nombres changent chaque fois, il faut fournir une graine obtenue avec la fonction `srand`.

Cette dernière prend un unique argument, qui va servir de graine. Si vous ne fournissez pas d'argument à `srand`, elle utilise la valeur fournie par la fonction `time`. Voici un extrait de code qui exploite comme graine le nombre fourni par la fonction `time` :

```
srand();
$PickANumber = int(rand(10)) + 1;
```

La fonction `rand` n'est pas prévue pour un usage en cryptographie de choc (c'est-à-dire pour générer des codes demandant de très gros efforts pour les casser) ou toute autre application réclamant des nombres totalement aléatoires. A moins d'employer une méthode ayant fait ses preuves pour choisir une graine pour `srand`, un pirate informatique un tant soit peu intelligent et qui sait que vous utilisez Perl peut assez facilement deviner la graine que vous avez employée.

Manipulation de bits

Dans Perl, les nombres valent soit false (valeur nulle) soit true (valeur non nulle). Chaque bit dans un octet a la valeur 1 ou 0. Au niveau bit, la valeur 1 équivaut à true et la valeur 0 à false. Ainsi, vous pouvez considérer un octet, qui contient 8 bits, comme étant l'assemblage de huit valeurs true/false. Il est possible d'opérer sur les bits des nombres à l'aide d'opérateurs logiques (décrits au Chapitre 8).

Les trois opérateurs logiques de niveau bit pour combiner deux nombres sont `|` (OU ou OR), `&` (ET ou AND) et `^` (OU exclusif ou XOR). Ces opérateurs s'appliquent seulement sur des entiers. Si vous employez des nombres réels, ils seront tronqués par Perl avant application des opérateurs (pour plus d'informations sur les nombres réels, consultez le Chapitre 6). Normalement, la logique au niveau bit s'emploie sur des nombres en hexadécimal et octal. Cependant, Perl affiche par défaut tous les nombres dans le système décimal, vous devrez donc, si vous voulez afficher vos résultats en hexadécimal ou en octal, recourir à la fonction `printf`. Par exemple, ces instructions :

```
$H1 = 0xfed0; $H2 = 0xedc4;
$Result = $H1 & $H2;
printf("%x ET %x donne %x", $H1, $H2, $Result);
```

affichent :

```
fed0 ET edc4 vaut ecc0
```

`printf` est nécessaire pour forcer Perl à afficher les valeurs en hexadécimal. Si vous employez `print` :

```
print "$H1 ET $H2 vaut $Result";
```

Perl affiche :

```
65232 ET 60868 vaut 60608
```

NOTE TECHNIQUE

Perl dispose d'un *opérateur unaire de négation au niveau bit,* dont le symbole est le tilde (~), qui transforme chaque bit 1 en 0 et chaque bit 0 en 1. Par exemple, si vous écrivez :

```
$H3 = 0xfed0;
$H4 = ~$H3;
printf("La négation de %x (%d) est %x (%d)",
  $H3, $H3, $H4, $H4);
```

Perl affiche :

```
La négation de fed0 (65232) est ffff012f (-65233)
```

ATTENTION !

L'opérateur de négation (~) et l'opérateur OU exclusif travaillent sur des valeurs de 32 bits de long. La plupart des systèmes sur lesquels Perl est exécuté utilisent des entiers 32 bits mais pas tous. Cela signifie que la logique de décalage de bit s'exécutant correctement sur un système d'exploitation ne le fera pas forcément sur tous les autres. Certaines versions d'UNIX, par exemple, sont concernées.

Vous pouvez décaler les bits d'un cran à la fois avec les opérateurs << et >>. Ces opérateurs décalent les bits du nombre à gauche de l'opérateur d'autant de crans qu'il est indiqué par la valeur à droite de l'opérateur. L'opérateur << décale les bits vers la gauche et >> les décale vers la droite. Par exemple, ces lignes de code :

```
$H3 = 0x0f30;
$H4 = $H3 << 2;
printf("Décalage de %x (%d) de 2 bits à gauche = %x (%d)",
  $H3, $H3, $H4, $H4);
```

affichent :

```
Décalage de f30 (3888) de 2 bits à gauche = 3cc0 (15552)
```

Conversion de listes en chaînes

Dans Perl, l'affichage de données se composant de nombres et de texte s'effectue facilement. En revanche, l'affichage des listes est une autre affaire. Examinez ce code :

```
@Nums = (2.7, 80, 46.2);
@Strs = ("un", "deux", "trois");
print @Nums, "\n";
print @Strs, "\n";
```

Voici comment ces lignes affichent le contenu des listes :

```
2.78046.2
undeuxtrois
```

Pour afficher des valeurs de listes qui ne soient pas ainsi toutes attachées, Perl donne la possibilité de convertir une liste en chaîne, avec le caractère de votre choix pour séparer les éléments de la liste. Cette tâche s'accomplit avec la fonction `join`. Cette fonction prend deux arguments : le séparateur (un ou plusieurs caractères de votre choix) et la liste. Par exemple :

```
@Nums = (2.7, 80, 46.2);
@Strs = ("un", "deux", "trois");
print join('--', @Nums), "\n";
print join(' ', @Strs), "\n";
```

donne les résultats suivants, dont la lisibilité est meilleure que dans l'exemple précédent :

```
2.7--80--46.2
un deux trois
```

La fonction `join` est également pratique pour afficher des éléments de liste sur des lignes séparées, comme ici :

```
@Nums = (2.7, 80, 46.2);
print join("\n", @Nums), "\n";
```

La fonction `join` retourne une chaîne, ce qui lui donne une utilité en dehors de la fonction `print`. Voici par exemple comment créer une chaîne ayant la forme d'un enregistrement avec délimitations par tabulations :

```
@Nums = (2.7, 80, 46.2);
$TheRecord = join("\t", @Nums);
```

Réorganisation du contenu d'une liste

Au Chapitre 7, nous avons expliqué comment créer une liste, en lire une portion, en supprimer des éléments ou en ajouter. Nous allons maintenant décrire comment réorganiser l'ordre des éléments d'une liste.

Perl permet d'inverser l'ordre des éléments dans une liste. Il permet aussi de trier la liste.

La fonction `reverse` inverse l'ordre des éléments de la liste que vous lui donnez en argument. Par exemple :

```
@Strs = ("un", "deux", "trois");
print join(' ', reverse(@Strs));
```

affiche :

```
trois deux un
```

La fonction `sort` trie une liste. Elle retourne la liste d'origine dans le nouvel ordre. Vous disposez de divers modes de tri. Si vous voulez trier votre liste par ordre alphabétique, utilisez la fonction `sort` avec, en unique argument, la liste. Par exemple, cette instruction :

```
@Strs = ('coin', 'attitude', 'belle');
print join(' ', sort @Strs);
```

affiche :

```
attitude belle coin
```

Une autre forme plus compliquée de la fonction `sort` permet de personnaliser complètement la méthode de tri. Cette forme prend deux arguments : le premier est un bloc ou une procédure indiquant à Perl comment doit se faire le tri (les procédures sont abordées au Chapitre 10) ; le second est la liste elle-même. Dans l'exemple ci-dessous, le bloc compare deux valeurs, `$a` et `$b`, et retourne -1, 0 ou 1, selon le résultat de la comparaison de `$a` et `$b`. C'est ici que les opérateurs `cmp` et `<=>` deviennent réellement pratiques (ces opérateurs sont étudiés au Chapitre 8).

Voici un exemple pour trier une liste de chaînes en se basant sur leur longueur et non plus sur l'ordre alphabétique :

```
@Strs = ('coin', 'attitude', 'belle');
print join(' ', sort { length($a) <=> length($b) } @Strs);
```

Ce code affiche :

```
coin belle attitude
```

Si nous avions utilisé `sort` avec une procédure, l'exemple précédent aurait eu cet aspect :

```
sub lensort { length($a) <=> length($b) }
@Strs = ('coin', 'attitude', 'belle');
print join(' ', sort lensort @Strs);
```

Troisième partie

Détails du langage Perl

Dans cette partie...

Les chapitres de cette partie décrivent certaines techniques intermédiaires à connaître pour progresser dans la construction de programmes Perl. Vous découvrirez la notion de programmation orientée objet, les capacités de Perl pour traiter une base de données, ainsi que ses facultés de lecture/écriture de fichiers.

Chapitre 10

Perl et CGI : les programmes de serveurs Web démystifiés

Dans ce chapitre :

- Comprendre le travail des CGI avec les serveurs Web.
- Création de documents HTML simples.
- Récupération de données utilisateur via un formulaire.
- Traitement des formulaires Web.
- Redirection des visiteurs vers d'autres sites.

À moins que vous n'ayez passé ces dernières années dans une grotte, sans portable, vous avez probablement beaucoup entendu parler (peut-être trop) du World Wide Web et des merveilles qu'il nous apporte. Voici encore un peu de promotion pour le Web : il a beaucoup contribué à la grande diffusion de Perl.

Le Web a largement aidé à populariser Perl, simplement parce que Perl est exploitable en tandem avec un serveur Web pour rendre les pages Web plus interactives et plus informatives. Une grande partie du travail que l'on demande à la paire Perl-Web consiste à récupérer des informations entrées par les utilisateurs dans des formulaires. Les informations générées par ces formulaires sont manipulées par des programmes CGI (*Common Gateway Interface*).

TRUC : Ce chapitre étudie la façon de traiter un formulaire après qu'il a été rempli par l'utilisateur. Si vous avez besoin d'informations pour créer des formulaires HTML, nous vous invitons à vous procurer *Créez vos pages Web pour les Nuls*, dans la même collection et chez le même éditeur.

Écriture de programmes CGI en Perl

Dès les premiers jours du Web, les serveurs Web ont eu besoin d'un moyen de dialoguer avec des programmes. Les programmeurs qui ont créé les premiers serveurs Web ont décidé d'employer une méthode unique, standard, pour connecter les programmes aux serveurs, au lieu d'avoir à mettre en place une méthode différente pour chaque serveur et chaque langage de programmation. L'emploi d'une méthode standard simplifie le processus de déclenchement d'exécution d'un programme par un serveur Web. Cette méthode qui établit une passerelle entre le serveur Web et un programme s'appelle *Common Gateway Interface (CGI).*

Voici comment fonctionne la passerelle CGI : elle passe à un programme la requête d'un utilisateur, en se servant de certaines variables spéciales ou de l'entrée de fichier standard ; le programme, de son côté, transmet des informations à l'utilisateur via la sortie de fichier standard (voir le Chapitre 11). Les programmes CGI sont souvent appelés *scripts.*

Votre programme Perl travaille en conjonction avec le logiciel du serveur Web, pas indépendamment. Les utilisateurs visitant votre site Web n'exécutent pas vos programmes directement. Ils accèdent au serveur Web, et le logiciel du serveur Web exécute vos programmes. Par conséquent, il est impératif que vos programmes CGI sachent dialoguer avec le serveur Web.

Les divers serveurs Web existants ont des exigences et des comportements différents lorsque vous exécutez un CGI programme. Par exemple, certains serveurs Web réclament que tous les programmes CGI se trouvent dans un répertoire particulier du serveur et que les programmes suivent certaines règles de nommage ; d'autres serveurs vous permettent de placer vos programmes là où vous le voulez et de leur donner les noms qui vous chantent.

TRUC : Avant d'écrire avec Perl un programme pour serveur Web, vous devez connaître deux choses :

- **En entrée** : Déterminer ce que l'utilisateur a demandé.
- **En sortie** : Décider comment indiquer à l'utilisateur ce que vous avez à dire.

La récolte des informations (en entrée) est plus difficile que l'affichage des données (en sortie). Vous avez en effet plus de variables à manipuler en entrée. Vous pouvez produire la sortie avec une instruction `print` (pour les particularités de la fonction `print`, voir les Chapitres 4 et 5).

Avant d'écrire un programme CGI en Perl, consultez la documentation de votre serveur Web. La plupart des serveurs Web sont conçus pour simplifier l'exploitation de programmes CGI ; cependant, nombreux sont les premiers essais infructueux en programmation de scripts CGI, car il est fréquent que le programmeur ne suive pas les règles de dialogue imposées par le serveur Web.

Au-delà de CGI

A la Vieille Époque (avant 1994), CGI était le seul outil pour interfacer les serveurs Web et les langages de programmation. Aujourd'hui, presque tous les serveurs continuent de reconnaître l'interface CGI, mais la plupart des grands serveurs gèrent également leur propre interface de programmation, une interface généralement établie vers leur propre langage de programmation. Par exemple, les serveurs Web de Netscape exécutent du langage JavaScript, interfacé avec le serveur à travers une interface autre que CGI.

En définitive, CGI est plutôt limité, même si les langages de programmation avec lesquels il fait la liaison ne le sont pas. Les API (*Application Programming Interface,* interface de programmation d'application) personnalisées qui sont exploitées par les nouveaux serveurs Web donnent au programmeur plus de possibilités que le bon vieux CGI. Si vous envisagez sérieusement la création de programmes travaillant de concert avec votre serveur Web et que ce serveur propose sa propre API, envisagez l'usage de l'API du serveur (elle ne sera certes pas aussi facile à manipuler que Perl, mais peu de langages le sont).

Si votre serveur Web tourne sous Windows 95, Windows 98 ou Windows NT, il utilise éventuellement une version étendue de CGI exploitée par la plupart des serveurs Web Windows et qui s'appelle *Windows CGI.* Cette version est bien plus compliquée que le CGI standard, mais propose des caractéristiques inexistantes dans l'interface CGI standard.

Si vous travaillez sous UNIX avec le serveur Web Apache, vous pouvez incorporer directement Perl dans le serveur. Cela accélère grandement le chargement des scripts Perl à partir du serveur Web (voir la documentation Apache pour savoir comment vous y prendre).

Variables d'environnement

Vous avez deux moyens d'obtenir des informations d'un serveur Web : à travers des variables spéciales appelées *variables d'environnement* ou via l'entrée de fichier standard (voir le Chapitre 11). Dans de nombreux cas de requêtes provenant du serveur Web et adressées à votre programme, vous utiliserez des variables d'environnement, mais pour la plupart des formulaires HTML vous exploiterez l'entrée de fichier standard.

Le terme *environnement* vient du monde UNIX, bien qu'il s'applique également à Windows. Les variables d'environnement sont réglées au niveau du système d'exploitation. Elles sont semblables aux variables texte de Perl. Perl est capable de lire des variables d'environnement du système d'exploitation et de les utiliser exactement comme d'autres variables Perl. (A l'attention des utilisateurs Macintosh : le Mac ne possède pas réellement de variables d'environnement, mais MacPerl fait comme si c'était le cas pour que vous puissiez les employer dans des programmes CGI.)

UNIX possède des dizaines de variables d'environnement, mais ce chapitre ne couvre que celles qui sont concernées dans l'exécution des programmes CGI. Elles sont réglées par le serveur Web qui s'en sert pour communiquer des informations aux langages de programmation comme Perl. Le standard CGI définit nombre de ces variables. Quelques-unes seulement sont vraiment utiles à la majorité des programmeurs Perl.

Lecture des variables d'environnement

Les variables d'environnement, de même que les variables Perl, portent des noms. Ces noms de variables sont entièrement en lettres majuscules. Nous décrirons en détail au Chapitre 16 les méthodes à employer pour lire et modifier les valeurs de ces variables d'environnement. Pour l'instant, nous vous proposons quelques extraits de code, à titre d'exemples. L'instruction ci-dessous lit la valeur de la variable d'environnement portant le nom `VARNAME` :

```
$ENV{"VARNAME"}
```

Voici un autre exemple. La variable `REMOTE_HOST` stocke le nom de domaine de l'ordinateur envoyant la requête. L'instruction ci-dessous affecte à la variable `$TheUserHost` (qui pourrait porter n'importe quel autre nom) le contenu de la variable d'environnement `REMOTE_HOST` :

```
$TheUserHost = $ENV{"REMOTE_HOST"};
```

Juste pour vous donner un avant-goût des noms de variables d'environnement et des valeurs types qu'elles stockent, voici une liste des variables CGI après requête d'un navigateur Web à un serveur Web :

```
GATEWAY_INTERFACE -- CGI/1.1
             HOME -- /
      HTTP_ACCEPT -- image/gif, image/jpeg, */*
        HTTP_HOST -- www.mycompany.com
  HTTP_USER_AGENT -- Mozilla/3.01b1 (Macintosh; I; PPC)
  PATH_TRANSLATED -- /usr/local/wn/scripts
     QUERY_STRING -- eastern
      REMOTE_ADDR -- 169.207.113.247
      REMOTE_HOST -- j112.cs.cmu.edu
   REQUEST_METHOD -- GET
      SCRIPT_NAME -- /telltime.cgi
      SERVER_NAME -- www.mycompany.com
      SERVER_PORT -- 80
  SERVER_PROTOCOL -- HTTP/1.0
  SERVER_SOFTWARE -- WN/1.14.2
      WN_DIR_PATH -- /usr/local/wn/scripts
          WN_ROOT -- /usr/local/wn/scripts
```

Pour obtenir des informations d'un utilisateur, vous n'avez besoin que de quelques variables d'environnement. Les autres sont rarement exploitées. Dans les sections suivantes, nous décrivons les variables les plus importantes. Dans la section "Quelques autres variables d'environnement", un peu plus loin, nous en décrivons certaines moins employées mais susceptibles d'être utiles.

Réception d'une requête

Lorsqu'un utilisateur clique dans votre page Web sur un lien qui mène à votre programme, le serveur Web charge ce programme. Votre programme a parfois besoin de connaître certaines choses sur la requête de l'utilisateur, aussi le serveur Web gère-t-il quelques variables pour y placer ces informations.

La variable `QUERY_STRING` contient le texte se trouvant après le point d'interrogation (`?`) dans la requête de l'utilisateur. Par exemple, supposons que votre page d'accueil Web contienne le code HTML suivant :

```
<p>
Pour obtenir l'heure en zone Centre, cliquez
<a href="/amy/telltime.cgi?central">ici</a>.
Pour obtenir l'heure en zone Est, cliquez
<a href="/amy/telltime.cgi?eastern">ici</a>.
```

Lorsque l'utilisateur clique sur un des liens, la valeur de QUERY_STRING est soit central, soit eastern. Votre programme Perl doit contenir des lignes pour lire cette valeur :

```
$TheTime = time();
$DesiredTimeZone = $ENV{"QUERY_STRING"};
if($DesiredTimeZone eq 'central')
   { $TheTime += 3600 } # Ajoute une heure
elsif($DesiredTimeZone eq 'eastern')
   { $TheTime += 7200 } # Ajoute deux heures
```

N'OUBLIEZ PAS

C'est vous qui donnez sa valeur à la chaîne de requête dans votre page HTML. Si vous voulez récupérer plusieurs informations auprès de l'utilisateur, vous devez lui faire remplir un formulaire (voir plus loin dans ce chapitre).

QUERY_STRING est *la* variable dont vous aurez réellement besoin dans la plupart des cas de traitement de formulaire. Un nombre important d'autres variables d'environnement sont accessibles, mais elles ne vous seront pas spécialement utiles dans votre quête : savoir ce que veut le visiteur et le lui transmettre.

Déterminer la source d'une requête

Vous disposez de deux variables d'environnement pour tenir registre des accès à votre site Web (pour comptabiliser les *hits*). Ces variables, REMOTE_HOST et REMOTE_ADDR, vous indiquent quel ordinateur a fait une requête à votre serveur Web. ***Note :*** Ces variables identifient l'ordinateur, pas l'utilisateur lui-même.

REMOTE_HOST est le *nom de domaine* de l'ordinateur qui envoie la requête (si le serveur Web est capable de déterminer le nom de domaine) ; REMOTE_ADDR est l'*adresse IP* de cet ordinateur. Si vous n'êtes pas familiarisé avec les notions de nom de domaine et d'adresse IP, vous trouverez les informations qui vous manquent dans le livre *Internet pour les Nuls*, publié aux Éditions First.

ATTENTION !

Les valeurs de REMOTE_HOST et REMOTE_ADDR vous permettent d'ajuster le contenu de la page Web en fonction de l'ordinateur visiteur, s'il vous est connu ou non. Attention cependant au fait que ce n'est pas une procédure sécurisée, un utilisateur peut tout à fait prétendre être sur un certain ordinateur en modifiant son adresse Internet.

REMOTE_HOST peut contenir une chaîne nulle (une chaîne ne comportant aucun caractère) si votre serveur Web ne peut traduire en nom de domaine l'adresse IP reçue avec la requête. La plupart des administrateurs de serveurs

Web préfèrent voir des noms de domaines dans les fichiers journaux (logs) de leur serveur Web plutôt que des adresses IP. Il est donc préférable que votre programme vérifie si REMOTE_HOST contient une valeur. Si ce n'est pas le cas, utilisez alors REMOTE_ADDR à la place. Les lignes ci-dessous montrent un exemple de vérification :

```
# Récupère le nom d'hôte ou l'adresse IP
#  pour le journal
unless($ENV{REMOTE_HOST} eq '')
  { $TheWhere = $ENV{REMOTE_HOST} }
else { $TheWhere = $ENV{REMOTE_ADDR} }
```

Récupération d'informations de formulaires HTML

L'emploi d'une chaîne de requête (le texte après le ? dans une URL) est un moyen simple et direct d'obtenir un unique élément d'information d'un utilisateur (voir plus haut la section "Réception d'une requête"). Il faut cependant parfois recueillir plusieurs éléments d'information. Par exemple, vous désirez connaître le nom et l'adresse du visiteur, ou ses réponses à des questions du type oui-non. Pour recueillir ce genre d'informations, l'utilisateur doit remplir un *formulaire*.

Un formulaire HTML est, d'un point de vue visuel, un ensemble d'éléments permettant au visiteur de votre page Web d'entrer des informations. Dans les coulisses, le formulaire HTML contient deux composants qui concernent directement les programmes CGI : la *méthode HTTP* (la syntaxe) utilisée dans le formulaire, et les noms des éléments du formulaire (par exemple les noms des boutons).

La méthode pour soumettre un formulaire (le transmettre au serveur) est GET ou POST. La méthode GET place les réponses au formulaire dans une chaîne de requête, alors que la méthode POST les place dans le corps de la réponse HTTP que vous pouvez lire via l'entrée de fichier standard (voir le Chapitre 11). Les deux méthodes ont leur intérêt.

Voici un exemple de code HTML qui affiche un formulaire simple :

```
<hr><form method=POST
  action="http://www.bigstate.edu/accts/namecolor.pl">
Prénom : <input name=FirstName size=30><br>
Nom : <input name=LastName size=30><br>
Couleur préférée : <select name=FavColor>
<option>rouge<option>abricot<option>jaune
```

```
<option>vert<option>bleu<option>mauve
<option>beige<option>noir<option>marron
</select>
<br><input type="submit" value="Envoyer">
</form><hr>
```

L'aspect du formulaire est visible sur la Figure 10.1.

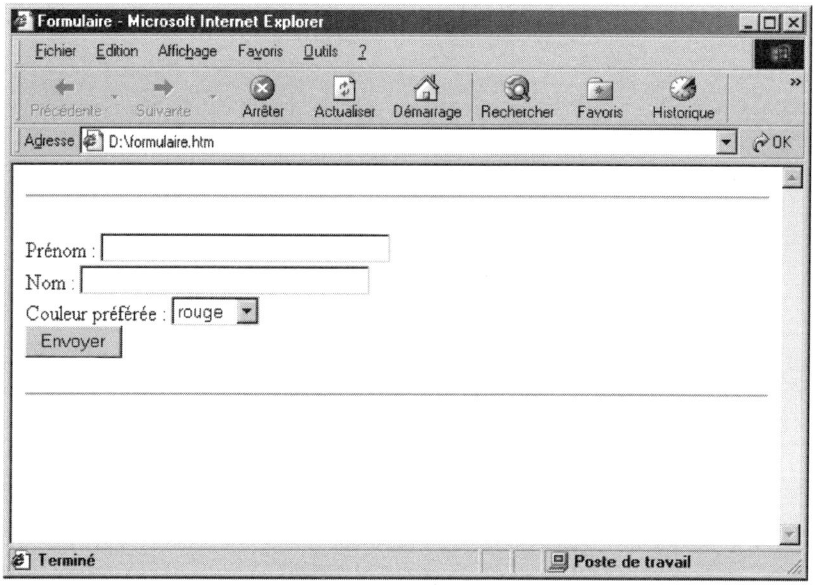

Figure 10.1 : Petit formulaire conçu pour retourner les valeurs de trois éléments.

Ce formulaire retourne des valeurs pour trois éléments : `FirstName`, `LastName` et `FavColor`. CGI fournit les valeurs dans un format compact, difficile à lire ; il s'agit d'une chaîne unique où chaque élément se présente sous la forme `nom=valeur`, où tout espace a été converti en signe plus (+), et où un *et commercial* (&) a été inséré entre chaque élément. Par exemple, si une personne nommée Sharon Fulton préfère le mauve, la chaîne renvoyée est celle-ci :

```
FirstName=Sharon&LastName=Fulton&FavColor=mauve
```

En outre, de nombreux caractères spéciaux sont codés sous forme d'un signe % suivi de la valeur hexadécimale du caractère. Par exemple, si Sharon entre `Sharon & Pete` au lieu de `Sharon`, la chaîne retournée devient :

```
FirstName=Sharon+%26+Pete&LastName=Fulton&FavColor=mauve
```

Deux méthodes pour recevoir les données de formulaire

Vous avez vu plus haut que vous pouviez utiliser `GET` ou `POST` comme méthode HTTP pour soumettre un formulaire au programme Perl :

- Avec `GET`, la réponse parvient via la variable d'environnement `QUERY_STRING`, que vous lisez dans le programme Perl en lisant `$ENV{"QUERY_STRING"}`.
- Avec `POST`, vous lisez les informations reçues via l'entrée de fichier standard.

La variable d'environnement `REQUEST_METHOD` indique quelle méthode a été employée, à savoir `GET` ou `POST`. Pour lire le nombre correct de caractères, vous devez connaître la longueur de la requête, puis lire ce nombre de caractères via la fonction `read` de Perl (décrite au Chapitre 12). C'est la variable d'environnement `CONTENT_LENGTH` qui indique quelle longueur fait la requête. Vous placez le texte dans une variable, `$TheReq` par exemple :

```
read(STDIN, $TheReq, $ENV{"CONTENT_LENGTH"});
```

Vérifiez si la requête a été fournie par la méthode `GET` ou `POST` :

```
if($ENV{"REQUEST_METHOD"} eq 'GET')
  { $TheReq = $ENV{"QUERY_STRING"} }
else
  { read(STDIN, $TheReq, $ENV{"CONTENT_LENGTH"}) }
```

Séparer les éléments d'une réponse

Vous avez vu plus haut que la réponse de l'utilisateur parvient sous forme d'une chaîne de caractères ou tout est attaché, comme ici :

```
FirstName=Sharon&LastName=Fulton&FavColor=mauve
```

Perl est performant dans la manipulation de données comme cette chaîne. Vous pouvez donc écrire un programme pour séparer la chaîne en paires d'éléments comme FirstName et Sharon, LastName et Fulton, etc. Mais pourquoi vous charger d'écrire ce programme alors qu'il existe déjà ? Dans les programmes exploités pour décortiquer la chaîne de requête, le programme

CGI_Lite est le plus facile d'emploi ; il ne réclame qu'une ou deux instructions. Notez qu'il s'agit d'un programme Perl 5 (à titre indicatif, il emploie certaines caractéristiques orientées objet couvertes au Chapitre 19).

Pour utiliser CGI_Lite, il faut déjà le rendre accessible à Perl. Pour cela, copiez le fichier CGI_Lite.pm dans un des répertoires de Perl (le Chapitre 14 montre comment localiser ces répertoires en lisant la liste spéciale @INC). Puis, insérez en haut de votre programme Perl des instructions comme celles-ci :

```
use CGI_Lite;
$InCGI = new CGI_Lite();
@FormData = $InCGI->parse_form_data();
```

Dans la première ligne, l'instruction `use` indique à Perl de lire le module `CGI_Lite` pour l'insérer dans le programme (l'instruction `use` fonctionne un peu comme l'instruction `require` décrite au Chapitre 14, sauf qu'elle a certaines caractéristiques supplémentaires orientées objet). Pour le moment, voyez `use` comme un moyen d'injecter un module Perl dans votre programme (les modules sont décrits au Chapitre 19). La deuxième ligne demande à Perl de créer un objet décrit dans `CGI_Lite`, et la troisième indique à Perl d'utiliser la méthode `parse_form_data` de cet objet. Le but est de créer une liste appelée `@FormData`, dont les éléments sont les noms et les valeurs des informations renvoyées par le formulaire.

Placement des valeurs récupérées dans des variables

La liste ci-dessous décrit quelqu'un nommé Sharon Fulton, qui préfère le mauve :

```
('FirstName', 'Sharon', 'LastName', 'Fulton',
  'FavColor', 'mauve')
```

Il faut ensuite placer les valeurs du tableau dans des variables Perl, exploitables dans le reste de votre programme. Lorsque vous connaissez déjà le nom d'un élément, cette opération se réalise rapidement, puisqu'il suffit de chercher le nom dans le tableau et de lire l'élément suivant du tableau pour l'écrire dans la variable Perl. Par exemple, les lignes ci-dessous recherchent le nom `FirstName`, puis donnent à la variable `$FormFirst` la valeur de l'élément qui suit :

```
for($i = 0; $i <= $#FormData; $i += 1) {
  if($FormData[$i] eq 'FirstName') {
    $FormFirst = $FormData[$i + 1];
```

```
        last;
    }
}
```

Il existe un autre moyen plus efficace de gérer ces données. En effet, les listes se présentant sous la forme *nom, valeur, nom, valeur* sont manipulables via des *tableaux associatifs* (ou tableaux de hachage), abordés au Chapitre 16.

Affichage de la sortie utilisateur

CGI donne aussi la possibilité d'afficher des informations pour le visiteur, ce que l'on appelle la *sortie utilisateur.*

Tout message transmis d'un serveur Web à un client Web (un navigateur) se compose de deux parties : l'*information d'en-tête* et le *message principal.* L'information d'en-tête est susceptible d'être très courte, mais elle est indispensable ; elle contient des informations de format que le navigateur du visiteur doit recevoir. Lorsque cet en-tête n'est pas fourni, la plupart des navigateurs Web considèrent que le message principal est un fichier texte ordinaire.

Quelques serveurs placent leur propre information d'en-tête en début de réponse, auquel cas le programme Perl ne doit pas transmettre d'en-tête. La plupart des serveurs passent des informations d'en-tête, mais pas la plus importante : le type de contenu MIME. *MIME* signifie *Multipurpose Internet Mail Extension,* c'est un standard utilisé sur le Web et pour le courrier électronique. Les types MIME sont à proprement parler des *types de médias Internet,* mais le nom MIME a pris le dessus.

Un type MIME indique au client Web quel genre d'information contient la réponse du serveur. Le client Web se sert de cette information MIME pour savoir comment présenter l'information. Un client Web réagit différemment lorsqu'on lui dit : "Voilà un document HTML" ou "Voilà une image GIF", ou encore "Voici un fichier de programme compressé".

L'en-tête que vous envoyez au client avant de transmettre vos propres informations commence par la chaîne `Content-type:`, suivie d'un espace et du type MIME. Par exemple, si vous envoyez un document HTML à l'utilisateur, votre programme Perl doit produire l'instruction suivante avant quoi que ce soit d'autre :

```
Content-type: text/html
```

Il existe des dizaines de types MIME dont la majorité ne vous servira probablement jamais. Le Tableau 10.1 présente les types MIME que vous êtes le plus susceptible de transmettre sur Internet.

Tableau 10.1 : Types MIME les plus courants.

Type MIME	Description
text/html	Document HTML ordinaire
text/plain	Fichier texte seul qui s'affiche exactement comme vous l'envoyez
application/binary	Fichier binaire qui sera enregistré sur disque
image/gif	Image au format GIF
image/jpeg	Image au format JPEG
audio/aiff	Son au format AIFF

L'information d'en-tête est séparée du corps du message par une ligne blanche. Vous devez donc insérer `\n\n` à la fin de votre ligne `Content-type`.

Quelques serveurs envoient la ligne `Content-type` au client à votre place, ce qui signifie alors qu'il ne faut pas la transmettre vous-même (consultez la documentation de votre serveur pour savoir quelles données vous pouvez transmettre via vos programmes CGI).

A titre d'exemple, pour renvoyer de l'information au visiteur, voici un court programme CGI Perl qui ne se préoccupe pas de l'entrée utilisateur : il retourne systématiquement un bref message formaté en HTML. Ce programme ne comporte pas d'information d'en-tête HTML :

```
print "Content-type: text/html\n\n";
print "<b>Merci</b> d\'exécuter mon programme.";
```

En voici un plus long, plus compliqué, qui s'appelle thetime.cgi et qui affiche l'heure dans le navigateur du visiteur :

```
# Programme CGI qui affiche l'heure
# dans le navigateur du visiteur.
#  L'heure demandée est celle de la zone
#  "centre" ou "est" ou "pacifique".
```

```
$TheZone = "Pacifique";
if ($DesiredTimeZone eq 'central') {
  @TimeArr = localtime(time + 3600);
  $TheZone = "Centre";
}
elsif($DesiredTimeZone eq 'eastern') {
  @TimeArr = localtime(time + 7200);
  $TheZone = "Est";
}

$Hour = $TimeArr[2];
$Minute = $TimeArr[1];
$TimeString = "$Hour:$Minute";

print <<"EndOfStuff"
ContentType: text/html
<html><head><title>Au troisième top...</title></head><body>
Dans la zone <b>$TheZone</b>, il est maintenant $TimeString.
</body></html>
EndOfStuff
```

Le document HTML qui déclenche le renvoi des informations générées par ce programme comporte ce code :

```
De quelle zone voulez-vous savoir l'heure ?
<br>
<a href="/cgi-bin/thetime.cgi?pacific">Pacifique</a>?
<br>
<a href="/cgi-bin/thetime.cgi?central">Centre</a>
<br>
<a href="/cgi-bin/thetime.cgi?eastern">Est</a
```

Création d'un formulaire HTML

Un formulaire HTML sert à recueillir des informations de l'utilisateur. Nous vous proposons ici un exemple où le visiteur peut recevoir des informations sur plusieurs instruments de musique. Voici d'abord le formulaire qui permet au visiteur d'entrer ses choix :

```
<form method=POST action="/cgi-bin/dispguit.cgi">
Choisissez des instruments dans la liste. Vous
pouvez en choisir plusieurs.
<br><input type=checkbox name=GoyaStandard>
```

```
Guitare Goya standard
<br><input type=checkbox name=GoyaConcert>
Guitare Goya concert
<br><input type=checkbox name=VegaArtistGrand>
Guitare Vega Grand Artiste
<br><input type=checkbox name=HarmonySteel>
Guitare acier Harmony
<br><input type="submit" value="Afficher">
</form>
```

Le Programme 10.1 montre une partie du code utilisé pour créer la page d'informations envoyée en retour à l'utilisateur.

Programme 10.1 : Programme affichant des informations basées sur la requête de l'utilisateur.

```
# Programme dispguit.cgi
#   Lit d'abord les données de formulaire.
#   CGI_Lite retourne uniquement les
#   valeurs des cases à cocher sélectionnées
#   par le visiteur, il n'est donc pas nécessaire
#   de contrôler quelles options sont cochées et
#   quelles autres ne le sont pas

use CGI_Lite;
$InCGI = new CGI_Lite();
@FormData = $InCGI->parse_form_data();

print <<EndOfTop;
Content-type: text/html

<html><head><title>Tout pour la guitare</title></head><body>
Merci de vous intéresser à nos guitares. Voici les
informations demandées.
EndOfTop

while(@FormData) {
    $ThisGuitar = shift(@FormData);  # Nom de l'élément
    $ThisOn = shift(@FormData);  # Suppression de l'élément
    $DisplayThis = &GetData($ThisGuitar);
    print "<hr>$DisplayThis";
}

print "</body></html>\n";
```

Redirection vers un autre site

Le moyen type pour diriger quelqu'un vers un autre site Web est de placer un lien vers ce site, lien sur lequel le visiteur n'a qu'à cliquer. Le problème est que vous ne saurez pas si un visiteur a cliqué sur le lien, ni quand. Or, il est important, pour les administrateurs de Web, de tenir registre du nombre de visiteurs qui se servent de leurs liens vers d'autres sites. Si vous voulez pouvoir vous aussi savoir que l'utilisateur a cliqué sur un lien vers un autre site, il faut mettre en place une *redirection*. Cela fait appel à un programme CGI qui envoie un message HTTP au navigateur du visiteur, qui charge alors l'autre site. En utilisant la redirection, vous pouvez tenir registre du nombre d'utilisateurs que vous envoyez vers tel ou tel site.

Le Programme 10.2 montre le code du programme ad-url.cgi dont le rôle est de tenir registre des redirections. Nous avons écrit ce programme pour le site du magazine *MicroTimes.* Le responsable du magazine voulait que sa page Web énumère les annonceurs du magazine possédant eux-mêmes un site Web renvoyant vers le site de *MicroTimes*.

Programme 10.2 : Programme pour rediriger des clients Web.

```
$WebPerson = 'webmaster@yourcompany.com';

# Lire la chaîne transmise dans l'URL

$TheSearch = $ENV{QUERY_STRING};

# Analyser la chaîne de recherche

unless($TheSearch eq '') {
  $RefURL = ''; # URL de redirection
  # Ouverture de la base de données
  open(IN, 'AdURLs') or die "Ouverture de la base de données " .
    "URL. SVP envoyez un mail à $WebPerson pour " .
    "corriger le problème.\n";
  # Lecture de la base de données ligne par ligne
  while (<IN>) {
    $TheString = $_; chomp($TheString);
    # Sépare la ligne en deux, au niveau de l'espace
    ($TheName, $TheURL) = split(/\s+/,$TheString, 2);
    # Contrôle si la partie obtenue est identique à
    #  celle dans la chaîne de recherche
    if ($TheName eq $TheSearch) {
      # Si oui, réglage de certaines variables et on quitte
      $RefName = $TheName;
      $RefURL = $TheURL;
```

Programme 10.2 : (Suite)

```
last;
    }
  }
  close(IN);
  unless ($RefURL eq '') {  # Occurrence trouvée
    &PrintFound;
  }
  else {  # Occurrence non trouvée
    &PrintNotFound;
    # Modifie $RefName pour le journal
    $RefName = "ErrorNotInDatabase:$TheSearch";
  }
}
else { # La chaîne de recherche est vide
  print "HTTP/1.0 400 Bad Request\n";
  print "Content-Type: text/html\n\n";
  print "<head><title>Demande incorrecte</title>" .
    "</head><body>\n";
  print "La demande ne contient rien.\n";
  print "</body>\n";
  $RefName = 'ErrorNoRequest'; # pour le journal
}

# L'affichage a été réalisé. Passons à l'entrée dans le journal
# Lire la date et l'heure

($Second, $Minute, $Hour, $DayOfMonth, $Month, $Year,
  $WeekDay, $DayOfYear, $IsDST) = localtime(time);
$RealMonth = $Month + 1; # Puisque $Month démarre à 0

# Formate les variables en deux chiffres de long

$DateAndTime = sprintf("%02d/%02d/%02d\t%02d:%02d:%02d",
  $RealMonth, $DayOfMonth, $Year, $Hour, $Minute,
  $Second);

# Lit le nom d'hôte ou l'adresse IP

unless($ENV{REMOTE_HOST} eq '')
  { $TheWhere = $ENV{REMOTE_HOST} }
else { $TheWhere = $ENV{REMOTE_ADDR} }

# Ouvre le journal et écrit une ligne

open(ADLOG, '>>AdLog') or die "Impossible d\'ouvrir le " .
  "journal URL. Envoyez un mail à $WebPerson pour corriger " .
  "le problème.\n";
```

```
print ADLOG "$DateAndTime\t$TheWhere\t$RefName\n";
close(ADLOG);

sub PrintFound {
    print <<"EndFound";
HTTP/1.0 302 Found
Location: $RefURL
Content-Type: text/html
<head><title>Information de redirection</title></head><body>
Si vous lisez ceci, votre navigateur Web ne gère pas la
redirection. Cliquez <a href=\"$RefURL\">
ici</a> pour aller sur le site que vous avez choisi.
</body>
EndFound
}

sub PrintNotFound {
    print <<"EndNotFound";
HTTP/1.0 404 Not Found
Content-Type: text/html
<head><title>Demande incorrecte</title></head><body>
Aucune entrée pour '$TheSearch' dans la base de données URL.
Cela peut indiquer une erreur dans notre base de données d\'URL.
Si vous avez obtenu ce message simplement en cliquant
sur un des liens de notre page, SVP envoyez un email à
<a href=\"mailto:$WebPerson\">$WebPerson</a>.
</body>
EndNotFound
}
```

La première partie du Programme 10.2 définit une variable `$WebPerson` utilisée à de nombreux endroits du programme. Puis, le programme écrit, dans la variable `$TheSearch`, la requête de l'utilisateur.

Le programme contrôle ensuite si `$TheSearch` est vide (ce qui ne doit pas être le cas). Si cette variable contient quelque chose, le programme ouvre le fichier `AdURLs` et le lit une ligne à la fois (pour savoir comment lire un fichier, voyez le Chapitre 11). Chaque ligne est séparée en deux variables, `$TheName` et `$TheURL`, puis le programme compare `$TheName` à `$TheSearch`. S'il y a correspondance, le programme règle certaines variables et sort de la boucle.

Après la boucle, le programme regarde si la recherche correspond à une entrée dans la base de données. Si c'est le cas, la procédure `PrintFound` produit l'en-tête de redirection HTTP approprié ; sinon, la procédure `PrintNotFound` affiche un message d'erreur. L'en-tête HTTP produit par la procédure `PrintFound` déclenche le chargement de l'URL spécifiée dans la plupart des clients Web ; si jamais ce n'est pas le cas, le texte dans le message affiché donne la possibilité au visiteur de se rendre manuellement à cette URL.

Les sections au milieu du programme créent les entrées dans le journal, consigné dans un fichier externe, via la fonction `sprintf` (décrite au Chapitre 9). Le journal est ouvert, une ligne y est écrite, puis le journal est fermé (pour plus de détails sur ce processus, consultez le Chapitre 11).

Si vous voulez utiliser le Programme 10.2, votre Perl programme CGI doit être le seul à transmettre les en-têtes HTTP. Le programme ne fonctionne donc pas sur tous les serveurs Web, car eux-mêmes envoient aussi parfois des en-têtes et que le navigateur ne reconnaît qu'un jeu d'en-têtes. Certains serveurs sont cependant configurables pour ne pas envoyer d'en-tête lorsque votre programme CGI doit en envoyer des spéciaux (consultez la documentation de votre serveur Web pour déterminer comment vous pouvez empêcher le serveur de transmettre des en-têtes HTTP, systématiquement ou seulement pour certains programmes CGI).

Le site *MicroTimes* mentionné plus haut contient des pages avec des liens vers une base de données. Voici une portion de l'HTML de la page de ce site (c'est une toute petite partie puisqu'il y a en fait des centaines d'URL d'annonceurs) :

```
<h3>Computer Systems</h3>
<a href="ad-url?ACME">ACME Micro-System, Inc.</a><p>
<a href="ad-url?AdvancedComputer">Advanced Computers
and Technology</a><p>
<a href="ad-url?Airt"> AIRT Computers</a><p>
```

La base de données des annonceurs se compose d'un simple fichier texte constitué de lignes comportant chacune un nom d'annonceur suivi de son adresse de page Web :

```
ACME  http://www.acmemicro.com/
AdvancedComputer  http://www.plgrn.com/adv-comp.html
Airt  http://www.airtcomp.com
```

ATTENTION !

Sécurité et programmes CGI

Perl et CGI vous offrent de nombreuses possibilités pour rendre vos pages Web plus intéressantes. Cependant, vous pouvez aussi travailler au détriment de la sécurité de votre site Web. Attention à la lecture et à l'écriture de fichiers sur votre système ! Les pirates, qui ont pour but d'entrer dans les systèmes, puis éventuellement d'y dégrader des choses, sont toujours friands de programmes pauvrement écrits et donc faciles à craquer et à manipuler. Une fois qu'un pirate est entré dans votre système, il est capable de modifier vos pages Web ou de récupérer des informations d'entreprise, comme par exemple des enregistrements clients.

Il faut donc étudier de près tout programme CGI qui se sert d'une entrée utilisateur comme commande pour le serveur Web (nous décrivons certains pièges au Chapitre 18). Si vous lisez l'anglais, parcourez la FAQ sur la sécurité Web à cette adresse :

```
www.w3.org/Security/Faq/www-security-faq.html
```

Ce document (en anglais) énumère de nombreuses erreurs courantes de sécurité commises par les programmeurs lors de la création de programmes CGI.

Si vous ne lisez pas l'anglais, voici une adresse où vous trouverez une documentation complète de Perl en français, ainsi que des informations sur la sécurité :

```
www.enstimac.fr
```


Quelques autres variables d'environnement

Il existe bien d'autres variables d'environnement que celles présentées pour l'instant dans ce chapitre. Certaines d'entre elles ne sont pas utiles. Nous décrivons ci-après certaines des autres variables qui en valent la peine.

Informations supplémentaires sur le client

La variable `CONTENT_TYPE` contient le type MIME du formulaire transmis au programme CGI. Cette variable est souvent vide, mais elle peut aussi contenir la balise HTML `<form>` avec attribut `enctype`.

La plupart des clients Web envoient également quelques en-têtes HTTP supplémentaires lorsqu'ils font des requêtes. Ces en-têtes sont stockés dans des variables d'environnement dont les noms se composent de `HTTP_` suivi du nom de l'en-tête, avec les tirets convertis en soulignés. Par exemple, l'en-tête User-Agent, fourni par la majorité des clients, est accessible via la variable d'environnement `HTTP_USER_AGENT`. ***Note :*** Tous les serveurs Web n'écrivent pas des valeurs dans toutes les variables d'environnement fournies par les clients Web.

Informations sur le serveur

Le Tableau 10.2 indique les variables d'environnement qui fournissent des informations sur le serveur Web sur lequel le programme CGI est exécuté.

Tableau 10.2 : Variables d'informations sur le serveur.

Variable	Description
`SERVER_SOFTWARE`	Nom et version du logiciel serveur Web
`SERVER_NAME`	Nom de domaine dont le serveur fait partie
`SERVER_PORT`	Port TCP sur lequel la requête a été faite
`SERVER_PROTOCOL`	Version de HTTP exécutée par le serveur
`GATEWAY_INTERFACE`	Version de CGI utilisée par le serveur

Certains serveurs Web créent par ailleurs des variables d'environnement qui leur sont propres. Malheureusement, ces variables ne portent pas des noms standard. Par exemple, WN, notre serveur favori sur UNIX, crée des variables d'environnement appelées `WN_DIR_PATH` et `WN_ROOT` ; d'autres serveurs créent des variables semblables mais avec leurs propres noms non standards.

Authentification de l'utilisateur

Si votre serveur Web gère l'authentification d'utilisateur, `REMOTE_USER` contient le nom de l'utilisateur. `AUTH_TYPE` est le protocole utilisé pour authentifier l'utilisateur. Si votre serveur Web ainsi que l'ordinateur de l'utilisateur gèrent le protocole Internet IDENT, la variable `REMOTE_IDENT` contient le nom de login de l'utilisateur.

Ne vous fiez pas au protocole IDENT pour mettre en place une véritable sécurité. Se faire passer pour quelqu'un d'autre auprès d'un serveur IDENT est très facile.

Note : `SCRIPT_NAME` est le chemin d'accès au programme CGI exécuté, pour le cas où vous devriez connaître le répertoire dans lequel vous êtes.

Chapitre 11
Travail sur les fichiers

Dans ce chapitre :

- Les deux types de fichiers.
- Ouverture et fermeture de fichiers.
- Lecture et écriture de fichiers texte.
- Statistiques sur les fichiers.
- Entrée/sortie de fichier standard.

De nombreux utilisateurs considèrent les fichiers sur leur ordinateur comme des "choses sur le disque" qui portent des noms et contiennent des éléments. Sachez cependant que la gestion des fichiers est suffisamment complexe pour que nous y consacrions un chapitre entier de ce livre.

Dans les pages qui suivent, nous expliquons comment Perl gère les fichiers et comment la manipulation de fichier est liée à de nombreux autres domaines de la programmation Perl. A la fin de ce chapitre, vous serez capable d'écrire des programmes qui lisent des informations dans des fichiers texte, et d'écrire des résultats dans un autre fichier texte. Par exemple, pour lire un fichier texte et écrire le même contenu mais dans un fichier de format différent. Avec Perl, vous pouvez accomplir cette tâche avec quelques lignes de code.

Types de fichiers de Perl

En informatique, un *fichier* est un ensemble ordonné d'octets stockés sur disque et portant un nom de fichier. Les octets dans un fichier sont ordonnés de façon que vous sachiez où se trouvent le début et la fin du fichier ; le fichier est stocké sur disque pour que vous puissiez le lire ultérieurement, et il porte un nom afin que vous ne le confondiez pas avec un autre fichier.

Cette définition suffit à la plupart des utilisateurs. Cependant, les racines UNIX de Perl compliquent un peu les choses. Un fichier UNIX n'existe pas seulement sur disque. Il peut être composé de n'importe quel flux d'octets ordonnés auquel un programme est capable d'accéder. Dans Perl, on peut considérer une sortie de programme ou un flux de données sur le réseau comme un fichier. Vous verrez à la section "Déplacement de flux de fichier dans UNIX : entrée standard, sortie standard, erreur standard", plus loin dans ce chapitre, ce que l'on peut faire avec des fichiers spéciaux qui ne résident pas sur disque. Pour l'instant, envisagez les fichiers uniquement comme des fichiers disque.

Les octets dans un fichier peuvent avoir n'importe quelle valeur. Le contenu d'un fichier ne concerne en effet que le programme capable de lire ce fichier. En d'autres termes, le contenu d'un fichier que vous ne pouvez pas lire vous importe peu, mais il est probablement important pour un autre programme sur votre ordinateur.

Vous pouvez classer les fichiers en deux grandes catégories selon leur contenu : *fichiers texte* et *fichiers binaires*. Il n'existe pas de règle simple et rapide pour distinguer les deux sortes de fichiers. Les fichiers texte contiennent des valeurs visibles à l'écran comme les lettres, les chiffres, la ponctuation, et d'autres caractères spéciaux pour créer les espaces, les retours chariot, les sauts de ligne, les tabulations. Vous pouvez lire les fichiers texte, bien que nombre d'entre eux soient destinés à être lus par des programmes, mais pas les fichiers binaires, car ils contiennent des caractères non affichables ; ils sont prévus pour être lus par des programmes.

Vous devez connaître la différence entre fichiers texte et fichiers binaires, car Perl offre quelques caractéristiques bien pratiques qui ne s'appliquent qu'aux fichiers texte. Perl facilite énormément la manipulation des fichiers texte. Cela ne veut pas dire que la manipulation des fichiers binaires soit difficile, mais si vous devez lire et écrire dans un fichier texte, votre programme sera plus court et plus facile à lire qu'un programme conçu pour manipuler un fichier binaire.

Ouverture et fermeture de fichiers

Que vous vouliez lire ou écrire dans un fichier, la première chose à faire est de l'ouvrir. Chaque système d'exploitation recourt à un moyen différent pour ouvrir les fichiers, mais Perl se charge pour vous des différences entre les systèmes Windows, Mac et UNIX ; vous n'avez donc pas à vous préoccuper des différences techniques. Quel que soit votre système d'exploitation, vous pouvez employer la commande Perl `open` de la même façon. Le format de la commande `open` en Perl 4 et 5 est :

```
open(DESCRIPTEUR, NOMFICHIER);
```

Descripteur de fichier

Le *descripteur* est un nom que vous utilisez dans un programme pour dialoguer avec le fichier. Les noms de descripteurs de fichiers ne commencent pas par un caractère spécial : les règles de nommage des descripteurs de fichiers sont les mêmes que pour les noms de variables (voir le Chapitre 3).

Il est cependant entré dans les conventions Perl d'écrire les noms de descripteurs de fichiers tout en majuscules.

Voici une instruction `open` type :

```
open(INFILE, 'sample.txt');
```

Il est également courant d'écrire dans une variable le nom du fichier à ouvrir et d'employer cette variable comme second argument de la commande `open` :

```
$TheFile = 'sample.txt';
open(INFILE, $TheFile);
```

Dans ces deux exemples, le descripteur de fichier est `INFILE`. Précisons que `INFILE` est un choix totalement arbitraire, vous pouvez choisir le nom qui vous chante, tant qu'il respecte les règles de nommage des variables (voir le Chapitre 3).

Lecture, écriture, ajout : choisir un mode d'ouverture de fichier

Lorsque vous ouvrez un fichier, Perl doit savoir ce que vous voulez faire avec : l'ouverture se fait en vue de la lecture, de l'écriture ou de l'ajout. Il est important de comprendre les différences entre ces trois modes :

- **Ouverture d'un fichier pour lecture :** Vous lisez un fichier pour en connaître le contenu ; vous ne pouvez pas le modifier. La lecture se fait dans le sens de votre choix ; la plupart des gens optent pour la lecture du début à la fin. Il faut bien entendu que le fichier existe.

- **Ouverture d'un fichier pour écriture :** Vous ouvrez un fichier en mode écriture pour entrer des informations dans le fichier. Vous pouvez écrire dans un nouveau fichier, c'est ainsi que vous créez un fichier, ou dans un fichier existant, auquel cas vous effacez tout ce qui se trouvait auparavant dans le fichier.

- **Ouverture d'un fichier pour ajout :** Vous ouvrez un fichier en mode ajout lorsque vous voulez ajouter des informations. L'écriture se fait à la fin du fichier. Ce processus est différent de l'ouverture d'un fichier en mode écriture, puisque le mode ajout ne détruit pas le contenu actuel du fichier ; il le modifie seulement. Si vous ouvrez un nouveau fichier en mode ajout, vous êtes dans le même cas de figure que l'ouverture d'un nouveau fichier en mode écriture.

ATTENTION !

Vous ne pouvez *pas* lire un fichier et écrire dedans en même temps. Cela vous frustrera peut-être au début, mais il existe une bonne raison pour ne pas pouvoir faire les deux simultanément. Si vous écrivez à un endroit du fichier et que vous essayez alors de lire à proximité de l'endroit où vous venez d'écrire, Perl ne sait pas s'il faut lire seulement ce qui est sur le disque (c'est-à-dire un contenu qui n'a pas encore été modifié et dans lequel votre écriture n'a pas encore été prise en compte) ou s'il faut lire ce qui se trouve sur le disque plus ce que vous venez d'écrire. En revanche, si le contenu est écrit sur le disque avant de pouvoir demander une lecture, il n'y a aucune ambiguïté sur ce que doit lire Perl.

C'est dans l'instruction `open` que vous indiquez à Perl le mode d'ouverture à appliquer au fichier (lecture, écriture, ajout). Dans Perl versions 4 et 5, vous précisez le mode d'ouverture en plaçant des caractères particuliers au début du nom de fichier.

- **Pour lire un fichier :** Tapez un < au début du nom de fichier (comme la lecture de fichier est le mode par défaut, vous pouvez ne pas taper le <).
- **Pour écrire dans un fichier :** Tapez un > au début du nom de fichier.
- **Pour un ajout dans un fichier :** Tapez >> au début du nom de fichier.

Voici quelques exemples :

```
open(INFILE, '<sample.txt'); # Pour lecture
open(INFILE, 'sample.txt'); # Aussi pour lecture
open(INFILE, '>sample.txt'); # Pour écriture
open(INFILE, '>>sample.txt'); # Pour ajout
$TheFile = '>sample.txt'; # Préparation pour écriture
open(INFILE, $TheFile); # Ouverture en écriture
```

Dans Perl version 5.6, l'instruction `open` comporte trois arguments au lieu de deux. Voici sa syntaxe :

```
open(DESCRIPTEUR, MODE, NOMFICHIER);
```

L'argument MODE remplace le préfixe que l'on ajoute au nom de fichier dans les versions précédentes (voir ci-dessus). Donc, au lieu d'écrire ce code :

```
open(INFILE, '>sample.txt'); # Pour écriture
```

vous avez le droit d'écrire :

```
open(INFILE, '>', 'sample.txt'); # Pour écriture
```

Les deux formes sont équivalentes, mais nous ne pensons pas que la seconde (à trois arguments) entrera en usage avant longtemps.

Savoir si l'ouverture du fichier a réussi

L'instruction open retourne une valeur true si Perl a réussi à ouvrir le fichier. S'il s'agit d'une ouverture en mode lecture, open retourne true si le fichier existe et est lisible. Dans le cas d'une ouverture en mode écriture ou ajout, open retourne true s'il est possible d'écrire dans le fichier. Si le fichier existe et que vous voulez l'ouvrir pour y écrire, il ne faut pas qu'il soit en lecture seule, sous peine que l'instruction open retourne la valeur false.

Il n'est pas obligatoire que le fichier existe pour pouvoir l'ouvrir en écriture. Néanmoins, vous n'avez pas toujours la possibilité de créer un fichier pour y écrire, par exemple si vous n'avez pas les permissions d'écrire dans le répertoire.

Lorsqu'une instruction open n'aboutit pas, elle retourne la valeur false. D'où la présence d'instructions *open or die* dans les exemples de programmes des Chapitres 3 et 4. En clair, cette instruction dit : "Quitter immédiatement le programme si la commande open échoue."

Emploi des fichiers après ouverture

Après ouverture d'un fichier, toutes les instructions Perl que vous appliquez à ce fichier doivent comporter le descripteur de fichier comme argument. Il faut utiliser le descripteur de fichier et pas le nom du fichier tout simplement parce que tous les fichiers Perl ne portent pas de nom. De plus, les descripteurs de fichiers sont généralement plus courts que les noms de fichiers :

```
open(THEDATA, "C:\EMPLOYEE\DATA\NAMES.DB");
```

Il est possible d'ouvrir plusieurs fichiers au cours d'un même programme. Il est d'ailleurs courant d'avoir plusieurs fichiers ouverts en même temps, si le programme convertit un fichier en un autre. Dans ce cas, votre programme aura des instructions `open` au début du programme comme ceci :

```
open(ORIG, 'original.txt') or die "Ouverture" .
  "d\'entrée impossible.\n";
open(NEW, '>new.txt') or die "Ouverture de la" .
  "sortie impossible.\n";
```

Dans ce code, le reste des instructions du programme utilise le descripteur de fichier `ORIG` pour lire dans le fichier à convertir, et le descripteur de fichier `NEW` pour écrire dans le nouveau fichier.

Fermeture de fichier

Lorsque vous avez terminé le traitement d'un fichier, vous pouvez le fermer via la commande Perl `close`. Si vous oubliez de fermer un fichier, sachez que Perl ferme systématiquement tous les fichiers ouverts, à la fin de l'exécution du programme. L'instruction `close` prend un argument, le descripteur de fichier du fichier à fermer :

```
close(ORIG);
```

Il est préférable de fermer un fichier que vous avez ouvert pour écriture ou ajout dès que vous avez terminé de travailler sur ce fichier, car Perl n'écrit pas forcément les dernières modifications apportées, tant que vous ne procédez pas à la fermeture du fichier. Si un autre programme ouvre le fichier en lecture avant que vous l'ayez fermé, le programme est confronté à un fichier plus court que ce qu'il est en réalité, du fait que Perl n'a pas encore écrit sur le disque les dernières modifications apportées au fichier. Utilisez toujours une instruction `close` explicite pour tout fichier que vous avez utilisé en écriture ou ajout, cela vous garantit d'ailleurs de ne pas perdre le contenu du fichier en cas de crash système avant la fermeture du programme.

Noms de fichiers et chemins d'accès dans les différents systèmes d'exploitation

La plupart des noms de fichiers dans ce livre sont assez génériques pour fonctionner sur tout système d'exploitation (Windows 95/98, Windows NT, MacOS et UNIX). Perl vous permet d'employer n'importe quel nom de fichier qui est valide dans votre système d'exploitation. Cependant, chaque système d'exploitation a des règles différentes pour nommer les fichiers. Par exemple, l'instruction `open` ci-dessous fonctionne sur un Mac mais pas sur Windows, car les noms de fichiers Windows ne peuvent contenir de slash (/) :

```
open(EITHER, "Ceci/cela");
```

Le Chapitre 10 explique que Perl recherche dans divers répertoires les fichiers que vous demandez à inclure avec l'instruction `require`. L'instruction `open` ne recherche pas les fichiers. Si le fichier ne se trouve pas dans le répertoire actif, il faut indiquer à l'instruction `open` un chemin d'accès explicite au fichier (inclus dans le nom du fichier), sous peine de ne pas réussir à ouvrir le fichier. Perl ne regarde en effet que dans le répertoire actif. Par exemple, pour lire un fichier avec cette instruction :

```
open(IN, 'jan97.dat');
```

ce fichier doit être dans le répertoire où vous démarrez Perl, sinon Perl ne trouvera pas le fichier.

Pour changer de répertoire actif, de façon que Perl cherche dans ce répertoire les fichiers que vous demandez à ouvrir, employez la fonction Perl `chdir`. Cette fonction `chdir` prend un argument, une chaîne avec le nom du répertoire à activer. Par exemple, sous UNIX :

```
chdir('/usr/bin/accounting/data');
```

La fonction `chdir` retourne false si Perl ne peut activer le répertoire spécifié, il faut donc toujours contrôler la valeur retournée. L'instruction suivante regarde si la fonction `chdir` a réussi :

```
chdir('/usr/bin/accounting/data') or die "Impossible" .
  "d\'activer le répertoire de la comptabilité.\n";
```

Si vous utilisez l'instruction `open` pour ouvrir un fichier pour écriture ou ajout et que vous ne spécifiez pas le répertoire dans lequel se trouve le fichier, attention à savoir dans quel répertoire vous vous trouvez avant d'ouvrir le fichier. Si vous êtes dans un autre répertoire que celui prévu, vous risquez d'effacer ou de modifier accidentellement un fichier auquel vous n'aviez pas l'intention de toucher. Au minimum, vous risquez de passer beaucoup de temps plus tard à retrouver un fichier si vous ne savez pas exactement dans quel répertoire il a été créé.

La façon dont on spécifie les répertoires diffère d'un système d'exploitation à l'autre. Sous Windows 95/98 et Windows NT, tapez la lettre d'unité de disque, puis un deux-points, puis les noms de répertoires, séparés par des antislashes (\) :

```
open(IN, "D:\COMMANDES\DONNEES\JAN97.DAT");
```

Sur Mac, tapez le nom du disque et des dossiers, séparés par des deux-points :

```
open(IN, "Principal:Commandes:Donnees:Janvier 1997");
```

Sous UNIX, tapez le chemin d'accès au fichier, avec les noms de répertoires séparés par des slashes (/) :

```
open(IN, "/usr/home/commandes/donnees/jan97.dat");
```

Particularités de la commande open sur Mac

Les aficionados du Mac vont encore bicher. MacPerl permet de spécifier un nom de fichier via l'interface fichier habituelle que vous exploitez avec les commandes Ouvrir et Enregistrer des applications Mac (ActivePerl n'offre pas cette possibilité).

Pour créer un nom de fichier via l'interface Mac, vous devez inclure la bibliothèque StandardFile.pl. Il faut donc placer l'instruction suivante au début de votre programme :

```
require 'StandardFile.pl';
```

La bibliothèque StandardFile.pl contient les procédures `GetFile` et `PutFile`. La première, `GetFile`, sert à la même chose que la commande `open`, à savoir l'ouverture d'un fichier. La procédure `PutFile`, quant à elle, est l'équivalent de la commande Enregistrer des applications : elle sert donc à choisir un dossier et à donner un nom au fichier à enregistrer.

Les arguments des procédures `GetFile` et `PutFile` sont peu clairs, mais il est possible d'exploiter ces procédures sans arguments. Par exemple, pour obtenir le nom complet d'un fichier existant, utilisez ces instructions (qui n'emploient pas d'arguments) :

```
$InFile = StandardFile::GetFile();
open(INPUT, $InFile);
```

Pour obtenir de l'utilisateur le nom de fichier à créer, écrivez :

```
$NewText = StandardFile::PutFile();
open(TEXTOUT, ">$NewText");
```

Vous pouvez employer des *références relatives* aux noms de fichiers au lieu de références absolues. Une référence relative fait référence à un répertoire, relativement au répertoire actuel. Par exemple, sous Windows et UNIX, le répertoire nommé .. (deux points à la suite) désigne le répertoire au-dessus du répertoire actuel. Sur Mac, vous spécifiez le dossier au-dessus du dossier actuel en tapant deux deux-points (::). Par exemple, voici comment ouvrir en mode écriture le fichier process.log situé dans le répertoire au-dessus du répertoire actuel :

```
open(PLOG, '>..\process.log'); # Windows
open(PLOG, '>::process.log');  # Mac
open(PLOG, '>../process.log'); # UNIX
```

Lecture d'un fichier texte

Perl offre un moyen économique de lire les fichiers texte. Il s'agit de l'opérateur d'entrée, qui retourne une ligne d'un fichier texte. Par "une ligne", nous entendons tout le texte jusqu'au séparateur de ligne suivant, séparateur inclus. La première fois que vous employez l'opérateur d'entrée avec un descripteur de fichier, Perl retourne la première ligne de texte du fichier. La fois suivante, vous obtenez la ligne suivante, et ainsi de suite jusqu'à ce qu'il n'y ait plus de texte à lire dans le fichier.

L'opérateur d'entrée se compose de corniers de part et d'autre du descripteur de fichier. Dans l'instruction suivante, le descripteur de fichier `INFILE` est à l'intérieur de l'opérateur d'entrée :

```
while(<INFILE>) {
. . .
}
```

Supposez que vous ayez un fichier texte dont voici le contenu :

```
Mes dernières vacances

Je voulais aller au parc d'attractions, mais ma
mère m'a fait lire une cargaison de livres à la place.
Le premier parlait d'un langage de programmation idiot
. . .
```

Si vous avez attribué à ce fichier le descripteur `IN`, le premier élément retourné par `<IN>` est la chaîne `Mes dernières vacances\n` (le texte ainsi qu'un caractère de saut de ligne). L'élément suivant retourné par `<IN>` est le caractère `\n`, l'élément suivant est `Je voulais aller au parc d'attractions, mais ma\n`, et ainsi de suite.

Toute chaîne retournée par l'opérateur d'entrée se termine par un saut de ligne.

Vous disposez de deux moyens pour récupérer le résultat de l'opérateur d'entrée. Le premier est d'affecter l'entrée à une chaîne, comme dans cette instruction :

```
$ThisLine = <INPUT>;
```

l'autre est d'exploiter la variable spéciale `$_` de Perl, à laquelle est systématiquement affecté le résultat de l'opérateur d'entrée.

L'opérateur d'entrée est généralement exploité dans une boucle `while`. Voici par exemple un petit programme Perl qui affiche le contenu d'un fichier :

```
open(A, "fichier.txt");
while(<A>) { print $_ }
```

Il est fréquent aussi d'affecter `$_` à une variable dès la première instruction de la boucle `while` :

```
while(<INPUT>) {
  $ThisLine = $_;
  chomp($ThisLine);
  . . .
}
```

Lorsque vous comptez exploiter dans plusieurs instructions la ligne de texte récupérée via l'opérateur d'entrée, affectez immédiatement le contenu de `$_` à une variable, et utilisez cette variable au lieu de `$_` car une autre instruction peut tout à fait remplacer le contenu de `$_` par ses propres résultats.

La syntaxe `while(<DESCRIPTEUR>)` est très pratique, car l'opérateur d'entrée retourne la valeur true tant qu'il reste du texte dans le fichier. Ainsi, l'instruction `while` reçoit une valeur true tant qu'il reste du texte dans le fichier, et la valeur false dès qu'il ne reste plus de texte à lire dans le fichier.

Dans certains programmes, on utilise une affectation de variable *et* une boucle avec opérateur d'entrée. Par exemple, si vous n'êtes pas sûr que le fichier que vous ouvrez est le bon, vous vérifiez la première ligne avant de traiter le fichier :

```
open(THEFILE, $FileName);
$FirstLine = <THEFILE>;
unless($FirstLine eq "Mes dernières vacances\n")
  { die "Ce n\'est pas le bon fichier.\n"}
while(<THEFILE>) {
```

```
    $Line = $_;
    . . .
  }
```

En contexte scalaire (voir le Chapitre 7), Perl lit une ligne et la place dans la variable. En contexte de liste, Perl lit le fichier *entier* en une étape et le place dans une liste. Il est donc totalement inutile d'utiliser l'opérateur d'entrée en contexte de liste dans une boucle puisque tout est lu en une seule fois.

Voici un programme simple pour afficher le contenu d'un fichier texte :

```
open(A, "fichier.txt");
@B = <A>; # lit la totalité du fichier
print @B;
```

Vous pouvez utiliser une boucle `while` pour lire chaque élément de la liste :

```
open(A, "fichier.txt");
@B = <A>; # lit la totalité du fichier
while($Line = shift(@B)) { print $Line }
```

Ces deux programmes accomplissent la même chose : `@B` est remplie avec les lignes du fichier, à raison d'une ligne par élément. Notez que vous ne pouvez utiliser l'instruction suivante pour remplir `@B`, car la fonction `shift` ne place pas dans `$_` la valeur qu'elle a récupérée :

```
while(shift(@B)) { print $_ } # C'est INCORRECT
```

L'opérateur d'entrée est prévu pour un usage avec les fichiers texte uniquement, pas les fichiers binaires. Cet opérateur fonctionne en réalité avec les fichiers binaires, mais il travaille bien plus lentement que les instructions spécifiques aux fichiers binaires (décrites au Chapitre 12).

Écriture d'un fichier texte

Après avoir appris à lire du texte dans un fichier, vous avez probablement envie de savoir comment y écrire. Les instructions `print` et `printf` disposent d'un format pour écrire les chaînes dans un fichier au lieu de les afficher :

```
print DESCRIPTEUR LISTE;
printf DESCRIPTEUR FORMAT LISTE;
```

Note : N'insérez *pas* de virgule après le descripteur de fichier.

Par exemple, le programme ci-dessous crée un fichier de dix lignes :

```
open(OUT, '>lineout.txt') or die "Impossible " .
  "d\'ouvrir lineout.txt pour écriture.\n";
for($i = 1; $i <= 10; $i += 1)
  { print OUT "Voici la ligne $i\n" }
```

Cet exemple n'affiche rien sur l'écran, il crée un fichier sur disque, baptisé lineout.txt et dont voici le contenu :

```
Voici la ligne 1
Voici la ligne 2
. . .
Voici la ligne 10
```

L'instruction `printf` produit des résultats semblables dans le même contexte. Par exemple :

```
open(OUT, '>lineout.txt') or die "Impossible " .
  "d\'ouvrir lineout.txt pour écriture.\n";
for($i = 1; $i <= 10; $i += 1)
  { printf OUT " Voici la ligne %.2d\n", $i }
```

crée ce fichier :

```
Voici la ligne 01
Voici la ligne 02
. . .
Voici la ligne 10
```

Vous verrez au Chapitre 12 que vous pouvez utiliser `print` et `printf` pour écrire aussi des fichiers binaires.

Lorsqu'elles sont employées sans descripteur de fichier, les instructions `print` et `printf` affichent les données sur l'écran (en réalité, elles écrivent vers la *sortie standard*, décrite à la fin de ce chapitre à la section "Déplacement de flux de fichier dans UNIX : entrée standard, sortie standard, erreur standard"). Lorsque vous n'utilisez pas de descripteur de fichier, Perl vous permet de modifier la destination de l'écriture.

L'instruction `select` indique aux instructions `print` et `printf` d'écrire vers la sortie spécifiée par le descripteur de fichier indiqué :

```
open(OUT, '>lineout.txt') or die "Impossible " .
  "d\'ouvrir lineout.txt pour écriture.\n";
```

```
select(OUT);
for($i = 1; $i <= 10; $i += 1)
  { printf "Voici la ligne %.2d\n", $i }
```

Ici, l'instruction `printf` écrit dans le fichier lineout.txt et non pas à l'écran, du fait de la présence, plus haut, de l'instruction `select` qui sélectionne un descripteur.

L'instruction `select` retourne le descripteur de fichier qui a été remplacé. L'emploi de l'instruction `select` facilite donc l'emploi d'un descripteur de fichier temporaire, puis le retour au descripteur précédent. L'instruction suivante présente une telle permutation entre deux descripteurs de fichiers, `FH1` et `FH2` :

```
select(FH1);
print "Ecriture dans le fichier décrit par FH1.\n";
$TempHandle = select(FH2);
print "Ecriture dans le fichier décrit par FH2.\n";
select($TempHandle);
print "Ecriture dans le fichier décrit par FH1.\n";
```

Nous vous recommandons d'éviter cet usage, pour la raison suivante : si vous oubliez un peu plus bas dans votre programme que vous avez utilisé `select` de cette façon, vous pouvez passer du temps à comprendre pourquoi une instruction `print` n'affiche plus rien à l'écran. Bien sûr, presque n'importe quel oubli pose des problèmes, mais le seul avantage de `select` est une écriture légèrement plus courte des instructions `print` et `printf`, et ce gain ne vaut pas la confusion qui peut s'ensuivre.

Tests pour obtenir des informations sur un fichier

Il est parfois nécessaire d'obtenir certaines informations sur un fichier avant de l'ouvrir. Perl offre plusieurs fonctions de test pour déterminer si un fichier existe, combien de temps s'est écoulé depuis la création ou la dernière modification du fichier, la taille du fichier, ainsi que d'autres caractéristiques du fichier. Les tests de fichiers s'écrivent sous cette forme :

```
-X NOMFICHIER
```

`X` représente le test (n'oubliez pas le tiret avant la lettre) et `NOMFICHIER` est le nom du fichier. ***Note :*** Les tests de fichiers réclament un nom de fichier, pas un descripteur de fichier. En voici la raison : il faut parfois tester un fichier avant de l'ouvrir ; vous pouvez tester une série de fichiers (cela prend moins de temps d'exécuter un test de fichier que d'ouvrir et de fermer le fichier).

Par exemple, le test `-w` indique si vous pouvez écrire dans un fichier :

```
if(-w 'fichier.txt') { open(CLIST, '>fichier.txt') }
```

Les tests de fichiers les plus exploités sont communs à tous les systèmes d'exploitation. Le Tableau 11.1 cite les tests de fichiers qui retournent true ou false. Notez que la fonction `stat` (étudiée au Chapitre 12) retourne aussi des valeurs sur les fichiers.

Tableau 11.1 : Tests de fichiers communs à tous les systèmes d'exploitation.

Nom du test	Aspect testé
`-e`	Le fichier existe.
`-r`	Le fichier peut être lu.
`-w`	Le fichier peut être écrit.
`-z`	Le fichier a une longueur de 0 octet.
`-d`	L'élément nommé est un répertoire, pas un fichier.
`-T`	Le fichier est un fichier texte. Une portion du fichier est examinée, et si moins de 30 % environ des caractères sont non affichables, alors il s'agit d'un fichier texte. Dans Perl version 5.6, ce test contrôle le texte UTF-8 (voir le Chapitre 5.)
`-B`	Le fichier est un fichier binaire. Une portion du fichier est examinée et si moins de 30 % environ des caractères sont affichables, il s'agit d'un fichier binaire.

Certains tests de fichiers sont propres à UNIX, car ils se rapportent à des aspects d'UNIX qui n'ont pas d'équivalent sous Windows ou sur Mac. Le Tableau 11.2 énumère ces tests particuliers à UNIX. Ils retournent tous des valeurs true ou false (notez que certains de ces tests ont un sens sous Windows NT, mais qu'ils ne sont pas encore intégrés à ActivePerl).

Tableau 11.2 : Tests de fichiers propres à UNIX.

Nom du test	Aspect testé
`-x`	Le fichier est un exécutable.
`-o`	Le fichier appartient à l'utilisateur effectif du programme exécuté.
`-R`	Le fichier est lisible par l'utilisateur effectif du programme exécuté.

Nom du test	Aspect testé
`-W`	Le fichier peut être écrit par l'utilisateur effectif du programme exécuté.
`-X`	Le fichier est exécutable par l'utilisateur effectif du programme exécuté.
`-O`	Le fichier appartient à l'utilisateur effectif du programme exécuté.
`-u`	Le fichier a son bit `setuid` établi.
`-g`	Le fichier a son bit `setgid` établi.
`-k`	Le fichier a son bit *sticky* établi (le bit *sticky* empêche un utilisateur de renommer ou de supprimer, dans un répertoire, des fichiers dont il n'est pas propriétaire, même s'il est propriétaire du répertoire).

Certains tests de fichiers retournent des nombres (Tableau 11.3). Par exemple, le test `-s` fournit le volume du fichier. Les tests `-C`, `-A` et `-M` indiquent respectivement le nombre de jours écoulés depuis la création du fichier, son dernier accès, sa dernière modification. Les valeurs retournées par ces trois tests correspondent à des durées exprimées depuis le début du démarrage du programme.

Tableau 11.3 : Tests de fichiers qui retournent des nombres.

Nom du test	Aspect testé
`-s`	Taille du fichier, en octets.
`-C`	Création du fichier.
`-A`	Dernier accès au fichier.
`-M`	Dernière modification du fichier.

Les tests énumérés au Tableau 11.3 sont utiles dans les programmes qui ne doivent opérer sur les fichiers que s'ils existent depuis un certain temps. Voici par exemple un programme de sauvegarde qui regarde si un fichier a été modifié dans les douze dernières heures :

```
if((-C $TheFile) < 0.5) { &BackupThis($TheFile) }
```

Les tests utilisés à des niveaux de programmation plus avancée sont énumérés au Tableau 11.4. Ils sont rarement employés, même par les programmeurs

Perl de haut vol. Nous ne les citons qu'au cas où vous les croiseriez dans un programme Perl écrit par quelqu'un d'autre.

Tableau 11.4 : Tests de fichiers en programmation avancée.

Nom du test	Aspect testé
`-f`	L'élément est un fichier ordinaire (pas un fichier spécial ou un répertoire).
`-l`	L'élément est un lien symbolique.
`-p`	L'élément est un tube (*pipe*).
`-S`	L'élément est une *socket*.
`-b`	L'élément est un fichier de blocs spéciaux.
`-c`	L'élément est un fichier de caractères spéciaux.
`-t`	L'élément est un descripteur de fichier pointant vers la console.

Déplacement de flux de fichier dans UNIX : entrée standard, sortie standard, erreur standard

Les racines UNIX de Perl remontent parfois à la surface au moment où il ne faudrait pas, par exemple pour ce qui concerne les descripteurs de *fichier standard* UNIX, qui sont des méthodes pour l'affichage et la réception de données. Bien que la plupart des unixiens expérimentés soient à même d'exploiter ces descripteurs sans difficulté, nombreux sont ceux qui rencontrent des problèmes.

Le concept d'*entrée/sortie de fichier standard (I/O)* s'applique à la manipulation de fichier avec Perl. Comprendre cette notion d'entrée/sortie de fichier standard est indispensable pour avancer dans la programmation Perl. UNIX, et Perl par extension, définit un fichier comme un flux d'octets ordonnés identifiable par le système d'exploitation. Le flux est susceptible de provenir de n'importe quelle source d'entrée (une saisie clavier ou une lecture de fichier disque) et d'aller vers n'importe quel processus de sortie (vers un écran pour affichage ou vers un fichier disque pour écriture).

Les trois grands flux de fichier

Trois flux de fichier possèdent des propriétés spéciales dans Perl : *entrée de fichier standard, sortie de fichier standard* et *erreur de fichier standard*. Vous pouvez d'ailleurs enlever les mots "de fichier" pour ne retenir que *entrée standard, sortie standard* et *erreur standard*. On y fait souvent référence au moyen des abréviations STDIN, STDOUT et STDERR. Ces flux constituent un système standard d'entrée/sortie, car ils sont communs à toutes les moutures UNIX.

- **STDIN :** C'est le flux d'octets associé au clavier, ce qui signifie qu'une frappe au clavier pendant l'exécution du programme est injectée dans STDIN.

- **STDOUT :** C'est le flux d'octets envoyés vers l'écran. Lorsque vous écrivez vers STDOUT, vous dites : "Au lieu d'écrire dans un fichier, écrire sur l'écran."

- **STDERR :** Un peu plus compliqué que les deux autres. C'est un flux de fichier défini, mais que les systèmes d'exploitation gèrent différemment. Par exemple, la plupart des versions d'UNIX affichent les caractères transmis vers STDERR, comme STDOUT, donc. Cependant, vous avez la possibilité d'indiquer à UNIX d'envoyer les messages d'erreur vers un fichier au lieu de l'écran. Cette technique est pratique pour tenir un journal des messages d'erreur (et donc ne pas récolter les autres textes affichés à l'écran par le programme, ce qui se passe lorsque vous dirigez toute la sortie vers un fichier).

Il est possible d'exploiter `STDIN`, `STDOUT` et `STDERR` dans un programme Perl en tant que descripteurs de fichiers prédéfinis. Vous n'avez donc pas à utiliser `open` pour nommer ces descripteurs. Par exemple :

```
$GetALine = <STDIN>;
```

Cette instruction indique à Perl d'attendre que l'utilisateur tape quelque chose au clavier et appuie ensuite sur Entrée, stade auquel la saisie est alors affectée à la chaîne `$GetALine`.

Si vous voulez écrire vers `STDERR` au lieu de `STDOUT`, utilisez une instruction comme celle-ci :

```
print STDERR "Saisie incorrecte.\n";
```

Vous avez le droit d'utiliser l'opérateur d'entrée vide `<>` à la place de `<STDIN>` lorsque vous n'employez pas d'arguments sur la ligne de commande du programme. Dans le cas présent, `<>` signifie "tous les fichiers énumérés sur la ligne de commande". Cela est source de confusion et nous vous recommandons d'éviter cet usage.

Rediriger les données vers ou en provenance d'un programme

Les *tubes* UNIX (*pipes*) servent à diriger un flux d'octets (c'est-à-dire un fichier) vers un programme, ou à récupérer un flux d'octets de ce programme, à travers l'entrée standard ou la sortie standard. Les tubes sont utilisables dans l'instruction `open` de Perl.

L'exploitation des tubes dans Perl est une activité strictement UNIX. Les programmes tournant sous Windows 95/98 et Windows NT peuvent utiliser de l'entrée de flux à travers certains programmes MS-DOS dans la fenêtre MS-DOS où Perl s'exécute, mais cela comporte des risques de crash système. Les utilisateurs Mac ne peuvent se servir des caractéristiques décrites ici à moins de disposer d'un environnement de programmation avec le programme ToolServer. Un programme se servant de STDIN pour lire des données peut aussi lire des données à travers un tube. Un programme qui place des données dans STDOUT peut aussi sortir ses données via un tube. Le tube se comporte comme un conduit de données d'une source à l'autre.

Par exemple, le programme UNIX `uptime` affiche depuis combien de temps un système est actif et ses moyennes de charge. Il affiche ces statistiques en les transmettant à STDOUT, vous pouvez donc capturer ces informations avec une instruction Perl `open` mettant en place un tube de `uptime` vers un descripteur de fichier :

```
open(UPIN, 'uptime |');
```

Cette instruction `open` indique à Perl d'exécuter la commande `uptime`, et d'injecter sa sortie STDOUT dans le descripteur de fichier `UPIN`. La commande `uptime` produit une seule ligne en sortie, à lire avec une instruction comme celle-ci :

```
$UptimeInput = <UPIN>;
```

Pour les programmes UNIX qui produisent de nombreuses lignes en sortie, vous pouvez utiliser une boucle `while` exactement comme vous le feriez pour lire dans un véritable fichier. Par exemple, le programme ci-dessous indique les sous-répertoires du répertoire `/tmp` de votre système :

```
open(LSIN, 'ls -l /tmp | ');
while(<LSIN>) {
  $TheLine = $_;
  chomp($TheLine);
  if(substr($TheLine, 0, 1) eq 'd') {
    $LastSpace = rindex($TheLine, ' ');
    $DirName = (substr($TheLine, $LastSpace +1));
    print "$DirName détecté\n";
  }
}
```

Il est aussi possible d'employer des tubes pour écrire vers d'autres programmes, quoique cet usage ne soit guère répandu. Quelques programmes UNIX sont capables de lire leur entrée dans STDIN. Par exemple, le programme `mail` vous permet d'envoyer un mail avec le contenu provenant de STDIN. Cela autorise donc la création d'un programme comme celui ci-dessous qui envoie un mail créé dans un programme Perl :

```
$MTo = 'personne@endroit.com';
$MSubject = 'Données du programme de comptabilité';
open(DOMAIL, "| mail -s $MailSubject $MTo");
print DOMAIL <<"EndOfMessage";
Votre service a une assiette de $DeptBal.
Si vous avez des questions, envoyez un mail
à compta@endroit.com.
EndOfMessage
```

La règle pour l'usage des tubes dans les instructions `open` est : lorsque vous voulez un tube *partant* d'une instruction `print`, placez le tube à gauche de la commande UNIX ; lorsque vous voulez un tube *allant vers* un descripteur de fichier, placez le tube à droite de la commande UNIX.

Chapitre 12

Travail avancé sur les fichiers et répertoires

Dans ce chapitre :

- Gestion des fichiers binaires et bases de données.
- Modification des paramètres de fichiers.
- Groupement de fichiers par caractères semblables.
- Étude de caractéristiques propres à UNIX.
- Statistiques sur les fichiers.
- Gestion de répertoires.

Ce chapitre aborde des notions avancées de traitement de fichiers et de répertoires. Pour des informations plus basiques sur les fichiers, consultez le Chapitre 11.

Lecture et écriture de fichiers binaires

Vous avez vu au Chapitre 11 que pour lire un fichier texte ligne par ligne vous disposez de l'opérateur d'entrée (le nom du descripteur de fichier compris entre corniers), comme dans l'instruction suivante :

```
$TheLine = <FICHIER>;
```

Dans certains cas, le fichier à lire n'est pas un fichier texte mais un fichier binaire. Il faut alors employer un jeu de fonctions qui servent à lire à n'importe quel endroit du fichier, pour pouvoir accéder uniquement à la portion du fichier qui vous intéresse (notez que vous pouvez d'ailleurs aussi exploiter ces fonctions avec les fichiers texte).

Pour lire dans un fichier binaire, ouvrez-le avec l'instruction `open` comme pour un fichier texte, puis utilisez la fonction `read` pour lire le fichier. Voici le format de l'instruction `read` :

```
read(DESCRIPTEUR, VARIABLE, LONGUEUR, POSITION);
```

Le premier argument, `DESCRIPTEUR`, est le nom du descripteur du fichier à lire (les descripteurs sont étudiés au Chapitre 11). Le second argument, `VARIABLE`, est l'emplacement où vous voulez lire. `LONGUEUR` est le nombre d'octets à lire. `POSITION` est la position de l'octet où vous voulez commencer la lecture dans le fichier. Le premier octet du fichier est à la position 0.

L'instruction ci-dessous lit les sept premiers octets d'un fichier dont le descripteur est `ACCTDATA` :

```
read(ACCTDATA, $Start, 7, 0);
```

L'instruction `read` retourne le nombre d'octets lus. Ce nombre est très utile lorsque vous ne connaissez pas la longueur d'un fichier et que vous voulez savoir si vous en avez atteint la fin. Par exemple, si vous demandez à Perl de lire `7` caractères avec la fonction `read` et que Perl vous signale qu'il n'a lu que `5` caractères, vous savez qu'il n'y a plus rien après. Voici comment savoir si vous essayez de lire au-delà de la fin du fichier :

```
$NumGot = read(ACCTDATA, $Start, 7, 0);
if($NumGot < 7)
  { print "Lecture au-delà de la fin du fichier.\n" }
```

Connaître sa position dans un fichier

Perl tient registre de votre position dans un fichier, à l'aide du *pointeur de position*. Cette position est basée par rapport au début du fichier. Par exemple, après la fonction `read` de l'exemple précédent, Perl règle le pointeur de position du descripteur de fichier `ACCTDATA` sur `6`, qui est la dernière position dans le fichier à avoir été lue. Vous disposez de la fonction `eof` pour tester si votre prochaine lecture avec `read` va commencer à la fin du fichier (*eof* est la contraction de *end of file*, fin de fichier). La fonction `eof` retourne true si le pointeur est à la fin du fichier.

L'exemple suivant emploie la fonction `eof` dans une boucle `until` pour lire des données :

```
unless(eof(ACCTDATA)) {
  $NumGot = read(ACCTDATA, $Start, 7, 0);
```

```
    if($NumGot < 7)
      { print " Lecture au-delà de la fin du fichier.\n" }
  }
  else { print "Fin de fichier atteinte.\n" }
```

La fonction `eof` ne vous signale pas si vous approchez de la fin d'un fichier, elle indique seulement si vous *êtes à la fin* du fichier. C'est pourquoi vous devez vérifier combien de caractères vous recevez après chaque `read` ; si vous recevez moins de caractères que vous n'en attendez, c'est que vous lisez au-delà de la fin du fichier.

L'instruction `seek` sert à placer le pointeur de position à l'endroit désiré dans un fichier. Voici son format :

```
seek(DESCRIPTEUR, POSITIONRELATIVE, DEBUT);
```

Le troisième argument dans l'instruction `seek` détermine la position de démarrage du deuxième argument. Un `DEBUT` égal à `0` signifie que la position donnée par le deuxième argument est relative au début du fichier ; une valeur `DEBUT` de `1` indique que la position donnée par le deuxième argument est relative à la position actuelle dans le fichier ; une valeur `DEBUT` de `2` signifie que la position donnée par le deuxième argument est relative à la fin du fichier.

Cette instruction déplace le pointeur de position de 12 crans vers l'avant :

```
seek(ACCTDATA, 12, 1);
```

Pour placer le pointeur de position sur le deuxième octet du fichier, écrivez :

```
seek(ACCTDATA, 1, 0);
```

Le pointeur de position dans un fichier est utile, car il vous évite de tenir constamment registre de l'endroit où vous êtes rendu dans le fichier. Si vous n'utilisez pas le dernier argument de la fonction `read`, Perl se sert du pointeur de position de fichier à la place.

Cet exemple de code lit un fichier dix octets par dix octets, jusqu'à la fin du fichier :

```
# Positionnement au début du fichier
seek(ACCTDATA, 0, 0);

while(read(ACCTDATA, $Start, 10)) {
  # $Start contient maintenant les dix premiers
```

```
  # octets du fichier. Si c'est le dernier lot
  # de dix octets dans le fichier, il peut ne
  # toutefois ne pas faire dix octets de long.
}
```

Pour savoir où se trouve actuellement le pointeur de position, servez-vous de la fonction `tell`. Par exemple :

```
$FilePos = tell(ACCTDATA);
```

Ecriture dans un fichier binaire

Vous avez vu que la lecture dans un fichier binaire s'opère via la fonction `read`. Et pour y *écrire* ? Si vous pensez `write`, vous êtes tombé dans le piège. La fonction `write` de Perl n'a aucun lien avec l'écriture dans un fichier binaire. Il faut employer `print` avec un descripteur de fichier (décrit au Chapitre 11).

Pour écrire des données non textuelles dans un fichier avec la fonction `print`, vous pouvez exploiter des fonctions comme `chr` et certains caractères spéciaux (Chapitre 5). Voici par exemple du code pour écrire les cinq caractères dont les valeurs sont 23, 97, 192, 12 et 0 :

```
@PrintThese = (23, 97, 192, 12, 0);
foreach $Item (@PrintThese) { print ACCTDATA chr($Item) }
```

Forcer la lecture en mode binaire

PERL ET WINDOWS

Le système d'exploitation Windows traite les fichiers binaires différemment des fichiers texte. Si vous exécutez Perl sous Windows et que vous recourez à la fonction `read`, vous devez d'abord utiliser la fonction `binmode` de façon que Perl signale au système d'exploitation d'effectuer une lecture binaire. Voici le format de cette fonction :

```
binmode(DESCRIPTEUR);
```

TRUC

L'emploi de `binmode` avant usage de la fonction `read` ne provoque pas d'erreur lorsque le programme est exécuté sur un système d'exploitation autre que Windows. Ainsi, si vous copiez le programme Perl ultérieurement vers le système d'exploitation moins intelligent qu'est Windows, vous n'aurez pas à adapter le programme puisque l'éventualité aura déjà été traitée avec `binmode`.

Lire un caractère à la fois

La fonction `getc` retourne le caractère après la position actuelle dans un fichier. Si vous êtes à la fin du fichier, `getc` retourne une chaîne vide. Le code ci-dessous lit un caractère et regarde si la fin du fichier est atteinte :

```
$TheChar = getc(ACCTDATA);
if($TheChar eq '') { print "Fin du fichier.\n" }
```

Modification des caractéristiques de fichier

Perl offre de nombreuses possibilités de manipulation de fichiers à partir d'un programme. Par exemple, renommer ou effacer un fichier.

Renommer un fichier

La fonction `rename` prend deux arguments : le nom actuel du fichier et le nouveau nom à donner. Elle retourne true si elle a réussi à renommer le fichier. L'exemple suivant renomme un fichier et vérifie que l'opération s'est bien déroulée :

```
unless(rename('travail.txt', 'travail.sav'))
  { print "Echec du changement de nom.\n" }
```

La fonction `rename` est bien pratique pour modifier les extensions de fichier. Dans Windows, les extensions de fichier sont essentielles dans la détermination de la nature du fichier. Par exemple, un double clic sur un fichier portant l'extension `.txt` déclenche quelque chose de complètement différent d'un double clic sur un fichier qui porte l'extension `.exe`. Le code ci-dessous change l'extension actuelle d'un fichier en extension `.sav`. Le nom de fichier est stocké dans la variable `$FileName` :

```
$PeriodPos = index($FileName, '.');
if($PeriodPos == -1) { $BareName = $FileName }
else { $BareName = substr($FileName, 0, $PeriodPos) }
$NewName = "$BareName.sav";
rename($FileName, $NewName);
```

Changer la date de dernier accès ou de dernière modification d'un fichier

Pour changer la date de dernier accès ou de dernière modification d'un fichier, vous disposez de la fonction `utime`. Voici le format de cette fonction :

```
(NBACCES, NBMODIFICATIONS, FICHIER1, FICHIER2, ...)
```

Par exemple :

```
$Now = time();
utime($Now, $Now, 'fichier.txt');
```

Tronquer un fichier

La fonction `truncate` indique à Perl de tronquer la fin d'un fichier. Elle prend deux arguments : le nom ou descripteur du fichier, et la nouvelle longueur désirée pour le fichier. Par exemple, pour donner au fichier `fichier.txt` une longueur d'exactement 100 caractères, c'est-à-dire pour demander à Perl de supprimer tout ce qui se trouve au-delà de ce point dans le fichier, écrivez :

```
truncate('fichier.txt', 100);
```

Suppression de fichiers

La fonction `unlink` sert à effacer un fichier. Le nom particulier de cette fonction (*délier*) vient du moyen employé par UNIX pour effacer des fichiers dans un répertoire, en supprimant leur lien avec la structure de répertoire. La fonction `unlink` prend en argument la liste des noms de fichiers à effacer et retourne le nombre de fichiers effacés. L'instruction ci-dessous demande d'effacer deux fichiers, a.dat et b.dat, et affiche un message si un des fichiers ne peut être effacé :

```
unless(unlink('a.dat', 'b.dat') == 2)
  { print "Un des fichiers n\'a pas été effacé.\n" }
```

A l'attention des utilisateurs UNIX : la fonction `unlink` ne détruit pas un fichier lorsqu'il existe plusieurs liens vers ce fichier. La fonction supprime seulement le lien vers ce fichier dans le répertoire désigné ou dans le répertoire actuel. Un fichier est réellement effacé du système uniquement lorsque vous supprimez le dernier lien vers ce fichier.

Groupement de fichiers par similarités de noms

La *complétion de fichiers* (globbing) apparue dans Perl 5 permet de générer facilement une liste de fichiers en se basant sur des similarités de noms de fichiers, c'est-à-dire des correspondances de caractères. La fonction `glob` accepte l'astérisque (*) comme caractère joker, comme dans les commandes Windows ou UNIX.

Pour les utilisateurs de Macintosh qui n'ont jamais eu le plaisir de travailler sous Windows ou UNIX, sachez que l'astérisque sert à symboliser un ou plusieurs caractères dans un nom de fichier. Lorsque vous recherchez des fichiers dans un répertoire, vous trouvez tous les fichiers dont le nom comporte un ou plusieurs caractères à l'emplacement correspondant à l'emplacement où vous avez placé l'astérisque dans le nom de fichier à rechercher.

Supposez par exemple qu'un répertoire contienne ces cinq fichiers :

- chartab1.pl
- counter1.pl
- edata.txt
- empdata1.pl
- hexchart.pl

La recherche de `c*` trouve chartab1.pl et counter.pl, car ces deux noms de fichiers commencent par la lettre *c* et ont un ou plusieurs caractères après le *c*. De même, la recherche de `*pl` trouve chartab1.pl, counter.pl, empdata1.pl et hexchart.pl, car tous ces noms de fichiers contiennent un ou plusieurs caractères suivis des lettres *pl*.

La fonction `glob` retourne la liste des fichiers du répertoire actuel dont les noms correspondent aux caractères donnés en argument. Voici par exemple comment obtenir la liste de tous les fichiers commençant par la lettre *m* :

```
@XFiles = glob('m*');
```

Le résultat de la fonction glob est exploitable pour traiter des groupes de fichiers. Par exemple, pour effacer dans un répertoire tous les fichiers se terminant par .tmp :

```
unlink(glob('*.tmp'));
```

Supposons maintenant que vous vouliez créer un gros fichier regroupant le contenu de tous les fichiers commençant par les lettres *flow* :

```
open(BIG, ">bigflow");
@AllFlow = glob('flow*');
foreach $FileName (@AllFlow) {
  open(IN, $FileName);
  print "Insertion du fichier $FileName\n";
  print BIG <IN>;
  close(IN);
}
close(BIG);
```

Caractéristiques de fichiers propres à UNIX

Originellement, Perl a été créé pour les administrateurs UNIX et de nombreux aspects du système UNIX n'ont d'ailleurs de signification que pour cette catégorie d'utilisateurs. Néanmoins, certaines caractéristiques de fichiers Perl sont utiles aux utilisateurs UNIX qui savent comment naviguer dans leur système de fichiers et exploiter les commandes de fichiers UNIX (si vous voulez en savoir plus sur UNIX, nous vous recommandons le livre *UNIX Visuel Pro*, publié aux Éditions First).

La version Perl de chown et chmod

Les commandes UNIX chmod et chown changent, respectivement, les privilèges d'accès aux fichiers et le propriétaire d'un fichier. Perl possède ses propres fonctions chmod et chown qui agissent comme ces commandes UNIX.

La fonction chmod prend en argument une liste dont le premier élément est la permission (exprimée numériquement) à donner au fichier. Le reste de la liste est composée des fichiers à affecter. Par exemple, pour donner l'accès en lecture et écriture au propriétaire et à un groupe, sans accorder cette permission à d'autres, utilisez l'instruction suivante :

```
chmod(0660, 'fichier', 'autrefichier');
```

Si vous n'êtes pas familiarisé avec les permissions numériques sous UNIX, évitez l'emploi de la fonction `chmod`, car une modification des privilèges peut vous rendre un fichier totalement inaccessible.

La plupart des systèmes UNIX affichent les permissions numériques de fichier en octal, et vous avez le droit d'employer ces valeurs de permissions directement dans `chmod`. La valeur octale `0660` dans l'exemple précédent est plutôt obscure, ce qui est typiquement unixien. Malheureusement, la fonction Perl `chmod` ne vous permet pas d'employer la forme alphabétique des permissions de fichier, comme "rw-rw—". Or, ces permissions de fichier alphabétiques sont plus lisibles que les valeurs octales.

La fonction `chown` prend également une liste en argument. Le premier élément de la liste est l'ID utilisateur, le deuxième l'ID du groupe, et le reste est l'énumération des fichiers concernés par l'opération :

```
chown(100, 12, 'fichier', 'autrefichier');
```

Fonctions de création de liens

Le système de fichiers UNIX permet de créer des noms de fichiers qui ne sont rien de plus que des liens vers d'autres fichiers sur un ordinateur. Si vous êtes utilisateur UNIX et familiarisé avec les liens symboliques, Perl peut vous servir à créer les deux types de liens, normal et symbolique. Les fonctions `link` et `symlink` prennent deux arguments : le fichier existant et le lien à créer.

La fonction `link` est semblable à la commande UNIX `ln` sans arguments, et `symlink` est l'équivalent de la commande UNIX `ln -s`. Par exemple, pour créer un nouveau fichier TheLog dans le répertoire actuel, sous forme de lien symbolique vers le fichier /var/log/maillog, écrivez :

```
symlink('/var/log/maillog', './TheLog');
```

La fonction `readlink`, dont l'argument est un nom de fichier, retourne la valeur d'un lien symbolique. La valeur du lien est le nom du fichier sur lequel pointe le lien symbolique. Par exemple, pour connaître le nom du fichier auquel est lié le lien symbolique TheLog, utilisez cette instruction :

```
print readlink('./TheLog');
```

Statistiques de fichiers

Vous pouvez obtenir des informations sur les fichiers en leur appliquant des tests qui retournent des valeurs true ou false (voir le Chapitre 11). Perl donne aussi la possibilité de récolter, dans une seule liste, plusieurs valeurs demandant sinon l'appel à ces tests individuels.

La fonction `stat` prend en argument soit un descripteur de fichier, soit un nom de fichier, et retourne de nombreuses informations sur le fichier, sous forme d'une liste dont les éléments sont énumérés au Tableau 12.1. La plupart des éléments fournis n'ont cependant une signification que sous UNIX.

Tableau 12.1 : Informations fournies par la fonction stat.

Numéro d'élément dans la liste	Information
0	Numéro de device (UNIX seulement)
1	Numéro d'inode (UNIX seulement)
2	Droits du fichier (UNIX seulement)
3	Nombres de liens vers le fichier (UNIX seulement)
4	Identificateur numérique (ID) de l'utilisateur propriétaire du fichier
5	Identificateur numérique du groupe propriétaire du fichier
6	Identificateur de device (UNIX seulement)
7	Taille du fichier (en octets)
8	Date du dernier accès (en secondes, origine des temps dépendante du système d'exploitation)
9	Date de la dernière modification (en secondes, origine des temps dépendante du système d'exploitation)
10	Date de la dernière modification du fichier (en secondes, origine des temps dépendante du système d'exploitation)
11	Taille de bloc optimale (UNIX seulement)
12	Nombre de blocs occupés par le fichier (UNIX seulement)

Si vous êtes sous UNIX et que vous analysez un fichier qui est un lien symbolique, la fonction `lstat` retourne l'information sur le fichier auquel est lié le fichier donné en argument à la fonction, pas sur le lien lui-même, ce qui est évidemment bien pratique lorsque vous désirez des informations sur le fichier réel et pas sur le lien (qui lui-même est aussi un fichier, rappelons-le).

Le code ci-dessous montre comment déterminer la taille d'un fichier avec la fonction `stat` :

```
@FileStuff = stat(MYFILE);
$TheSize = $FileStuff[7];
```

Gestion de répertoires

Il est parfois nécessaire de traiter un répertoire entier et non pas un fichier individuel. Perl offre un ensemble de fonctions qui manipulent les répertoires de façon semblable à ce que l'on a vu pour les fichiers.

Les fonctions de répertoire utilisent en argument des *descripteurs de répertoires*. Les descripteurs de répertoires sont identiques aux descripteurs de fichiers (voir le Chapitre 11) sauf que vous les employez pour manipuler des répertoires au lieu de fichiers. Les noms de descripteurs de fichiers respectent les mêmes règles de nommage que les descripteurs de fichiers et sont généralement utilisés de la même façon.

Ouvrir un répertoire

Vous indiquez à Perl de commencer le traitement d'un répertoire via une instruction `opendir` qui travaille comme la commande `open` pour les fichiers (notez également la présence d'une fonction `closedir`). Une instruction `opendir` prend deux arguments : le nom du descripteur de répertoire à utiliser et le nom du répertoire à ouvrir. Par exemple :

```
opendir(DOCS, 'C:\TREES\DOCS');
```

Il est aussi possible d'ouvrir un répertoire relativement au répertoire actuel. Dans ce cas, utilisez juste le nom du répertoire, pas le chemin d'accès complet au répertoire. Par exemple, pour ouvrir le sous-répertoire Nancy du répertoire actuel, écrivez :

```
opendir(TEMP, 'Nancy');
```

Pour ouvrir le répertoire actuel, servez-vous du nom spécial "." (un point) sous UNIX et Windows, et du ":" (un deux-points) sur Mac. Pour ouvrir le répertoire au-dessus du répertoire actuel, utilisez le nom spécial ".." (deux points de suite) ou ": :" (deux deux-points à la suite) sur Mac. Par exemple, pour ouvrir le répertoire actuel sous UNIX ou Windows, écrivez :

```
opendir(TEMP, '.');
```

Lire les noms de fichiers d'un répertoire

La fonction `readdir`, exploitée en contexte scalaire (avec des chaînes ou des nombres), fournit le nom de fichier ou de sous-répertoire suivant dans le répertoire. Par exemple :

```
$ThisName = readdir(DOCS);
```

Exploitée en contexte de liste, `readdir` retourne une liste contenant les noms des fichiers et sous-répertoires. Par exemple :

```
@AllNames = readdir(DOCS);
```

La fonction `telldir` retourne la valeur du pointeur de position dans le répertoire.

La fonction `seekdir` modifie la position du pointeur de position dans le répertoire.

Les trois fonctions de répertoire `readdir`, `telldir` et `seekdir` sont semblables à `read`, `tell` et `seek` pour les fichiers (voir le Chapitre 11), sauf que `readdir` retourne un seul nom de fichier alors que `read` lit un ou plusieurs caractères.

La fonction `rewinddir` replace le pointeur de position au début de la liste du répertoire.

Pour savoir si vous atteignez la fin d'un répertoire, vérifiez si `readdir` retourne une chaîne nulle. Il n'existe pas d'équivalent de la fonction `eof` (fin de fichier) pour les répertoires.

Parcourir les répertoires

La fonction `readdir` retourne les noms de fichiers et sous-répertoires dans un ordre qui semble aléatoire. Il s'agit de l'ordre fourni par le système d'exploitation, qui est généralement ni alphabétique ni lié à la taille de fichier.

La fonction `readdir` retourne des noms de fichiers et de sous-répertoires. Sous UNIX et Windows, elle retourne aussi les noms de répertoires spéciaux "." et ".." (les utilisateurs de Mac ne sont pas concernés). Il ne faut donc pas partir du principe que, lorsque vous lisez les résultats d'une instruction `readdir`, vous avez systématiquement affaire à un nom de fichier.

Voici comment obtenir le volume total occupé par les fichiers du répertoire actuel :

```
opendir(HERE, '.'); # sur Mac, utiliser ':'
@AllFiles = readdir(HERE);
$TotSize = 0;
foreach $Name (@AllFiles) {
  if(-d $Name) { next } # C'est un répertoire : ignorer
  $TotSize += (-s $Name); # Ajouter la taille au total
}
```

Voici maintenant un exemple pour connaître les noms des sous-répertoires d'un répertoire :

```
opendir(HERE, '.'); # sur Mac, utiliser ':'
@AllFiles = readdir(HERE);
foreach $Name (@AllFiles) {
  if(-d $Name) { print "$Name\n" }
}
```

Création et suppression de répertoires

Les fonctions pour créer et supprimer un répertoire sont respectivement `mkdir` et `rmdir`. Ces deux fonctions n'utilisent pas de descripteur de répertoire, elles travaillent avec un nom de répertoire. Elles retournent true en cas de réussite, false en cas d'échec.

La fonction `mkdir` prend deux arguments : le nom du répertoire à créer et un mode. Le mode est propre aux systèmes UNIX et est ignoré sous Windows ou sur Mac. Sous UNIX, le mode se compose des permissions de lecture et d'écriture du répertoire (c'est-à-dire les paramètres qui indiquent si vous avez le droit de lire et/ou écrire dans ce répertoire). Par exemple :

```
mkdir('subdir', 0770);
```

Pour effacer un répertoire, utilisez `rmdir`, qui prend un argument, à savoir le nom du répertoire à supprimer. Par exemple :

```
rmdir('subdir');
```

Chapitre 13

Travail sur les chaînes

Dans ce chapitre :

- Expressions régulières.
- Recherche de chaînes à l'intérieur de chaînes.
- Modification sélective de texte.
- Recherches sophistiquées.
- Remplacement de caractères.

Pour rechercher du texte, Perl utilise une *expression régulière*. Il existe de très nombreuses possibilités d'emplois pour les expressions régulières. Par exemple pour rechercher dans une chaîne les caractères tabulation et les transformer en sauts de ligne, pour remplacer les doubles espaces par des espaces simples, ou pour s'assurer que tout point est suivi d'un espace, ou encore pour déterminer si une chaîne contient une lettre particulière.

Dans toutes ces opérations, Perl commence par rechercher du texte dans une chaîne, puis applique une opération au texte (par exemple le copier dans une variable). Ce genre de tâche est baptisé *recherche de motif*, car vous indiquez à Perl le motif de caractères à rechercher, et Perl trouve tout texte correspondant au motif.

Les divers langages de programmation et systèmes d'exploitation possèdent leurs propres méthodes pour que vous puissiez dire : "Je recherche un texte bien particulier." Pour ce genre de recherche, Perl utilise les expressions régulières d'UNIX (les utilisateurs UNIX sont donc susceptibles de savoir déjà comment spécifier une recherche, ou tout au moins en ont des notions). Du fait que les expressions régulières viennent du monde UNIX, nombreux sont ceux qui ont du mal à les comprendre. Ce chapitre vous aidera dans votre découverte, vous verrez qu'elles simplifient la manipulation de texte par programme.

Nous décrivons d'abord les expressions régulières simples (quoique puissantes), exploitables dans votre programmation Perl de tous les jours. Plus loin, nous abordons d'autres caractéristiques des expressions régulières, exploitables en programmation plus avancée.

Les expressions régulières

Les expressions régulières interviennent dans de nombreuses applications de programmation Perl. Considérez la fonction `split`, par exemple (voir le Chapitre 7 et, plus loin dans ce chapitre, la section "Emploi de la fonction `split` avec des expressions régulières plus compliquées"). La fonction `split` prend une expression régulière en premier argument. Cette fonction recherche dans une chaîne toutes les occurrences de la sous-chaîne spécifiée par l'expression régulière, et sépare la chaîne en chaînes plus petites, à chaque endroit où a été trouvée la sous-chaîne. L'argument de `split` s'écrit avec un slash (/), suivi du texte à trouver, puis un autre slash, comme dans l'instruction suivante :

```
@TheFields = split(/\t/, $TheRecord);
```

Ici, l'expression régulière est `\t`. Cette instruction retourne donc une liste de chaînes extraites de la variable `$TheRecord`, et où chaque chaîne est composée du texte qui se trouvait entre deux tabulations (`\t` indique une tabulation). Ainsi, si `$TheRecord` contient le mot *beau*, suivi d'une tabulation, le chiffre 2, une autre tabulation, puis le mot *parleur*, la fonction `split` retourne :

```
('beau', '2', 'parleur')
```

La forme la plus simple d'expression régulière se compose du ou des caractères exacts recherchés, comme le caractère de tabulation dans l'exemple précédent. Il est cependant possible de placer plusieurs caractères entre les slashes dans l'argument. Par exemple, si vous avez une base de données sous forme de fichier texte, dans lequel trois dièses (###) sont placés entre les champs au lieu d'un caractère de tabulation, utilisez cette instruction `split` :

```
@TheFields = split(/###/, $TheRecord);
```

Recherche avec résultat true/false via l'opérateur m//

L'opérateur `m//` est très pratique, car il permet d'écrire des tests de chaînes. Cet opérateur retourne la valeur true ou false selon qu'il trouve ou non ce qu'on lui a demandé.

L'opérateur `m//` est suivi de l'expression régulière à rechercher, et précédé de l'opérateur =~. Cet opérateur compare l'expression à sa droite avec ce qui est à sa gauche. Par exemple, pour tester si la chaîne *abc#def* contient la chaîne #, écrivez :

```
if("abc#def" =~ m/#/)
  { print "Vrai\n" } else { print "Faux\n" }
```

L'exécution de cette instruction affiche `Vrai`.

Une variable est utilisable du côté gauche de l'opérateur =~. Par exemple :

```
if($Test =~ m/#/)
  { print "Vrai\n" } else { print "Faux\n" }
```

affiche `Vrai` si la chaîne `$Test` contient un ou plusieurs caractères `#`.

L'inverse est possible, à savoir générer une valeur true si le motif recherché n'est pas trouvé. Utilisez pour cela l'opérateur !~ au lieu de l'opérateur =~. Par exemple, voici comment déterminer si aucun `#` n'existe dans une chaîne :

```
if($Test !~ m/#/) # S'il n'y a pas de signe dièse
  { print "Vrai\n" } else { print "Faux\n" }
```

Une variable est utilisable pour la recherche. Dans la ligne de code ci-dessous, si `$Find` contient la chaîne à rechercher et `$Test` est la chaîne dans laquelle vous opérez la recherche, entrez :

```
if($Test =~ m/$Find/)
```

Attention aux motifs équivalant à la *chaîne nulle* (c'est-à-dire une chaîne de longueur zéro) dans vos recherches. Si votre motif équivaut à une chaîne nulle, Perl utilise comme motif la valeur de la variable spéciale `$_` ; il n'est pas nécessaire que vous sachiez ce que `$_` contient à ce stade (pour plus d'informations sur la variable spéciale `$_`, consultez le Chapitre 12). Si vous utilisez une variable comme motif de recherche, assurez-vous que vous savez constamment ce qu'elle contient.

Délimitation du motif

Perl doit savoir où commence et où finit une expression régulière. La grande majorité des programmeurs utilisent un slash (/) comme caractère délimiteur en début et en fin d'expression. Cependant, rien ne vous interdit de délimiter votre expression régulière à l'aide d'un autre caractère, par exemple la barre verticale | :

```
if($Test =~ m|#|) . . .
```

Bien que vous puissiez utiliser n'importe quel caractère pour la délimitation, il est préférable de s'en tenir au caractère slash, car cela vous permet d'employer la forme compacte de l'opérateur `m//` (ce que font la plupart des programmeurs Perl). Lorsque vous utilisez le slash, vous n'avez pas à inclure le `m` :

```
if($Test =~ /#/) . . .
```

Pour compacter encore plus vos instructions, sachez que vous n'avez pas besoin de l'opérateur =~ lorsque vous effectuez une recherche dans la variable spéciale Perl `$_`. L'opérateur d'entrée <> place la ligne suivante du fichier dans la variable `$_` (pour plus d'informations sur l'opérateur d'entrée, consultez le Chapitre 12). Par exemple :

```
while(<INFILE>) {
# La ligne contient le mot clé
  if(/Propriétaire/) {
  . . .
```

Métacaractères spéciaux

Certains caractères ont une signification particulière dans les expressions régulières, or il faut parfois rechercher ces caractères et non pas ce qu'ils signifient. Par exemple, la barre verticale (|) a une signification spéciale dans les expressions régulières. Si vous voulez rechercher la barre verticale, et donc ignorer sa signification spéciale, faites-la précéder d'un antislash (\) :

```
if($Test =~ /\|/) . . .
```

C'est le seul moyen d'indiquer à Perl de ne pas traiter la barre verticale en tant que métacaractère spécial. Pour rechercher un antislash, tapez deux antislashes :

```
if($Test =~ /\\/) . . .
```

Les caractères ayant une signification spéciale pour Perl sont appelés *métacaractères*. Les métacaractères ci-dessous réclament un antislash en préfixe lorsque vous voulez que Perl ignore cette signification spéciale :

```
^ $ + * ? . | ( ) { } \ [ ]
```

De plus, si vous voulez utiliser ces caractères comme délimiteurs d'expression régulière, il faut aussi les préfixer d'un slash (/).

Cruelle punition ! Devoir trouver si une chaîne contient ce motif : "slash, antislash, barre verticale, slash, barre verticale, antislash, ^". Voici comment procéder :

```
if($Test =~ /\/\\\|\/\|\\\^/) . . .
```

Si vous ne savez pas si une chaîne contient ou non des métacaractères, utilisez la fonction *quotemeta*, accessible à partir de la version 5 de Perl. Cette fonction prend une chaîne en argument et retourne cette chaîne avec un antislash devant chaque métacaractère contenu dans la chaîne d'origine. Par exemple :

```
print quotemeta('ab/cd|ef');
```

affiche :

```
ab\/cd\|ef
```

Recherche floue (correspondances inexactes)

Il arrive que l'on ne sache pas, au moment de l'écriture d'un programme, quels sont exactement les caractères à rechercher. Par exemple, faut-il rechercher la lettre *x* ou la lettre *X* ? ou bien un ou plusieurs dièses (#) ? ou encore un dièse suivi de n'importe quel autre caractère, lui-même suivi d'un dièse… ? Les expressions régulières donnent la possibilité de mettre en place ce genre de recherche.

Recherche alternative (choix entre deux ou plusieurs possibilités)

Pour indiquer que vous recherchez soit un caractère, soit un autre, insérez une barre verticale (|) entre les deux caractères possibles. Cette technique est appelée *recherche alternative*, car vous donnez à Perl une liste des choix possibles. Par exemple, pour rechercher soit *x* soit *X*, écrivez :

```
if($Test =~ /(x|X)/) . . .
```

Cette instruction trouve un *x* ou un *X* dans la variable `$Test`.

Recherche d'éléments semblables

Vous pouvez placer entre parenthèses plusieurs alternatives de recherche, de façon à trouver des éléments semblables. Par exemple, pour rechercher les mots *bougie, boule* et *boulimique,* tapez :

```
if($Test =~ /bou(gie|les|limique)/) . . .
```

Caractère joker (trouver n'importe quel caractère)

Lorsque le caractère à rechercher n'est pas défini, insérez un point (.) à la place de ce caractère. Le point fait alors office de joker. Par exemple, pour trouver la lettre *N* suivie de n'importe quel caractère puis de la lettre *T,* utilisez cette instruction :

```
if($Test =~ /N.T/) . . .
```

Cette instruction retourne true pour NET, N3T et N+T, mais false pour NEST (car NEST contient deux caractères entre le *N* et le *T*). ***Note :*** Cette instruction retourne false pour *net,* car les expressions régulières sont sensibles à la casse (font la distinction entre majuscules et minuscules).

Le point correspond à n'importe quel caractère, affichable ou non, autre que `\n`. Cela veut dire que le saut de ligne n'est pas détecté par ce caractère joker.

Classes de caractères

Les expressions régulières sont exploitables pour rechercher des *classes de caractères,* c'est-à-dire des listes de caractères individuels à trouver. Pour définir une classe de caractères, placez les caractères entre crochets (au lieu de parenthèses) et énumérez les caractères. Par exemple, pour trouver *x* ou *X* en employant une classe de caractères, utilisez cette instruction :

```
if($Test =~ /[xX]/) . . .
```

Pour signaler que vous voulez trouver tout caractère qui ne soit *pas* dans la classe de caractères, insérez un caractère ^ au début de la liste de caractères. Par exemple, pour rechercher tout caractère sauf les cinq premières lettres majuscules, tapez :

```
if($Test =~ /[^ABCDE]/) . . .
```

Les classes de caractères sont structurées de façon beaucoup plus compacte et lisible que les expressions régulières de recherche alternative dès que la recherche porte sur plusieurs caractères, par exemple "n'importe quel chiffre". Ainsi, l'instruction suivante est la version *recherche alternative* (c'est-à-dire la liste des choix) d'une recherche des chiffres 0 à 9 :

```
if($Test =~ /(0|1|2|3|4|5|6|7|8|9)/) . . .
```

Avec une classe de caractères, cette instruction est réécrite comme ceci :

```
if($Test =~ /[0123456789]/) . . .
```

Il est possible de définir une classe de caractères sous forme d'intervalles, en utilisant un tiret (-). Sous cette forme, la recherche "n'importe quel chiffre" s'effectue ainsi :

```
if($Test =~ /[0-9]/) . . .
```

Pour tester la présence de "n'importe quelle lettre majuscule ou minuscule", tapez ceci :

```
if($Test =~ /[A-Za-z]/) . . .
```

Notez qu'un intervalle défini avec un tiret est différent d'un intervalle défini avec l'*opérateur intervalle* (..) décrit au Chapitre 7, qui sert à créer une liste de nombres.

Les intervalles étant fréquemment exploités en Perl, vous disposez de quelques raccourcis pour ne pas avoir à définir de façon totalement explicite les intervalles courants. Ces raccourcis (Tableau 13.1) sont un peu comme les antislashes utilisés pour les caractères spéciaux décrits au Chapitre 5 (comme `\t` pour la tabulation), sauf qu'ici ils indiquent l'intervalle pour la recherche.

Tableau 13.1 : Raccourcis pour les intervalles de caractères.

Code	Remplace	Description
\d	[0-9]	Tout chiffre
\w	[a-zA-Z_0--]	Tout caractère alphanumérique
\s	[\t\n\r\f]	Caractère d'espacement
\D	[^0-9]	Tout non chiffre
\W	[^a-zA-Z_0-9]	Tout caractère non alphanumérique
\S	[^\t\n\r\f]	Autre caractère que caractère d'espacement

En exploitant les raccourcis énumérés au Tableau 13.1, vous pouvez réduire l'instruction de recherche de "n'importe quel chiffre" à celle-ci :

```
if($Test =~ /\d/) . . .
```

Pour tester la présence d'un A majuscule suivi de deux chiffres, tapez :

```
if($Test =~ /[A-Z]\d\d/) . . .
```

Pour trouver un mot de trois lettres (c'est-à-dire trois caractères alphanumériques précédés et suivis d'un espace), tapez :

```
if($Test =~ /\s\w\w\w\s/) . . .
```

Recherche d'un emplacement précis

Il faut parfois simplement savoir si une chaîne commence ou se termine par le texte recherché. Employez un caractère ^ pour indiquer le début de la chaîne, et un dollar $ pour en indiquer la fin. Voici par exemple comment vérifier qu'une chaîne commence par vous :

```
if($Test =~ /^vous/) . . .
```

Cette instruction ne trouve pas "nous vous prions d'accepter cette invitation", car elle ne commence pas par vous.

Pour trouver une chaîne qui se termine par tion, par exemple, tapez :

```
if($Test =~ /tion$/) . . .
```

Si la chaîne se termine par un saut de ligne (caractère \n), la recherche aboutit même si le caractère de saut de ligne n'est pas spécifié dans le test. En d'autres termes, que la chaîne "nous vous prions d'accepter cette invitation" se termine ou non par un saut de ligne, c'est-à-dire que $Test vaille "nous vous prions d'accepter cette invitation" ou "nous vous prions d'accepter cette invitation\n", la recherche de tion$ retourne la valeur true.

Perl permet de préciser qu'une recherche doit commencer sur une *limite de mot* (par exemple entre un caractère alphanumérique et un caractère non alphanumérique) à l'aide de la combinaison \b. Le code \b est donc utile pour trouver du texte au début d'un mot. Par exemple, pour déterminer si un mot dans une chaîne commence par la lettre Y :

```
if($Test =~ /\bY/) . . .
```

Ou encore pour trouver la lettre J à la fin d'un mot, tapez :

```
if($Test =~ /J\b/) . . .
```

Le code \B indique l'opposé du code \b, c'est-à-dire un emplacement qui n'est pas à l'intérieur d'une limite de mot (au milieu d'un mot).

Quantificateurs pour trouver un motif répété

Pour trouver un ou plusieurs caractères # dans une chaîne (`abc#def`, par exemple), écrivez une instruction comme celle-ci :

```
if("abc#def" =~ /#|##|###|####/) .
```

Néanmoins, préciser exactement les chaînes comme dans cet exemple n'est pas toujours possible. Une fois encore, vous disposez de caractères spéciaux, ici pour indiquer le nombre de répétitions du motif à trouver. Les caractères servant à définir le nombre de répétitions du motif sont appelés *quantificateurs*, car ils servent à quantifier le nombre de motifs à rencontrer à la suite pour considérer que la recherche a abouti. Le Tableau 13.2 donne la liste des quantificateurs.

Tableau 13.2 : Les quantificateurs.

Symbole	Signification
`+`	Recherche 1 motif ou plus
`*`	Recherche 0 motif ou plus
`?`	Recherche 0 ou 1 motif
`{n}`	Recherche exactement `n` motifs
`{n,}`	Recherche au moins `n` motifs
`{n,m}`	Recherche au moins `n` motifs, sans dépasser `m` motifs (ces valeurs doivent être inférieures à 65,536)

Voici par exemple comment rechercher un ou plusieurs # :

```
if($Test =~ /#+/) . . .
```

Ou encore comment rechercher trois chiffres, ni plus ni moins :

```
if($Test =~ /\d{3}/) . . .
```

Vous pouvez combiner des quantificateurs avec des classes de caractères pour réaliser des recherches particulières (voir plus haut la section "Classes de caractères"). Par exemple, pour rechercher un mot qui se termine par un chiffre, tapez :

```
if($Test =~ /\w+\d/) . . .
```

Cette instruction dit : "Rechercher un ou plusieurs caractères alphanumériques suivis d'un chiffre."

Le quantificateur le plus fréquemment utilisé dans les expressions régulières est le quantificateur +. Le quantificateur * est également bien pratique. Par exemple :

```
if($Test =~ /N.T/) . . .
```

Cette ligne de code trouve NET mais pas NEST, car NEST contient un caractère de trop. Cette instruction ne trouve pas non plus NT, car il lui manque un caractère (rappelons que le point correspond à un seul caractère).

Pour trouver *N* suivi *de un ou de plusieurs* caractères arbitraires, puis d'un *T*, tapez :

```
if($Test =~ /N.+T/) . . .
```

Cette ligne trouve NET et NEST ainsi que NEATEST, mais pas NT.

Pour trouver *N* suivi de *zéro ou de plusieurs* caractères arbitraires, puis d'un *T*, utilisez plutôt :

```
if($Test =~ /N.*T/) . . .
```

Cette instruction trouve NT, NET, NEST, etc.

Lire les résultats de la recherche

Lorsque l'instruction suivante :

```
if($Test =~ /N.*T/) . . .
```

retourne true, il faut parfois savoir quelle chaîne a réellement été trouvée.

Pour obtenir les résultats d'un test, utilisez des *parenthèses de groupement* dans l'expression régulière, puis lisez les variables spéciales $1, $2, $3, etc. Les parenthèses de groupement indiquent l'endroit exact dans une expression régulière où la correspondance doit se faire. Étudiez ce code :

```
$Test = 'NESTOR';
if($Test =~ /(N.*T)/)
  { print "Vrai\n" } else { print "Faux\n" }
print "$1\n";
```

Lorsque vous exécutez ce programme, Perl affiche :

```
Vrai
NEST
```

$1 contient alors le résultat du premier jeu de parenthèses, $2 stocke le résultat du deuxième jeu, etc. Par exemple, lorsque vous exécutez ce code :

```
$Test = 'NESTOR';
if($Test =~ /(N.)S(.O)/)
  { print "Vrai\n" } else { print "Faux\n" }
print "$1\n$2\n";
```

Perl affiche :

```
Vrai
NE
TO
```

Si, pour quelque étrange raison, vous désirez supprimer $1 ou $2 pour empêcher qu'elles reçoivent une valeur, ajoutez ?: après la parenthèse de gauche (attention ! cette méthode ne fonctionne qu'à partir de la version 5 de Perl !) :

```
$Test = 'NESTOR';
if($Test =~ /(?:N.)S(.O)/)
  { print "Vrai\n" } else { print "Faux\n" }
print "$1\n";
```

Lorsque vous exécutez ce programme, Perl affiche :

```
Vrai
TO
```

Détection de plusieurs occurrences

Que contient la chaîne retournée par Perl lorsqu'il existe, dans la chaîne analysée, plusieurs occurrences du motif recherché ? Par exemple, quel est le résultat de ce programme ?

```
$Test = 'NITWITS';
if($Test =~ /(N.*T)/)
{ print "Vrai\n" } else { print "Faux\n" }
print "$1\n";
```

La réponse est :

```
Vrai
NITWIT
```

Par défaut, Perl trouve la chaîne la plus longue correspondant au critère de recherche. Pour empêcher ce comportement de Perl, placez un point d'interrogation (?) après le quantificateur. Perl ne retient alors que la chaîne la plus courte. Par exemple, notez ci-dessous le petit changement à la deuxième ligne par rapport au programme précédent :

```
$Test = 'NITWITS';
if($Test =~ /(N.*?T)/)
{ print "Vrai\n" } else { print "Faux\n" }
print "$1\n";
```

Ce léger changement produit un résultat différent :

```
Vrai
NIT
```

Emploi de l'opérateur m// avec les expressions régulières

De nombreuses fonctions et opérateurs, dont l'opérateur `m//` (qui retourne true ou false selon qu'il a trouvé quelque chose ou non), travaillent main dans la main avec les expressions régulières. (Dans la section suivante, nous montrons comment employer l'opérateur `m//` avec les expressions régulières.)

L'opérateur m// exploité en *contexte scalaire* retourne true ou false selon que le motif de recherche a été trouvé ou non. En revanche, en *contexte de liste,* l'opérateur m// retourne une liste des chaînes trouvées entre parenthèses. L'emploi de m// en contexte de liste est essentiellement l'équivalent de la création d'une liste contenant les variables spéciales $1, $2, etc. Par exemple, le programme ci-dessous montre comment créer une liste @Birds stockant les résultats de la recherche avec l'opérateur m// :

```
$Test = 'NESTOR';
@Birds = ($Test =~ /(N.)S(.O)/);
print join("\n", @Birds);
```

Lorsque vous exécutez ce programme, Perl affiche :

```
NE
TO
```

Lorsqu'il n'y a pas de parenthèses de groupement dans l'expression régulière, Perl retourne la liste (1), c'est-à-dire une liste contenant une unique valeur true.

Modificateurs d'opérateur m//

L'opérateur m// possède des modificateurs qui changent la façon dont m// opère sa recherche. Ces modificateurs (Tableau 13.3) se placent après le slash de fermeture, comme c'est le cas du modificateur i dans l'instruction ci-dessous :

```
if($Test =~ /(N.*T)/i) . . .
```

Tableau 13.3 : Modificateurs de l'opérateur m//.

Modificateur	Description
g	Retourne chaque occurrence (recherche globale)
i	Ignore la casse
m	Autorise la présence de plusieurs lignes dans la chaîne
o	Compile le motif une seule fois
s	Traite le motif comme une seule ligne
x	Autorise les espaces et les commentaires

Les modificateurs `m`, `s` et `x` sont accessibles à partir de Perl 5 seulement.

Le modificateur `i` force Perl à ignorer la casse pendant la recherche. Par exemple, si `$Test` vaut "nest", l'instruction :

```
if($Test =~ /(N.*T)/i) . . .
```

retourne la valeur true.

Le modificateur `o` empêche Perl d'employer la substitution de variable dans le motif recherché, lorsque la valeur de la variable change. Cela permet au programme de s'exécuter plus vite, mais généralement le gain en vitesse d'exécution est faible.

Le modificateur `x` permet d'ajouter des espaces, des sauts de ligne et des commentaires dans les expressions régulières pour en augmenter la lisibilité. L'ajout d'espaces et de sauts de ligne n'est généralement nécessaire que dans les expressions régulières complexes. Par exemple, au lieu d'écrire :

```
if($Test =~ /(N.)S(.I)/) . . .
```

écrivez ceci, qui est plus clair :

```
if($Test =~ /
   (N.) (?# Commence par N puis toute lettre)
   S (?# ...suivie de la lettre S)
   (.I) (?# ...suivie d'une autre lettre, puis I)
   /x) . . .
```

Néanmoins, il ne semble pas que ces commentaires soient réellement plus efficaces en termes de lisibilité qu'une ligne ordinaire de commentaires placée juste au-dessus de la ligne de l'expression régulière. À vous de choisir une méthode, selon ce qui vous paraît le plus clair.

Recherche globale avec l'opérateur m//

Le modificateur `g` demande à Perl d'effectuer une recherche globale dans la chaîne. Cela peut sembler étonnant puisque Perl est déjà censé appliquer la recherche dans toute la chaîne. Le terme *globale* a en fait plutôt à voir avec la façon dont Perl retourne les résultats.

En contexte de liste, Perl retourne la liste des chaînes trouvées en se basant sur les parenthèses. Cependant, si l'expression régulière (`N` dans l'exemple suivant) ne contient pas de parenthèses, Perl crée une liste avec chaque élément trouvé, comme ici :

```
$Test = 'CONTEXTUEL';
@Birds = ($Test =~ /T./g);
print join("\n", @Birds);
```

Lorsque vous exécutez ce programme, Perl affiche :

```
TE
TU
```

Travailler avec une liste est un moyen pratique pour accéder à toutes les chaînes trouvées si vous ne savez pas combien il y en a.

En contexte scalaire, Perl retourne true pour chaque correspondance dans la chaîne, false lorsqu'il n'y en a plus. Perl se souvient où il a trouvé la première correspondance et continue la recherche à partir de là. Cette recherche en contexte scalaire est une bonne méthode pour déterminer combien d'occurrences existent dans la chaîne sans avoir à les lire. C'est ce que fait le code suivant :

```
$Test = 'CONTEXTUEL';
$i = 0;
while($Test =~ /T./g) { $i += 1 }
print "Il y a $i occurrence(s).\n";
```

La fonction `pos` indique à Perl où commencer la recherche globale en contexte scalaire. L'argument de `pos` est la chaîne à analyser. Par exemple :

```
$Test = 'CONTEXTUEL';
$i = 0;
while($Test =~ /T./g) {
  $i += 1;
  print "Position actuelle : " . pos($Test) . ".\n";
}
print " Il y a $i occurrence(s).\n";
```

Lorsque vous exécutez ce programme, Perl affiche :

```
Position actuelle : 5.
Position actuelle : 8.
Il y a 2 occurrences.
```

Vous pouvez modifier l'endroit où Perl commence la recherche dans la chaîne. Par exemple, voici qui débute la recherche deux caractères après la position actuelle :

```
pos($Test) += 2;
```

Rechercher plusieurs lignes dans une chaîne

Vous avez vu que les caractères `^` et `$` servent à rechercher uniquement au début ou à la fin d'une chaîne. Si la chaîne comporte plusieurs lignes, il est possible de faire travailler `^` sur les débuts de lignes et `$` sur les fins de lignes.

Dans Perl 4, pour obtenir que `^` et `$` effectuent la recherche au début et à la fin de chacune ligne de la chaîne, écrivez `1` dans la variable spéciale `$*` avant le test. Par défaut, `$*` vaut `0`, aussi `^` et `$` opèrent-ils par défaut sur le début et la fin de la chaîne, pas sur les débuts et fins de lignes.

A partir de Perl 5, vous avez la possibilité d'employer le modificateur `m` dans une expression régulière pour obtenir que `^` et `$` travaillent sur le début et la fin de chaque ligne de la chaîne. Par exemple, l'instruction ci-dessous regarde si une tabulation se trouve en début de ligne dans la chaîne `$Test` :

```
if($Test =~ /^\t/m) . . .
```

Notez que les caractères spéciaux `\A` et `\Z` sont exploitables dans une expression régulière pour marquer le début et fin d'une chaîne, que le modificateur `m` soit utilisé ou non. En d'autres termes, ces caractères signifient toujours "la chaîne" et pas "la ligne".

Fonction de recherche grep

Pour effectuer la même recherche (c'est-à-dire avec la même expression régulière) dans chaque élément d'une liste, servez-vous de la fonction `grep`. Cette fonction prend deux arguments : une expression régulière ou un bloc, et une liste. La fonction évalue l'expression régulière ou le bloc pour chaque élément de la liste et établit un résultat vrai ou faux.

Le nom de la fonction `grep` vient d'un utilitaire pratique UNIX du même nom, acronyme de *global regular expression and print*. La fonction `grep` de Perl n'affiche (*print*) rien du tout, mais effectue une comparaison globale de l'expression régulière avec chaque élément de la liste, ce qui a suscité l'emploi du nom `grep`.

Dans un contexte de liste, `grep` retourne les éléments de la liste pour lesquels l'expression régulière ou le bloc retourne true ; en contexte scalaire, elle retourne le nombre d'éléments qui retournent true. Par exemple, vous cherchez dans la liste `@LastNames` tout nom qui commence par la lettre S. Pour obtenir les noms complets, tapez cette instruction :

```
@JustSNames = grep(/^S/, @LastNames);
```

Pour savoir combien de noms commencent par S, écrivez :

```
$TotSNames = grep(/^S/, @LastNames);
```

La fonction `grep` permet également d'employer un bloc au lieu d'une expression régulière comme premier argument de la fonction. Dans ce cas, la variable spéciale `$_` reçoit la valeur de l'élément de liste testé (ce qui est semblable à la fonction `map` décrite au Chapitre 8). Par exemple :

```
$TotSNames = grep({/^S/}, @LastNames);
```

Au fur et à mesure que vous serez plus à l'aise avec les expressions régulières, vous découvrirez de nombreuses possibilités d'emploi de `grep`. Par exemple, si vous avez lu toutes les lignes d'un fichier et les avez placées dans une liste avec une instruction comme celle-ci :

```
@TheFile = <INFILE>;
```

vous pouvez créer ensuite d'autres listes contenant certaines sortes de lignes. Avec l'instruction ci-dessous, par exemple, vous créez une liste de toutes les lignes contenant un caractère d'espacement en fin de ligne :

```
@RealLines = grep(/\s$/, @TheFile);
```

Remplacements simples avec l'opérateur s///

L'opérateur `s///` se comporte en grande partie comme l'opérateur `m//`, sauf que vous indiquez en plus la chaîne pour remplacer le texte trouvé. Cette chaîne de remplacement est saisie entre les deuxième et troisième slashes. L'opérateur `s///` retourne le nombre de fois où la seconde chaîne a remplacé la première. Il possède les mêmes modificateurs que l'opérateur `m//`.

Par exemple, pour remplacer tous les *e* minuscules en *E* majuscules :

```
$Count = ($Test =~ s/e/E/g);
```

Un exercice légèrement plus difficile consiste à modifier toutes les voyelles d'une chaîne par la lettre *V* :

```
$Count = ($Test =~ s/[aeiouAEIOU]/V/g);
```

Comme avec l'opérateur `m//`, si vous n'utilisez pas l'opérateur =~ avant l'opérateur `s///`, Perl considère qu'il travaille sur la variable spéciale `$_`. L'exemple ci-dessous utilise `$_` comme entrée pour le test avec `s///` :

```
while(<INFILE>) {
# Change les tabulations en barres verticales
  s/\t/|/g;
  . . .
}
```

Vous avez le droit d'employer des variables dans l'opérateur `s///`. L'instruction ci-dessous recherche un groupe de chiffres au début d'une chaîne et le remplace par la valeur de `$NewLabel` :

```
s/^\d+/$NewLabel/;
```

Emploi des résultats de recherche dans les remplacements

Dans la section "Lire les résultats de la recherche", un peu plus haut dans ce chapitre, nous avons montré comment exploiter les variables `$1` et `$2` spéciales dans un programme Perl pour lire ce qui a été trouvé par l'opérateur `m//`. Avec l'opérateur `s///`, ces variables présentent également une utilité si vous voulez remplacer ce qui a été trouvé par quelque chose d'autre.

Par exemple, pour trouver toutes les lignes dans un programme qui commencent par un nombre et remplacer chacun de ces nombres par le mot *Ligne* suivi de ce nombre, écrivez :

```
$Test =~ s/^(\d+)/Ligne $1/;
```

L'exemple ci-dessous, plus compliqué, transforme des chaînes formatées sous la forme *Nom, Prénom* en *Prénom Nom* :

```
$Test =~ s/([^,]+), (.+)/$2 $1/;
```

Cette instruction commence par chercher les caractères allant jusqu'à la virgule, puis place ces caractères dans `$1` (l'expression régulière `[^,]+` signifie "trouver tous les caractères autres que la virgule"). L'expression trouve ensuite la virgule suivie d'un espace, puis le reste des caractères, qu'elle place dans `$2`. Le texte remplacé est `$2`, suivi d'un espace, suivi de `$1`.

Emploi d'expressions pour le texte de remplacement de s///

L'opérateur `s///` possède un modificateur dont ne dispose pas l'opérateur `m//` : il s'agit du modificateur `e`. Ce modificateur indique à Perl d'évaluer la seconde partie du `s///`, c'est-à-dire la chaîne de remplacement, en tant qu'expression et non en tant que chaîne.

L'emploi d'une expression pour définir le texte de remplacement est utile si vous voulez opérer le remplacement sur les valeurs de `$1`, `$2`, etc., mais en calculant la valeur de remplacement à partir justement des valeurs de `$1`, `$2`, etc. Par exemple, vous avez une chaîne qui commence par un nombre, et vous voulez trouver le premier nombre dans la chaîne et l'augmenter de un :

```
$Test =~ s/(\d+)/$1 + 1/e;
```

Dans ce cas, si `Test` vaut `Ligne 23: go`, elle est changée en `Ligne 24: go`.

Emploi de la fonction split avec des expressions régulières plus compliquées

Le premier argument dans la fonction `split` est un expression régulière, pas une simple chaîne (pour plus d'informations sur `split`, consultez le Chapitre 7). La fonction `split` est exploitable avec de simples expressions régulières, mais sert aussi à quelques utilisations plus compliquées.

Par exemple, supposez qu'une personne de votre entreprise travaille avec un éditeur de texte pour vous créer une base de données. Vous lui avez dit d'insérer une tabulation, et rien d'autre, entre les champs, mais vous soupçonnez que quelques espaces ont été saisis çà et là avant ou après la tabulation, dans certains enregistrements. Au lieu de la simple instruction `split` suivante :

```
@TheFields = split(/\t/, $TheRecord);
```

utilisez :

```
@TheFields = split(/ *\t */, $TheRecord);
```

Cette expression régulière indique de rechercher zéro espace ou plus, suivi d'une tabulation, suivie de zéro espace ou plus.

Voici une autre façon de résoudre le problème des espaces supplémentaires dans cet exemple : effectuez un prétraitement de l'enregistrement avec un opérateur `s///` pour supprimer les fautes de saisie avant d'employer la fonction `split`. Dans le code ci-dessous, la première instruction remplace par une unique tabulation toute tabulation avec espaces avant ou après. La seconde instruction sépare les résultats :

```
$TheRecord =~ s/ *\t */\t/g;
@TheFields = split(/\t/, $TheRecord);
```

Séparer les mots dans une phrase

Si vous utilisez la fonction `split` pour séparer les mots au niveau des espaces (comme décrit plus haut à la section "Classes de caractères"), vous pouvez aussi utiliser, à partir de la version 5 de Perl, une fonction spéciale, `qw`, qui produit une instruction plus facile à lire. Par exemple, au lieu de cette instruction :

```
@TheFields = split(/\s+/, $TheRecord);
```

vous utilisez celle-ci :

```
@TheFields = qw($TheRecord);
```

Inclure le délimiteur dans les résultats de split

Normalement, la fonction `split` n'inclut pas les délimiteurs dans la liste des éléments fournie en résultat. Vous pouvez cependant placer des parenthèses dans votre expression régulière de façon que `split` retourne le contenu de ces parenthèses en tant qu'éléments de la liste. Par exemple, l'exécution du code :

```
$TheRecord = "un|deux|trois|";
@TheFields = split(/\|/, $TheRecord);
```

retourne :

```
('un', 'deux', 'trois')
```

En comparaison, si vous exécutez le programme ci-dessous, où le délimiteur | est placé entre parenthèses :

```
$TheRecord = "un|deux|trois|";
@TheFields = split(/(\|)/, $TheRecord);
```

Perl retourne :

```
('un', '|', 'deux', '|', 'trois','|')
```

Pour supprimer l'inclusion des délimiteurs, il suffit d'ajouter `(?:` aux expressions régulières. Par exemple, ces instructions :

```
$TheRecord = "un|deux|trois|";
@TheFields = split(/(?:\|)/, $TheRecord);
```

affichent :

```
('un', 'deux', 'trois')
```

Remplacements massifs : l'opérateur tr///

L'opérateur `s///` convient tout à fait pour les modifications simples, de type un-vers-un, comme le remplacement d'un mot par un autre. Il faut cependant parfois remplacer durant la même opération plusieurs éléments, par exemple pour convertir toutes les lettres majuscules en lettres minuscules. Pour ce genre de tâche, servez-vous de l'opérateur `tr///`.

L'opérateur `tr///` donne la possibilité de spécifier individuellement des lettres, ou des intervalles de lettres, avec un tiret (`-`). Par exemple, l'instruction ci-dessous passe en minuscules les lettres majuscules de `$Test` :

```
$Test =~ tr/A-Z/a-z/;
```

Pour des raisons historiques, il existe un opérateur `y///` qui remplit exactement le même rôle que l'opérateur `tr///`. L'opérateur `y///` est rarement utilisé, car la plupart des programmeurs ont commencé à exploiter `tr///` lorsqu'il est apparu dans Perl.

L'opérateur `tr///` retourne le nombre de modifications apportées. Il possède quelques modificateurs différents de ceux de `m//` et `s///` (Tableau 13.4).

Note : L'opérateur `tr///` n'emploie *pas* d'expression régulière comme motif de recherche, seulement des caractères et des intervalles de caractères.

Tableau 13.4 : Modificateurs de l'opérateur tr///.

Modificateur	Description
`c`	Utilise tous les caractères autres que ceux énumérés dans la première partie de l'opérateur.
`d`	Efface les caractères trouvés et qui n'ont pas de caractères de remplacement.
`s`	Supprime les doublons dans les caractères remplacés.

Le modificateur `c` est utile pour raccourcir la liste des caractères entre le premier et le second slash. Par exemple, si vous voulez remplacer par un saut de ligne tous les caractères autres que les chiffres :

```
# Notez le "c" pour inverser l'intervalle
$Test =~ tr/0-9/\n/c;
```

Le modificateur `d` sert à effacer, au lieu de remplacer, certains caractères. Par exemple, pour effacer tous les caractères autres que les chiffres, utilisez :

```
# Remplace les non-chiffres par rien du tout
$Test =~ tr/0-9//cd;
```

Le modificateur s est utile pour supprimer les doublons de caractères. Ce modificateur indique en effet à Perl de remplacer toute suite de caractères identiques par le caractère de remplacement que vous indiquez. Par exemple, voici comment remplacer toute suite de deux virgules ou plus par une seule virgule :

```
$Test =~ tr/,/,/s;
```

Chapitre 14
Procédures, code importé, sortie de programme correcte

Dans ce chapitre :

- Création de procédures pour gagner du temps.
- Emploi de portions d'autres programmes.
- Sortie de programme avec instruction die ou exit.

Perl est un bon langage pour écrire simplement des programmes utiles. En fait, un nombre étonnant de programmes Perl très répandus sur Internet font moins de cinq lignes de long. A la différence des autres langages, vous n'avez pas à écrire de longues instructions au début de votre programme Perl pour configurer le langage avant de commencer à pouvoir l'exploiter.

Perl présente également de nombreuses caractéristiques qui feront s'exécuter un programme type plus vite et plus efficacement. Ce chapitre étudie certaines de ces techniques, qui vous feront gagner du temps et produiront un programme s'exécutant de façon plus fluide.

S'épargner des répétitions avec les procédures

Une *procédure* sert à compacter en un bloc unique un ensemble répété d'instructions. La situation habituelle qui demande la mise en place d'une procédure est celle où vous écrivez dans votre programme un même jeu d'instructions à différents endroits : au lieu de recopier ces lignes chaque fois que vous en avez besoin, vous écrivez une *procédure* (qui contient un certain nombre de lignes d'instructions) à laquelle vous faites un *appel* lorsque vous voulez en exécuter les instructions. Voici les avantages de cette méthode :

- Si vous devez apporter des modifications aux instructions, vous entrez ces modifications une seule fois, dans le bloc de la procédure, au lieu de les entrer chaque fois que le groupe de lignes est répété dans le programme.
- Le programme s'exécute plus rapidement du fait qu'il est plus court.
- Dans un long programme, les procédures agissent comme des sous-programmes et aident donc à organiser le programme.

Plus vous groupez vos instructions, plus les corrections sont faciles. Vous passez à un niveau de programmation plus efficace. Combien de fois avons-nous fait l'impasse sur cette façon de travailler, pour nous en mordre les doigts un peu plus tard lorsqu'il nous fallut apporter plusieurs fois la même modification à divers endroits du programme, alors que la correction d'une procédure eût été tellement plus simple !

Construction d'une procédure

La création d'une procédure s'effectue avec l'instruction `sub`. Voici le format employé :

```
sub NOM { BLOC }
```

N'OUBLIEZ PAS

Les règles pour les noms de procédures sont les mêmes que celles utilisées pour les noms de variables : n'utilisez pas d'espaces, la seule "ponctuation" exploitable est le souligné (_). Rappelons en outre que les noms de procédures sont sensibles à la casse.

Pour appeler une procédure, tapez un *et commercial* (`&`) suivi du nom de la procédure. Si la procédure prend des arguments, placez-les entre parenthèses, exactement comme pour les fonctions intégrées à Perl. Dans Perl 5, vous n'avez pas besoin d'utiliser le caractère `&` si un argument est entre parenthèses. Cependant, l'emploi de ce caractère ne laisse aucune ambiguïté : il est clair que vous faites référence à une procédure, pas à une fonction interne de Perl comme `if` ou `print`.

Dans le bloc, vous écrivez ce que vous désirez, comme dans tout autre bloc Perl.

La plupart des procédures prennent des arguments. Il faut donc écrire, dans le bloc de code de la procédure, les instructions exploitant ces arguments. Les arguments de la procédure sont accessibles dans la liste spéciale @_, qui est une variable prédéfinie de Perl.

Une procédure peut contenir des arguments *scalaires* (c'est-à-dire des chaînes ou des nombres). Lorsque c'est le cas, vous disposez de la fonction shift pour lire les arguments dans la liste @_ dans l'ordre dans lequel ils y ont été placés. Par exemple :

```
sub JustAdd {
  $First = shift(@_);
  $Second = shift(@_);
  return($First + $Second);
}
```

Perl crée la variable $First pour stocker le premier argument et la variable $Second pour accueillir le second. Vous travaillez ensuite sur ces variables comme sur n'importe quelles autres variables d'un programme Perl.

De nombreuses procédures retournent une valeur, comme la majorité des fonctions Perl. La fonction return, décrite plus loin dans ce chapitre, est la méthode la plus courante pour retourner une valeur. Certaines procédures changent les valeurs des variables directement dans le programme principal, mais en général il est préférable de donner au programme principal le soin d'apporter lui-même des modifications aux variables en utilisant les valeurs retournées par les procédures.

Pour obtenir un programme plus compact, remplacez les deux premières lignes de la procédure ci-dessus (JustAdd) par celle-ci :

```
($First, $Second) = @_;
```

Vous n'êtes pas obligé de créer de nouvelles variables dans vos procédures. Il est possible d'utiliser des tranches de la liste @_ (cela deviendra cependant laborieux si vous avez de nombreux arguments ou si votre procédure est longue). Par exemple, la procédure JustAdd vue plus haut peut être écrite de façon plus compacte (certes la forme longue est plus facile à lire) :

```
sub ShorterJustAdd { return(@_[0] + @_[1]) }
```

S'épargner du travail et éviter des erreurs avec les procédures

Prenons l'exemple d'un programme gérant une dizaine de listes. A différents endroits du programme, vous affichez le dernier élément de chaque liste et vous écrivez une copie de cet élément dans une variable liste baptisée `@Big`. Sans procédure, ce programme a cet aspect :

```
. . .
printf("Prix : \$%.2f\n", $ListPrice[$#ListPrice]);
push(@Big, $ListPrice[$#ListPrice]);
. . .
printf("Prix : \$%.2f\n", $CustPrice[$#CustPrice]);
push(@Big, $CustPrice[$#CustPrice]);
. . .
printf("Prix : \$%.2f\n", $NewPrice[$#NewPrice]);
push(@Big, $NewPrice[$#NewPrice]);
. . .
```

Supposez maintenant que vous vouliez changer la façon dont la liste `@Big` est construite, pour en extraire les deux derniers éléments au lieu du seul dernier. Il faut alors rechercher dans le programme chaque fonction `push`, vous assurer que la fonction trouvée agit bien sur la liste `@Big`, puis modifier de façon à lire une tranche (une portion de la liste) au lieu d'un élément seulement :

```
push(@Big, @ListPrice[$#ListPrice-1..$#ListPrice]);
```

Cette tâche devient vite fastidieuse. De plus, ce genre de manœuvre est sujet à erreur : plus il y a de remplacements, plus vous risquez de vous tromper. L'emploi de procédures réduit ce type d'erreur.

En ajoutant une procédure et en transformant chaque paire d'instructions `printf` et `push` en un unique appel de procédure dans le programme de six lignes ci-dessus, vous obtenez :

```
# Affiche le prix et l'ajoute à la liste @Big
sub PrintPushBig {
  @TheList = @_;
  printf("Prix : \$%.2f\n", $TheList[$#TheList]);
  push(@Big, $TheList[$#TheList]);
}
. . .
&PrintPushBig(@ListPrice);
. . .
&PrintPushBig(@CustPrice);
```

```
. . .
&PrintPushBig(@NewPrice);
. . .
```

Les lignes qui étaient auparavant répétées (celles qui contiennent la fonction `push`) sont maintenant contenues dans la procédure. Ainsi, pour réaliser la modification indiquée tout à l'heure, c'est-à-dire ajouter (`push`) une tranche au lieu d'un unique élément dans la liste, vous avez juste à modifier la procédure, en remplaçant l'instruction `push` par celle-ci :

```
push(@Big, @TheList[$#TheList-1..$TheList]);
```

C'est la seule modification à apporter.

Variables locales avec les fonctions my et local

Les procédures présentées jusqu'à présent dans ce chapitre ont un défaut : elles fonctionnent correctement mais sont capables d'altérer le contenu d'autres variables dans le programme principal (qui appelle ces procédures). Nous avons voulu que ces premières procédures soient faciles à lire, aussi n'avons-nous pas pris de précaution particulière.

Dans ces procédures, les premières affectations assignent à des variables des valeurs lues dans `@_`. Que se passe-t-il si ces noms de variables sont déjà utilisés dans le corps du programme ? Par exemple, dans la procédure `JustAdd` vue plus haut à la section "Construction d'une procédure", il se peut que le corps du programme contienne déjà une variable appelée `$First` pour gérer autre chose qu'un prénom (*first name*), par exemple le nom de la première personne dans une liste. Dans ce cas, lorsque vous appelez `JustAdd`, cette procédure efface la valeur antérieure de `$First`, ce qui n'est pas souhaitable.

Vous vous dites peut-être qu'il suffit de penser à employer dans les procédures des noms de variables qui ne sont pas déjà exploités dans le programme principal ? Certes, la clé du problème est là ; encore faut-il être vraiment sûr d'exploiter un nom différent ! Sans une lecture attentive de chaque ligne du programme, vous ne saurez pas quels noms de variables ne sont pas encore utilisés dans le programme, et sont donc libres pour un usage dans une procédure. Par exemple, vous pensez que la variable `$First` n'a pas encore été utilisée dans le programme, mais en réalité vous l'avez simplement oubliée. Pas de panique : Perl propose une solution simple à ce problème.

Les fonctions `my` et `local` obligent Perl à créer une copie locale de la variable dans le bloc de la procédure. Une *copie locale* est une variable qui n'est visible que dans ce bloc, ainsi le programme principal qui a appelé la fonction ne peut-il être affecté par les changements de valeurs des variables locales. Les fonctions `my` et `local` accomplissent la même chose, mais `my` s'exécute plus vite. ***Note :*** `my` a été introduite dans Perl 5. Les utilisateurs de Perl 4 doivent employer `local`.

TRUC

Servez-vous de `my` ou de `local` la première fois que vous utilisez une variable (le premier emploi d'une variable s'appelle *déclarer* la variable). Vous pouvez déclarer une variable n'importe où dans un bloc. Cependant, la plupart des programmeurs préfèrent déclarer une variable au tout début du bloc, de façon à retrouver toujours rapidement leurs déclarations de variables. Cette convention de programmation vient probablement du fait que d'autres langages de programmation imposent de déclarer toutes les variables avant de pouvoir les exploiter. Perl ne réclame pas cette prédéclaration systématique, il vous laisse créer une nouvelle variable lorsque le besoin s'en fait sentir, et peu importe où dans le programme. Néanmoins, si vous utilisez `my` ou `local` pour déclarer une variable locale, il est nécessaire que ce soit avant d'employer la variable.

Les fonctions `my` et `local` sont utilisables sous forme d'instructions individuelles, mais vous pouvez aussi les placer à gauche d'une affectation. Pour une simple déclaration, écrivez :

```
my($AirCondNum);
```

Pour donner en même temps une valeur, écrivez :

```
my($AirCondNum) = 3;
```

Si l'on reprend la procédure `JustAdd` vue plus haut à la section "Construction d'une procédure" et que l'on y emploie des variables locales, le code aura cet aspect :

```
sub JustAdd {
  my($First) = shift(@_);
  my($Second) = shift(@_);
  return($First + $Second);
}
```

Les deux premières lignes indiquent à Perl de créer des copies des variables `$First` et `$Second` qui ne seront exploitées qu'à l'intérieur de la procédure. Si les noms de variables `$First` et `$Second` sont déjà employés autre part dans le programme, ces variables ne seront pas affectées par les manipulations sur les variables de mêmes noms dans la procédure.

Les fonctions `my` et `local` donnent en quelque sorte à Perl le moyen de stocker dans un coin les autres variables portant le même nom dans le programme, le temps de travailler dans la procédure. A la fin de la procédure, Perl abandonne les valeurs des variables locales et récupère les variables qu'il a sauvegardées au début de la procédure. Les variables locales n'existent que *dans la procédure*.

Bien que l'on rencontre les fonctions `my` et `local` majoritairement dans les procédures, il est tout à fait possible de déclarer des variables dans n'importe quel bloc, pas seulement le bloc d'une procédure. Perl se comporte de la même façon dans n'importe quel genre de bloc : il met de côté toute variable portant le même nom que la variable déclarée via `my` et `local`, crée une copie locale de la variable et, à la fin du bloc, détruit la version locale.

Vous pouvez déclarer autant de variables que vous voulez dans l'instruction `my` ou `local`. Par exemple, si vous savez que vous allez exploiter `$i`, `$j` et `$k` comme variables de boucle dans un bloc, vous pouvez les définir en une seule instruction :

```
my($i, $j, $k);
```

Prenez l'habitude d'appeler la fonction `my` lorsque vous écrivez des procédures. Même si vous êtes certain que vous n'utilisez pas un nom de variable déjà employé dans le programme, un oubli reste possible. De plus, un moyen pratique de créer des procédures est d'y inclure du code provenant d'autres programmes Perl : dans ce cas, il faut impérativement recourir à `my`, puisque vous ne pourrez pas vous rappeler tous les noms utilisés dans tous les programmes.

Il est parfois nécessaire qu'une procédure modifie quelque chose en dehors d'elle-même. Par exemple :

```
sub PrintPushBig {
  my($TheList) = @_;
  printf("Prix : \$%.2f\n", $TheList[$#TheList]);
  push(@Big, $TheList[$#TheList]);
}
```

Le rôle de cette procédure est d'afficher quelque chose et de changer la valeur d'une liste (`@Big`) qui se trouve dans le programme principal. La procédure opère donc un changement à l'extérieur d'elle-même, ici l'ajout d'un élément à `@Big`.

TRUC

Si vous écrivez une procédure qui change la valeur d'une variable dans le programme principal, insérez un commentaire d'explication en haut de la procédure. Plus tard, vous n'aurez pas à réfléchir longtemps pour comprendre pourquoi telle variable dans le programme principal est modifiée sans raison apparente.

Certains programmeurs considèrent qu'une procédure ne doit jamais modifier quoi que ce soit dans le programme principal. Ils soutiennent que cela mène à des problèmes si le programmeur oublie plus tard ce qu'il a mis en place et pour quelle raison. Si cela vous paraît un argument de poids, sachez que la procédure peut renvoyer une ou plusieurs valeurs au programme principal, qui se servira alors de ces valeurs pour modifier des variables (la section ci-après décrit comment retourner des valeurs d'une procédure).

La fonction `my` masque une variable aux yeux des autres blocs du programme, tant les blocs qui appellent le bloc contenant l'instruction `my` que les procédures appelées à partir de ce bloc contenant l'instruction. La fonction `local`, en revanche, masque la variable seulement aux yeux du bloc qui appelle la procédure contenant l'instruction `local`, laissant la variable visible aux procédures appelées par le bloc contenant `local`. L'exemple ci-dessous illustre quelques différences entre les fonctions `local` et `my` :

```
# Procédure simple pour afficher la valeur
#   actuelle de $J
sub PrintJ { print "La valeur de \$J est $J\n" }

# Procédure simple pour afficher la valeur
#   actuelle de $K
sub PrintK { print "La valeur de \$K est $K\n" }

# Voici le test
my($J) = 5;
local($K) = 10;
&PrintJ;
&PrintK;
```

`$J` étant non définie dans la procédure `PrintJ` et `$K` étant accessible à `PrintK`, vous obtenez le résultat suivant :

```
La valeur de $J est
La valeur de $K est 10
```

Retour de valeur d'une procédure

Toute fonction Perl retourne une valeur au programme qui l'a appelée. Il arrive cependant que l'on n'ait cure de la valeur retournée, lorsque la fonction a été appelée pour effectuer une certaine opération. Par exemple, la fonction `chomp` (Chapitre 5) retourne une valeur (le ou les caractères tronqués). Or, dans la majorité des cas, tout ce que l'on désire est supprimer des caractères à la fin d'une chaîne. Vos procédures retournent aussi des valeurs, que vous pouvez prendre en compte ou ignorer.

Le moyen le plus clair de retourner une valeur est l'instruction `return`. Cette instruction met fin à la procédure et retourne la liste que vous fournissez en argument. Ainsi, dans la procédure `JustAdd` ci-dessous, l'instruction `return` retourne la valeur des deux arguments définis par des manipulations de variables dans la procédure :

```
sub JustAdd {
  my($First) = shift(@_);
  my($Second) = shift(@_);
  return($First + $Second);
}
```

Vous pouvez également utiliser `return` sans argument, auquel cas Perl retourne la valeur 0.

En fait, l'emploi de l'instruction `return` n'est pas du tout obligatoire. Cependant, elle améliore la lisibilité du code. S'il n'y a pas d'instruction `return` à la fin du bloc de la procédure, Perl retourne la valeur de la dernière instruction. Il est donc possible d'écrire une procédure comme celle-ci :

```
sub JustAdd {
  my($First) = shift(@_);
  my($Second) = shift(@_);
  $First + $Second;
}
```

L'emploi de `return` clarifie un peu les choses, car la dernière ligne de la procédure ci-dessus ne donne pas l'impression de retourner une valeur, alors qu'elle retourne pourtant le résultat d'une expression. Nous préférons utiliser `return`, qui suggère clairement une action, au lieu d'avoir une fin de procédure un peu floue.

La fonction `return` est également pratique pour mettre fin à une procédure avant d'arriver réellement à la fin du bloc. L'instruction `return` joue alors le même rôle que l'instruction `last` (Chapitre 8) dans les boucles. La procédure peut comporter autant d'instructions `return` que nécessaire. Voici un exemple de procédure comportant plusieurs instructions `return` :

```
# Procédure retournant la chaîne "long" si
#  l'argument fait plus de 10 caractères de long
sub IsLong {
```

```
    my($TheStr) = pop(@_);
    if(length($TheStr) > 10) { return('long') }
    else { return('court') }
  }
```

La fonction `return` retourne un scalaire ou une liste. Voici par exemple une procédure qui retourne un nombre élevé au carré, au cube et à la puissance 4 :

```
# Retourne l'argument élevé au carré, au cube
#   et à la puissance 4
sub Raised {
  my($Sq, $Cub, $Quad);
      my($Val) = pop(@_);
  $Sq = $Val ** 2; $Cub = $Val ** 3; $Quad = $Val ** 4;
  return($Sq, $Cub, $Quad);
}
```

Voici une instruction appelant cette procédure :

```
@Powers = &Raised(12.3);
```

ou encore :

```
($TheSq, $TheCube, $TheFourth) = &Raised(12.3);
```

Qui appelle ?

Lorsque vous êtes dans une procédure et que vous voulez connaître le nom du programme qui a appelé cette procédure, servez-vous de la fonction `caller`. En contexte de liste, la fonction `caller` a ce format :

```
($NOMPAQUETAGE, $NOMFICHIER, $NUMEROLIGNE) = caller;
```

En contexte scalaire, `caller` retourne simplement true si elle est appelée dans une procédure ou dans une fonction `eval` (décrite au Chapitre 18), ou encore dans une fonction `require` (voir ci-après la section "Importer dans un programme du code Perl d'un autre programme").

Importer dans un programme du code Perl d'un autre programme

Après avoir écrit quelques programmes Perl, vous aurez probablement intérêt à en réutiliser certains pour gagner du temps lorsqu'il s'agira pour vous d'en écrire d'autres. Par exemple, vous avez écrit une procédure bien pratique qui lit un fichier et crée une liste de tous les mots en majuscules dans ce fichier. Vous avez écrit cette procédure six mois auparavant dans un programme, et vous vous apercevez aujourd'hui que vous en avez besoin dans un nouveau programme.

TRUC

Avec votre éditeur de texte, vous pouvez simplement copier la procédure de l'ancien programme vers le nouveau. Gardez à l'esprit que si vous avez une vingtaine de procédures à récupérer, votre nouveau programme aura pris de l'embonpoint avant même que vous ayez écrit une nouvelle ligne de code. Il est en fait préférable de placer ces procédures dans un ou plusieurs fichiers séparés, et d'écrire dans le nouveau programme des appels à ces fichiers.

Chaque fois que vous créez une nouvelle procédure qui vous semble utile, placez-la dans un fichier regroupant d'autres procédures ou dans un fichier séparé, à votre guise. Vous disposerez alors d'une bibliothèque de procédures.

Pour inclure un programme existant ou un fichier de procédures directement dans un nouveau programme, vous devez faire appel à la fonction `require`.

La fonction `require` prend un argument : le nom du fichier à inclure dans votre programme. Par exemple, si une procédure se trouve dans le fichier numsubs.pl, vous pouvez l'inclure (ainsi que toutes les autres procédures du fichier) dans votre programme en écrivant cette instruction :

```
require('numsubs.pl');
```

Il n'est pas rare de rencontrer la fonction `require` sans parenthèses autour du nom de fichier fourni en argument :

```
require 'numsubs.pl';
```

Astuce pour fichier inclus

Le stockage de vos procédures dans des fichiers externes à celui du programme soulève une petite complication : la fonction `require` réclame que la lecture du fichier retourne une valeur true. Or, la simple présence de procédures dans un fichier ne provoque pas ce retour d'une valeur true. Vous devez avoir au moins une instruction dans le fichier de procédures dont l'évaluation retourne true. Une astuce couramment employée consiste à insérer cette petite instruction, habituellement à la fin du fichier :

```
1;
```

Cette instruction retourne la valeur 1 (équivalant à true).

Indiquer le chemin d'accès au fichier inclus

Vous venez de voir que l'instruction `require` réclame en argument le nom d'un fichier à inclure. Or, un fichier est susceptible de se trouver à divers endroits sur un ordinateur. Pour parer à cette éventualité, il faut indiquer à l'instruction `require` l'endroit exact où se trouve le fichier à inclure.

Voici trois lignes qui situent le fichier à inclure, respectivement sur les systèmes Windows, Mac OS et UNIX :

```
require('C:\LANGS\PERL5\LIBS\NUMSUBS.PL');
require('Felicity:Perl 5:My Libraries:numsubs.pl');
require('/usr/home/phoffman/libraries/numsubs.pl');
```

Imposer une version particulière de Perl

Il est possible d'employer la fonction `require` pour réclamer une version de Perl particulière pour exécuter un certain programme. Lorsque vous fournissez un nombre comme argument de la fonction `require` (au lieu d'un nom de fichier), Perl stoppe le programme si la version de Perl n'est pas supérieure ou égale à ce nombre.

Par exemple, l'instruction `require 5.005;` indique que Perl doit être en version 5.005 ou supérieure. Si ce n'est pas le cas, Perl s'arrête et un message d'erreur indique la version réclamée et celle actuellement exécutée. Par exemple, avec une version ActivePerl 5.001, l'instruction ci-dessus termine le programme.

Lorsque vous utilisez un chemin d'accès complet vers le fichier inclus, puis déplacez ce fichier sur votre disque, vous devez corriger tous les programmes Perl qui font appel à la bibliothèque, puisqu'ils pointent vers des emplacements désormais erronés. Il est préférable de stocker vos bibliothèques à un endroit où Perl regarde systématiquement, ce qui permet de ne pas avoir à donner un chemin d'accès complet.

La variable spéciale `@INC` contient la liste des répertoires dans lesquels Perl cherche les fichiers à inclure. Par exemple, dans Perl pour Windows, `@INC` contient les noms de répertoires suivants :

```
('C:\PERL\lib', 'C:\PERL\site\lib')
```

Dans MacPerl, la valeur par défaut de `@INC` est celle du dossier `lib` où MacPerl a été installé ; par exemple :

```
('Felicity:Perl 5:lib')
```

Sous UNIX, `@INC` énumère généralement plusieurs répertoires comme :

```
('/usr/local/lib/perl5/i386-bsdos',
  '/usr/local/lib/perl5',
  '/usr/local/lib/perl5/site')
```

Si vous stockez votre bibliothèque de procédures dans un des répertoires énumérés dans `@INC`, vous avez juste à déclarer le nom du fichier dans la fonction `require` :

```
require('numsubs.pl');
```

Vous avez tout à fait le droit de modifier vous-même la valeur de `@INC`. Par exemple, si vous travaillez sous Windows et que vous désirez stocker vos bibliothèques dans le répertoire C :\PROGR\PERL5\MYSUBS, vous pouvez ajouter ce répertoire à la liste `@INC` avant d'employer l'instruction `require`. Utilisez pour cela cette instruction `push` :

```
push(@INC, "C:\PROGR\PERL5\MYSUBS");
```

Une instruction `push` semblable est utilisable pour les autres systèmes d'exploitation.

Réunir des programmes dans un paquetage

Une des méthodes dont dispose Perl pour que des variables restent locales à un ensemble de procédures met en jeu l'emploi de paquetages. Un *paquetage* (ou *package*) est un ensemble de choses pour lesquelles vous avez besoin d'un jeu de variables locales : le fichier inclus est un exemple d'entité qui possède son propre jeu de variables (la notion de *fichier inclus* est présentée à la section précédente).

La déclaration `package` indique à Perl de commencer un nouveau paquetage. Tant que vous ne l'avez pas utilisée, Perl conserve toutes les variables dans un paquetage baptisé `main` par défaut. Pour nommer un paquetage, écrivez `package`, puis le nom du paquetage :

```
package NetworkStuff;
```

Si vous utilisez `include` pour inclure des fichiers qui contiennent différents paquetages, et appelez ensuite des procédures, faites référence aux procédures dans ces paquetages en indiquant le nom du paquetage. Deux procédures peuvent porter le même nom dans différents paquetages et il faut être capable de les différencier. Les procédures vues pour l'instant dans les exemples de programmes font toutes partie du même paquetage (`main`), il n'y avait donc pas lieu de spécifier de nom de paquetage.

Lorsque vous appelez une procédure située dans un autre paquetage, écrivez le nom du paquetage, suivi d'un double deux-points (`::`). Dans Perl 4, utilisez une apostrophe (') à la place du double deux-points.

Par exemple, compte tenu de deux paquetages NetworkStuff et MySubs, appelez vos procédures de la sorte :

```
&MySubs::Router;      # Perl 5
&NetworkStuff::Router; # Perl 5
&MySubs'Router;       # Perl 4
&NetworkStuff'Router;  # Perl 4
```

Le double deux-points sert aussi à faire référence à des variables situées dans d'autres paquetages. Par exemple, pour parler de la variable `$i` dans le paquetage MySubs, utilisez `$MySubs::i`.

Inclure du code autre que des procédures

Un fichier inclus via la fonction `require` peut contenir n'importe quelle sorte de code Perl. Par exemple, vous pouvez inclure des instructions qui affectent des valeurs à des variables ou qui affichent du texte. Cependant, cette inclusion n'est pas forcément judicieuse, car il est possible que vous oubliiez ce que réalise chaque fichier inclus.

Il est nettement préférable de se limiter à des procédures dans les fichiers inclus avec `require`. Attention aussi à concevoir vos procédures avec des variables locales, déclarées via `my` ou `local`.

Exécution de programme avec la fonction eval

Il existe encore un autre moyen pour importer des programmes dans Perl : la fonction `eval`, qui indique à Perl d'évaluer son argument. Une fois cet argument évalué, Perl l'exécute. Cette fonction s'emploie pour inclure des portions de programme dont on ne sait pas ce qu'elles valent tant que le programme n'a pas été exécuté. Par exemple, vous voulez autoriser l'utilisateur à consulter la valeur de n'importe quelle variable durant l'exécution du programme Perl :

```
print "Nom de la variable à afficher : ";
$Resp = <STDIN>;
print eval($Resp);
```

Lorsque vous arrivez à la conclusion qu'une certaine tâche ne peut être réalisée qu'avec des informations qui ne sont pas encore connues avant l'exécution du programme, utilisez `eval` pour créer un mini-programme qui exploitera cette information valide uniquement à l'exécution. Ce sont typiquement les programmeurs expérimentés qui ont recours à `eval` ; vous n'avez pas à vous en soucier trop pour l'instant.

Sortir correctement d'un programme

Les exemples de programmes présentés dans ce livre ne comportent pas d'instructions spéciales indiquant à Perl que la fin du programme est atteinte. En effet, un programme Perl se termine lorsque Perl ne rencontre plus d'instruction. Lorsque Perl parvient à la dernière ligne du programme, il est assez intelligent pour savoir que c'est la fin du programme.

Vous pouvez cependant de façon explicite indiquer à Perl de sortir d'un programme. Les possibilités offertes sont abordées dans les sections suivantes.

Fonction die

La fonction `die` indique à Perl d'afficher un message et d'achever le programme. L'argument de la fonction `die`, c'est-à-dire ce qui est affiché avant de terminer le programme, peut être une liste, aussi n'êtes-vous pas limité à l'affichage d'une seule chaîne. Si la dernière valeur de la liste ne se termine pas par un *caractère de saut de ligne* (`"\n"`), Perl affiche en plus le nom du programme et le numéro de ligne, suivi d'un saut de ligne. Si le programme se trouve dans une *boucle d'entrée* (c'est-à-dire qui attend une saisie clavier), Perl affiche aussi le nombre de fois où le programme est passé dans la boucle.

NOTE TECHNIQUE

Avertissement sans sortie de programme

La fonction `warn` de Perl se comporte comme la fonction `die`, sauf que `warn` ne provoque pas la fin du programme. Elle affiche simplement un avertissement (que vous fournissez sous forme de chaîne) et le programme continue. L'on pourrait considérer alors que `warn` ne présente aucune différence avec `print`. Or, cette différence existe : `warn` injecte son message dans le *flux de sortie* STDERR au lieu de STDOUT (pour la notion de flux de sortie, consultez le Chapitre 10). Du fait que la plupart des systèmes d'exploitation redirigent également sur le flux de sortie standard ce qui est dirigé vers STDERR, `warn` et `print` ne semblent présenter aucune différence pour la majorité des gens. Notez au passage que, comme `warn`, `die` place en réalité son argument sur STDERR.

Fonction exit

La fonction `exit` est un moyen plus classique de mettre fin à un programme Perl que la fonction `die`. Au lieu d'afficher une liste, `exit` prend un argument numérique et renvoie cet argument à l'entité qui exécute votre programme Perl. Cependant, la fonction `exit` ne permet pas d'afficher un message à l'attention de l'utilisateur. Vous pouvez exécuter un programme Perl à partir de votre système d'exploitation (comme la ligne de commande sous Windows), auquel cas Perl retourne la valeur de `exit` au système d'exploitation.

La plupart des systèmes d'exploitation ignorent le nombre retourné par le programme Perl ou, en tout cas, ne l'exploitent pas. Si cependant votre système d'exploitation réalise quelque chose de significatif avec ce nombre, s'il l'affiche par exemple, la fonction `exit` vous sera éventuellement utile. Si vous ne fournissez pas d'argument à `exit`, Perl utilise 0 comme valeur de retour.

Structuration des instructions die et exit

Les fonctions `die` et `exit` se placent typiquement à droite d'un opérateur `or` (Chapitre 8) dans une expression logique. Si un test de condition de votre programme doit absolument donner un résultat vrai, vous pouvez provoquer la sortie du programme si le résultat est faux. De nombreux programmeurs utilisent `die` et `exit` avec des instructions `if` et `unless` pour terminer le programme si un test ne retourne pas une valeur true.

Les deux exemples ci-dessous vérifient si `$Now` est supérieure à `$StartTime+3`, et, si c'est le cas, terminent le programme en affichant un message :

```
unless($Now > ($StartTime + 3)) { die "Il est trop tôt.\n" }

($Now > ($StartTime + 3)) or die "Il est trop tôt.\n";
```

N'oubliez pas d'insérer `\n` à la fin de la chaîne employée dans l'instruction `die`, sous peine que Perl ajoute le nom du programme et le numéro de ligne à la fin du message affiché. Par exemple, cette instruction :

```
($Now > ($StartTime + 3)) or die "Il est trop tôt.";
```

affiche :

```
Il est trop tôt. at LabMonitor.pl line 12.
```

Comme vous avez pu le constater dans les exemples de programmes déjà présentés dans ce livre, nous préférons `die` à `exit`. Il est toujours courtois de donner à l'utilisateur un message explicatif lorsqu'un programme se termine, de façon qu'il ne reste pas devant son écran à se demander ce qui se passe. Voici des exemples de messages affichés avec `die` :

```
Fin du programme : le fichier 'input.txt' est introuvable.

Terminé. Merci.
```

```
Achevé à 08:27:52 en.03 secondes.

Impossible de trouver le fichier demandé. Fin.
```

N'OUBLIEZ PAS

Nous avons tous été confrontés un jour ou l'autre à des messages d'erreur incompréhensibles. Essayez d'écrire les messages clairs que vous aimeriez rencontrer. Vos messages doivent être conviviaux ; et pourquoi pas humoristiques si vous êtes doué pour cela ?

Quatrième partie

Perl - Fonctions avancées

Dans cette partie...

Bien que ce livre soit principalement conçu pour les novices et les utilisateurs intermédiaires, il nous faut aborder quelques notions ardues comme les tableaux associatifs, XML, la programmation orientée objet. Même si les chapitres de cette partie abordent des sujets plutôt destinés aux programmeurs avancés, ils restent accessibles à la plupart des débutants.

Chapitre 15

Perl, le Web, l'e-mail et XML

Dans ce chapitre :

- Emploi de la bibliothèque de modules de Perl pour capturer des éléments sur le Web.
- Création de votre propre client Internet.
- Relever un compte d'e-mail POP.

Les utilisateurs Internet ont désormais l'habitude de naviguer confortablement sur le Web, via des interfaces pilotées à la souris, au travers de logiciels comme Netscape Navigator ou Microsoft Internet Explorer. Nombre d'entre eux bénéficient aussi d'interfaces graphiques pour lire et envoyer leurs mails, dans des programmes comme Qualcomm Eudora ou le module de courrier de Netscape Navigator, ou encore dans l'un des logiciels de courrier de Microsoft.

Ces programmes Internet sont faciles à utiliser mais ne fournissent pas forcément toute la souplesse désirée par certains utilisateurs. Premièrement, il est difficile, sinon impossible, de les programmer. Par exemple, vous avez une liste de cent noms de domaines qui abritent un site Web, et vous voulez télécharger la page d'accueil de chacun de ces sites pour les visionner plus tard. Navigator et Explorer ne proposent pas d'outil pour faire ce genre de choses. Voilà du travail pour Perl !

Un grand nombre d'outils Internet ont déjà été écrits en Perl, aussi n'aurez-vous pas à réinventer la roue. En fait, ces outils sont assez faciles à exploiter, des actions comme récupérer des fichiers FTP s'écrivent en quelques lignes. Le résultat ne se présente pas sous forme graphique, au contraire : l'interface est totalement basée texte. Cela peut cependant vous convenir tout à fait.

Ce chapitre montre comment exploiter quelques outils Internet téléchargeables à partir de la bibliothèque du CPAN (Comprehensive Perl Archive Network) :

```
www.cpan.org
```

Exploiter la bibliothèque libwww-perl

Pour de nombreuses personnes, Internet se confond avec le Web, et le moyen d'accéder à Internet est leur navigateur Web. A l'heure où vous lisez ces lignes, il est possible qu'un nombre supérieur de personnes considèrent que l'e-mail est plus intéressant que le Web, mais nous en doutons (malheureusement).

Il existe diverses raisons pour vouloir créer un programme Perl qui sache capturer des pages sur le Web. Par exemple, vous avez besoin d'un robot pour récupérer toutes les pages de un ou de plusieurs sites Web. Ou vous voulez envoyer une requête Web toutes les heures pour voir si le contenu d'une certaine page Web a changé dans l'heure écoulée. Ou encore vous voulez vérifier une liste de liens Web pour vous assurer qu'ils sont encore valides. Toutes ces tâches réclament de la programmation et ne sont pas réalisables facilement avec un *client Web* standard comme Netscape Navigator.

Les meilleurs outils Perl pour accéder au Web se trouvent dans une bibliothèque de fonctions baptisée *libwww-perl.* Cette bibliothèque tire son nom d'une bibliothèque *libwww* antérieure, écrite en C. La bibliothèque libwww-perl est intégrée à ActivePerl et MacPerl. En revanche, les utilisateurs UNIX devront l'installer après l'avoir récupérée sur le site Web du CPAN.

La bibliothèque libwww-perl ne sert pas qu'à l'accès au Web : elle contient des modules pour accéder aux sites FTP, aux groupes de news Usenet, à Gopher, aux fichiers sur votre propre ordinateur, et sert même à envoyer des mails. En termes techniques, cela signifie que la bibliothèque libwww-perl gère ces types d'URL :

- `http:`
- `ftp:`
- `news:`
- `gopher:`
- `file:`
- `mailto:`

Installation de la bibliothèque libwww-perl sous UNIX

Les lecteurs qui ne disposent pas encore de libwww-perl (parmi ceux qui travaillent sous UNIX) la trouveront sur le site Web du CPAN (nous décrivons le CPAN plus en détail au Chapitre 23). Une fois que vous aurez téléchargé la dernière version de libwww-perl à partir du CPAN, lisez les instructions pour l'installer. Nous ne les indiquons pas ici, car les différentes versions de libwww-perl sont accompagnées d'instructions elles aussi différentes.

Récupération de documents Web et FTP

La bibliothèque libwww-perl est un ensemble de modules Perl 5, il faudrait donc, en principe, exploiter la syntaxe Perl orientée objet (décrite au Chapitre 19) pour dialoguer avec eux. Heureusement, libwww-perl inclut une interface simple pour que les programmeurs non rompus à la programmation orientée objet puissent employer facilement les parties basiques de la bibliothèque. Cette interface s'incarne sous la forme du module `LWP::Simple` (LWP est l'abréviation de libwww-perl). Au début d'un programme, vous indiquez à Perl d'exploiter le paquetage `Simple` de LWP en écrivant cette instruction :

```
use LWP::Simple;
```

Le Tableau 15.1 présente les quatre fonctions du module `LWP::Simple` pour récupérer le contenu d'un document en se basant sur son URL.

Tableau 15.1 : Les fonctions URL du module LWP::Simple.

Fonction	Description
`get($URL)`	Lit le document correspondant à l'URL fournie et retourne son contenu.
`getstore($URL, $NomFichier)`	Même rôle que `get`, mais enregistre le document dans le fichier indiqué
`getprint($URL)`	Même rôle que `get`, mais injecte sur la sortie standard l'information récupérée.
`mirror($URL, $NomFichier)`	Même chose que `getstore`, mais ne lit le document que s'il est plus récent que le fichier déjà sur le disque ou de taille différente.

La fonction `get` retourne le document dans une chaîne ; `getstore` le place dans un fichier ; `getprint` le place sur la sortie de fichier standard ; et `mirror` ne lit le fichier que s'il a été modifié depuis la dernière capture.

Ainsi, par exemple, pour afficher le contenu d'une page Web :

```
use LWP::Simple;
getprint('http://www.dummies.com');
```

ou pour télécharger un fichier d'un FTP site :

```
use LWP::Simple;
getstore('ftp://ftp.internic.net/rfc/rfc822.txt',
'rfc822');
```

Ce code lit le fichier rfc822.txt sur le site FTP d'Internic, et le stocke sur votre disque dur sous le nom rfc822.

Si vous fournissez une URL invalide à `get` ou `getstore`, comme le nom d'un site Web qui n'existe pas (ou plus) ou un mauvais nom de fichier, `LWP::Simple` retourne une chaîne vide et `getprint` place dans la chaîne un message d'erreur.

Test de liens Web avec un programme Perl

Il est probable que vous allez utiliser Perl pour obtenir un groupe de pages Web plutôt qu'une page à la fois. Cette section montre comment récupérer un groupe de pages ou comment vérifier plusieurs liens.

Le Programme 15.1, linkchck.pl, qui vérifie si tous les liens d'une page Web sont valides, est extrêmement pratique. Il lit une page Web, extrait les liens de la page, puis va sur le Web pour voir si les sites vers lesquels pointent ces liens existent toujours. Pour vous épargner la saisie du programme, vous pouvez le télécharger sur le site First Interactive.

Programme 15.1 : Programme pour vérifier les liens d'une page Web.

```
# Lit l'URL sur la ligne de commande
$TheURL = $ARGV[0];
# Section A
use LWP::Simple;
$TheMain = get($TheURL); # Lit la page principale
if($TheMain eq ")
  { die "URL de départ invalide.\n" }
```

```
# Section B
$TheMain =~ tr/A-Z/a-z/; # Tout en minuscules
$TheMain =~ s/\"/'/g;   # Guillemets en apostrophes
$TheMain =~ s/\n/ /g;   # Effacer sauts de ligne
$TheMain =~ s/\s+/ /g;  # Compresser espaces/tabulations
# Section C
# Regarde si "base href='URL'" existe (pour les URL relatives).
$BasePos = index($TheMain, '<base href');
if($BasePos > -1) {
  $OpenQuote = index($TheMain, "'", $BasePos);
  $BaseStart = $OpenQuote + 1;
  $CloseQuote = index($TheMain, "'", $BaseStart);
  $BaseLen = $CloseQuote - $OpenQuote - 1;
  $URLBase = substr($TheMain, $BaseStart, $BaseLen);
}
else { $URLBase = '' }
# Section D
# Construction d'une liste des URL trouvées
@URLList = ();
while(1) { # Boucle sans fin, interrompue par "last"
  $TheA = index($TheMain, '<a href'); # Lien suivant
  if($TheA == -1) { last };
  # Trouve l'URL entre apostrophes
  $OpenQuote = index($TheMain, "'", $TheA);
  $URLStart = $OpenQuote + 1;
  $CloseQuote = index($TheMain, "'", $URLStart);
  $URLLen = $CloseQuote - $OpenQuote - 1;
  $TheURL = substr($TheMain, $URLStart, $URLLen);
  # Place l'URL dans la liste @URLList
  push(@URLList, $TheURL);
  # Suppression début de $TheMain jusqu'à notre position
  $TheMain = substr($TheMain, $CloseQuote);
}
# Section E
@CheckURLs = ();
foreach $TheURL (@URLList) {
  # Détermine quelles URL sont relatives. Les URL
  #  absolues commencent par 'http:' ou 'ftp:' ou 'mailto:'
  #  les autres sont relatives à la base. $URLBase est
  #  ajoutée au début des URL relatives.
  unless($TheURL =~ /^(http:|ftp:|mailto:)/)
    { $TheURL = $URLBase . $TheURL }
  # Ne pas vérifier les URL commençant par 'mailto:'
  unless($TheURL =~ /^mailto:/)
    { push(@CheckURLs, $TheURL) }
}
# Section F
```

Programme 15.1 : (suite)

```
# Contrôle chaque URL de la liste et affiche un message
foreach $TheURL (@CheckURLs) {
  $TheCheck = get($TheURL);
  if($TheCheck ne "") { print "OK:  $TheURL\n" }
  else { print "Echec: $TheURL\n" }
}
```

La première ligne du Programme 15.1 indique à Perl de lire sur la ligne de commande l'URL que vous voulez contrôler. Par exemple, vous exécuterez le programme en tapant :

```
linkchck.pl http://www.monentreprise.com/index.html
```

L'ensemble d'instructions de la section A charge le paquetage `LWP::Simple`, récupère le document et l'injecte dans la chaîne `$TheMain`. Le programme teste alors si la variable `$TheMain` contient quelque chose et se termine si la chaîne est vide.

Les quatre lignes de la section B emploient des techniques décrites au Chapitre 14. Voici l'effet de ces lignes :

- Conversion de la totalité du document en caractères minuscules de façon à ne pas avoir à le faire individuellement pour chaque chaîne.
- Remplacement des guillemets par des apostrophes. Dans un fichier HTML, les URL peuvent en effet être écrites soit entre guillemets, soit entre apostrophes. La conversion des guillemets permettra de n'effectuer des recherches que sur les apostrophes au lieu de devoir aussi traiter les guillemets.
- Remplacement des sauts de ligne par des espaces pour empêcher que des balises HTML soient coupées en deux à l'endroit d'un saut de ligne.
- Remplacement de chaque suite d'espaces ou de tabulations par un seul espace. Cela évite au programme de louper les balises contenant plusieurs espaces ou tabulations.

La tâche suivante du programme, gérée par les instructions de la section C du Programme 15.1, est la recherche de la balise HTML `base`. Si la page que vous contrôlez contient une balise `base`, il est probable que certaines URL dans cette page soient des *URL relatives*, c'est-à-dire qui ne comportent pas l'adresse complète mais seulement la dernière portion. A la fin de cet ensemble de lignes, `$URLBase` contient l'URL de base, ou une chaîne nulle si aucune URL de base n'existe.

Les instructions de la section D analysent la chaîne `$TheMain` à la recherche des balises HTML `a` (qui représentent des liens). La sortie de boucle s'effectue lorsqu'il n'y a plus de balise HTML `a`. Cet ensemble d'instructions trouve le début de la balise, puis l'URL entre apostrophes à l'intérieur de la balise. Chaque URL est ajoutée à la fin de la liste `@URLList`. La chaîne `$TheMain` est alors raccourcie jusqu'au point où la balise a été trouvée, puis la boucle reprend.

Les instructions suivantes dans la section E analysent toutes les URL trouvées, pour déterminer s'il s'agit d'*URL absolues* (c'est-à-dire comportant une adresse complète) ou d'URL relatives. Dans le dernier cas, le programme insère l'URL de base au début de l'URL. Le programme regarde également si l'URL est une URL `mailto:`. Si c'est le cas, le programme l'ignore, car les URL `mailto:` ne sont jamais relatives, il est donc inutile de les contrôler.

Les instructions de la section F vérifient la validité de chaque URL. Si la fonction `get` réussit, le programme affiche `OK` suivi de l'URL ; sinon, le programme affiche `Echec` suivi de l'URL. Vous avez ainsi la liste des liens vers les pages Web qui ne sont plus valides.

Emploi de libwww-perl avec des objets

Il est important de signaler que libwww-perl est capable de bien d'autres choses que ce que nous avons présenté concernant le paquetage `LWP::Simple` au cours des deux précédentes sections. Le paquetage `LWP::Simple` est un bon exemple de ce qui se trouve dans libwww-perl, car cela permet à ceux qui ne sont pas familiers des caractéristiques orientées objet de Perl 5 d'exploiter quand même Perl pour récupérer des documents de serveurs Web et FTP.

Le Chapitre 19 décrit la programmation orientée objet avec Perl. En attendant, nous vous invitons à jeter un œil aux autres parties du paquetage libwww-perl. Il permet de :

- Créer des robots Web pour télécharger tous les documents vers lesquels pointe une page Web particulière.
- Réagir aux différents en-têtes HTTP retournés suite aux requêtes Web.
- Convertir le code HTML pour obtenir un document lisible par l'utilisateur.
- Traverser une arborescence de répertoires sur un serveur FTP pour récupérer les fichiers se trouvant dans un répertoire particulier et ses sous-répertoires.
- Lire et poster des messages vers les groupes de news Usenet.
- Envoyer des e-mails.

Récupération de l'e-mail

La plus grande partie de l'information sur Internet est accessible seulement via e-mail, pas par le Web ou FTP. Par exemple, de nombreuses listes de diffusion recèlent des ressources intéressantes mais qui ne sont pas accessibles par quelque autre moyen. Sans oublier bien sûr que l'e-mail fournit un moyen rapide et efficace de communication de personne à personne via Internet.

Il existe de nombreux logiciels graphiques pour naviguer sur le Web. On en trouve aussi de nombreux pour lire et envoyer des e-mails. Cependant, comme pour les clients Web, peu de clients e-mail sont programmables pour leur faire effectuer ce que vous voulez.

En admettant que vous soyez abonné à dix listes de diffusion, il est intéressant de filtrer les messages reçus pour les ventiler vers divers fichiers. Vous pouvez aussi écrire un programme pour gérer des rapports que vous transmettent par e-mails d'autres ordinateurs : le programme analysera les rapports, en tirera l'information nécessaire, l'ajoutera aux compilations d'informations antérieures, etc. Si vous lisez votre e-mail sur un serveur Post Office Protocol (POP), toutes ces tâches sont facilement réalisables avec le module `Mail::POP3Client`, décrit dans les sections suivantes.

Module Mail::POP3Client

Le module `Mail::POP3Client`, que les utilisateurs Windows et UNIX trouveront respectivement sur le site Web de ActiveState et du CPAN, fournit une interface simple avec un serveur POP. Un *serveur POP* permet à votre client mail de récupérer vos e-mails sur le disque dur du serveur.

PERL ET WINDOWS

Avant d'être utilisable, le module doit être installé. Les utilisateurs UNIX demanderont à l'administrateur système s'il peut l'installer (croisons les doigts). Pour ce qui concerne les utilisateurs d'ActivePerl, il faut installer le module en suivant ces étapes :

1. **Connectez-vous à Internet.**

2. **Chargez le programme PPM en entrant cette commande :**

```
C:\perl\bin\perl ppm.pl
```

   Cette commande charge le PPM (ActivePerl Perl Package Manager, gestionnaire de paquetage Perl d'ActivePerl).

3. **Tapez cette commande :**

```
install Mail-POP3Client
```

Notez le tiret à la place du double deux-points `::`. Cette commande indique au PPM de télécharger et d'installer la dernière version du module `Mail::POP3Client`.

4. **Quittez le PPM en entrant cette commande :**

```
quit
```

A la différence du module libwww-perl, `Mail::POP3Client` présente uniquement une interface objet (et non une interface tout simple basée sur des fonctions). Ce qui ne vous empêche pas d'envisager ce module. Vous pouvez créer un programme de récupération d'e-mails sans rien connaître à la programmation orientée objet.

Un programme de mail doit connaître trois choses pour dialoguer avec un serveur POP :

- Le nom du compte de courrier.
- Le mot de passe de ce compte de courrier.
- Le nom de domaine du serveur de courrier.

Déclarez trois variables pour y stocker les valeurs de ces trois éléments :

```
$Name = 'larry';
$Pass = 'AouerGyvvt';
$Serv = 'mail.bidonet.com';
```

Création d'un objet client simple

Pour utiliser le module `Mail::POP3Client`, vous devez d'abord l'inclure dans votre programme, puis créer un *objet client* (une entité qui communique avec le serveur POP). Lorsque vous créez un nouvel objet client, vous fournissez en arguments le nom d'utilisateur, son mot de passe et le nom du serveur. Vous pouvez commencer votre programme avec les instructions suivantes :

```
use Mail::POP3Client;
$Client = new Mail::POP3Client($Name, $Pass, $Serv);
```

A ce stade, votre programme Perl s'est connecté au serveur POP. Le serveur POP attend que vous lui transmettiez des commandes POP. Voici les choses à savoir :

- Après connexion au serveur POP, vous pouvez lui envoyer des commandes qui vous donnent des informations sur la totalité de la boîte aux lettres ou sur des messages individuels. Par exemple, vous demandez le nombre de messages présents dans la boîte ou le contenu d'un message particulier
- A chaque message dans une boîte aux lettres POP est associé un numéro de message. Les numéros de messages commencent à 1, et non à 0 comme vous pourriez vous y attendre après avoir travaillé un peu avec Perl.

Pour transmettre des commandes POP au serveur POP et étudier les résultats renvoyés, il faut utiliser des méthodes de `Mail::POP3Client`. Nombre d'entre elles prennent comme seul argument le numéro de message sur lequel il faut agir. Le Tableau 15.2 présente les méthodes les plus intéressantes de `Mail::POP3Client`.

Tableau 15.2 : Les méthodes les plus intéressantes du module Mail::POP3Client.

Méthode	Rôle
`Count`	Indique le nombre de messages dans la boîte aux lettres.
`Head(numéro)`	Lit l'en-tête d'un message.
`Body(numéro)`	Lit le corps d'un message.
`HeadAndBody(numéro)`	Lit la totalité d'un message.
`Delete(numéro)`	Marque un message pour suppression.
`List`	Donne la liste de tous les messages et leurs tailles.
`Close`	Ferme la connexion, en supprimant au passage tous les messages marqués.
`State`	Indique si la connexion est active ou non.

Étude d'un programme pour traiter des rapports transmis par e-mail

Considérez que vous avez un programme qui vous envoie chaque jour un rapport par mail. Vous voulez voir dans votre boîte aux lettres si le rapport est arrivé, le récupérer le cas échéant pour l'enregistrer sur votre disque dur, puis l'effacer de la boîte aux lettres. Vous gardez ainsi le bénéfice de votre client graphique pour lire le reste de vos messages mais traitez le rapport automatiquement. Le Programme 15.2 montre la construction d'un tel programme. Ce programme s'appelle popcheck.pl. Vous pouvez le télécharger sur le site First Interactive.

Programme 15.2 : Exemple d'un programme qui récupère un rapport dans une boîte aux lettres POP.

```
$Name = 'larry';
$Pass = 'AouerGyvvt';
$Serv = 'mail.bidonet.com';
$Subj = 'Objet : Rapport journalier';

use Mail::POP3Client;
$Client = new Mail::POP3Client($Name, $Pass, $Serv);
$TheState = $Client->State;
if($TheState eq 'AUTHORIZATION')
    { die "Nom utilisateur ou mot de passe invalide.\n" }
elsif($TheState eq 'DEAD')
    { die "Serveur de courrier inaccessible.\n" }

# Lit le nombre de messages dans la boîte
$NumMsg = $Client->Count;

# Boucle dans les messages (en commençant à 1)
for($i = 1; $i<=$NumMsg; $i +=1) {
    $Headers = $Client->Head($i);
    @HeadList = split(/\n/, $Headers);
    foreach $Line (@HeadList) {
        if($Line =~ /^$Subj/) {
            # Message trouvé ; lire le corps et effacer le message
            $Body = $Client->Body($i);
            $Client->Delete($i);
            # Traite le rapport et quitte le programme
            &ProcessReport($Body);
            last;
        }
    }
}
# Ferme la connexion (le message est alors supprimé)
$Client->Close;

sub ProcessReport {
    my($Report) = pop(@_);
    # Opérations pour traiter le contenu du rapport
    return;
}
```

Les premières lignes du programme définissent des variables qui seront utilisées plus loin dans le programme. L'instruction suivante applique la méthode `State` sur le client :

```
$TheState = $Client->State;
```

Les trois résultats possibles de la méthode `State` sont : `TRANSACTION` (tout va bien), `AUTHORIZATION` (le serveur POP essaie de voir si le client est autorisé à se connecter) et `DEAD` (le serveur POP n'a pas été trouvé). Si vous recevez `AUTHORIZATION` alors que vous avez fourni un nom d'utilisateur et un mot de passe, c'est que la combinaison fournie ne fonctionne pas.

Le programme lit ensuite le nombre de messages, puis une boucle analyse chaque message. Cette instruction lit l'en-tête d'un message :

```
$Headers = $Client->Head($i);
```

Le programme injecte les en-têtes dans un tableau et recherche l'en-tête d'objet de message signalant le message correspondant au rapport. Si l'en-tête d'objet est trouvé, `$Body` lit le corps du message, le message est marqué pour l'effacement, le rapport est traité et la boucle s'achève.

Le futur de la programmation Web : Perl et XML

La majorité des documents texte sur le World Wide Web sont formatés en HTML, langage qui permet de spécifier le style de composition du texte d'une page Web. HTML a très bien servi le Web depuis la naissance de ce dernier au début des années 90, mais nombreux sont ceux (nous y compris) qui pensent que HTML doit être remplacé par quelque chose de mieux pour que le Web puisse atteindre son véritable potentiel (le Chapitre 11 présente HTML plus en détail).

En 1996, le World Wide Web Consortium (W3C) a commencé à travailler sérieusement sur la suite de HTML. XML (*eXtensible Markup Language*) a des capacités qui vont bien au-delà de celles de l'HTML, ce qui explique pourquoi tant de gens s'y intéressent. HTML est performant pour déterminer l'aspect du texte une fois celui-ci affiché. XML, en comparaison, décrit chaque partie d'un document texte de façon que le programme d'affichage décide de lui-même comment afficher le document.

Définir XML

Ne pensez pas que XML soit une de ces technologies Web dont les médias s'entichent mais qui ne sortent jamais des limbes. Bien que XML soit encore très jeune, il ne fait aucun doute qu'il sera d'une grande importance pour les programmeurs, et ce, pour un certain nombre de raisons. XML est utile pour de nombreuses opérations autres que l'affichage de texte sur le Web : il est exploitable comme mécanisme d'échange de bases de données, par exemple des enregistrements médicaux, ou pour mener des transactions commerciales entre individus qui ne se sont jamais rencontrés, etc.

XML est une méthode pour ajouter du code sous forme de texte à un document afin d'enrichir ce document. Les *balises* XML que vous ajoutez au document servent au programme qui l'analyse à comprendre davantage de choses sur son contenu ; par exemple, quelle portion représente le titre du document ? quelle partie représente un tableau ? quelles autres portions sont des notes de bas de page ? etc. Bien que quiconque puisse lire un document XML, les documents codés en XML sont plutôt prévus pour être analysés par des programmes.

XML est complexe, et le sujet réclame un livre à lui seul. Nous conseillons à toute personne impliquée dans le développement de site Web de se former à XML.

A quoi ressemble XML ?

La plupart des éléments XML possèdent une balise de début et une autre de fin (on rencontre aussi les termes *balises d'ouverture et de fermeture*). Par exemple :

```
Je veux du gâteau <crier>tout de suite</crier> !
```

`<crier>` est la balise de début et `</crier>` celle de fin.

Certaines balises possèdent des *attributs*. Par exemple, notez la différence entre les balises de l'exemple précédent et celles de cet exemple :

```
Je veux du gâteau <crier volume="fort">tout
de suite</crier> !
```

Dans ce second exemple, `volume` est le nom de l'attribut et `fort` la valeur de cet attribut. Une balise peut posséder de nombreux attributs.

A l'heure où nous écrivons ces lignes, aucun des navigateurs Web populaires n'est capable d'afficher du XML ; par conséquent, très peu de pages Web sont pour l'instant écrites en XML. Les outils Perl pour manipuler du XML sont encore à des stades précoces de développement. Ils s'améliorent néanmoins très vite.

Combinaison de XML et Perl

Perl est un langage particulièrement capable d'analyser des documents XML, puisque l'une des grandes forces de Perl est sa puissance de traitement du texte et que les documents XML sont des documents texte. Une autre force de Perl réside dans sa manipulation des listes ; or, les programmes d'analyse de documents XML auront justement besoin de gérer de nombreuses listes, notamment pendant la vérification de la validité du balisage XML dans le document (en d'autres termes, de contrôler que le document ne comporte pas de faute de langage XML).

Du fait de cette adéquation entre les nécessités de XML et les caractéristiques de Perl, la communauté des programmeurs Perl travaille d'arrache-pied à la création de modules Perl pour gérer XML. Larry Wall, le créateur de Perl, est sur la brèche depuis les débuts de XML, et de nombreux autres programmeurs Perl contribuent. Certaines personnes du domaine XML (dont Tim Bray, un des inventeurs de XML) sont également impliquées dans la construction de modules Perl pour traiter du XML.

La quasi-totalité du travail de Perl dans le domaine du XML concerne le traitement de documents XML existants plutôt que la création de documents XML. Si vous avez déjà créé des documents HTML, vous savez qu'il est plus facile de créer un document en travaillant dans un éditeur HTML que d'entrer les balises HTML à la main dans un éditeur de texte ordinaire. Il en va de même pour la création des documents XML. Perl est rarement utilisé pour créer des applications de type éditeur de texte, et il n'a pas non plus pour l'instant été exploité pour créer des documents XML (bien sûr, cela peut changer).

Traiter du XML avec Perl

Ceux qui parlent de XML le voient principalement destiné au traitement de texte et à l'échange de données. Bien que le traitement de texte soit le domaine qui retient le plus l'attention, nous pensons que l'exploitation de XML dans l'échange de données est l'application Web la plus prometteuse, particulièrement pour ce qui concerne les transactions commerciales.

Prenons un exemple. Vous avez un serveur Web qui reçoit des fichiers de données en provenance de visiteurs de votre Web. Ces fichiers sont des ordres d'achat pour des plantes d'intérieur ; ils sont dans un format XML que vous avez défini. Voici à quoi peut ressembler un tel fichier de données :

```
<commande>
<client nom="Chris Chambers" id="CC230"/>
<expedition methode="voie terrestre"/>
<article>
<articleid quantite="20" couleur="bleu">13572</articleid>
</article>
<article>
<articleid quantite="3" taille="1 m">72400</articleid>
</article>
</commande>
```

Nous vous invitons à taper ce code dans un fichier texte baptisé theorder.txt ; vous pouvez aussi le récupérer sur le site First Interactive.

XML définit deux types de documents : les documents *bien formés* (*well formed*) et les documents *valides*. Un document valide doit se plier à des règles plus contraignantes que les documents bien formés. L'exemple précédent est bien formé, mais pas valide, ce qui n'est pas un problème dans ce scénario, car vous pouvez utiliser des documents XML se conformant à la structure XML que vous avez définie pour vos commandes.

Sur votre serveur Web, il vous faut un programme capable de lire un document écrit au format XML que vous avez spécifié et d'en extraire les divers éléments. Dans le cas présent, le programme doit extraire les éléments de la commande du client. Vous voulez savoir qui a commandé un article, quel est cet article, quel est son prix, etc. Vous exploiterez ces données pour mettre en place une commande.

Traitement avec XML::Parser

Plusieurs modules de traitement de documents XML ont été écrits pour Perl. Dans cette section, nous présentons l'usage du module le plus populaire à l'heure de la rédaction de cet ouvrage, à savoir le module `XML::Parser`. Les utilisateurs Windows le trouveront sur le site Web d'ActiveState, et ceux de UNIX sur le site du CPAN.

Les utilisateurs d'ActivePerl installeront le module `XML::Parser` en suivant les étapes ci-dessous (semblables aux étapes vues plus haut à la section "Module Mail::POP3Client") :

1. **Connectez-vous à Internet.**

2. **Chargez le PPM en entrant cette commande :**

```
C:\perl\bin\perl ppm.pl
```

3. **Tapez cette commande pour télécharger le module** `XML::Parser` **:**

```
install XML-Parser
```

4. **Quittez le PPM en entrant cette commande :**

```
quit
```

Il existe une telle activité autour de Perl et XML que le module `XML::Parser` est modifié presque toutes les semaines. Il est probable que toutes les versions futures du module `XML::Parser` fonctionneront correctement avec les programmes écrits pour des versions antérieures du module, mais nous ne pouvons le garantir pour ce qui concerne le programme ci-après.

Analyse d'un document XML

Le Programme 15.3 analyse un document XML se composant de commandes clients. Le programme s'attend à ce que le document ait le même format XML que celui exposé plus haut (section "Traitement XML avec Perl"). Après analyse du document, le programme affiche le contenu de la commande.

Ce programme s'appelle orderpar.pl. Vous le trouverez sur le site First Interactive.

Programme 15.3 : Exemple de programme analysant un document XML.

```
# Section A
use XML::Parser;

$ItemCount = 0;
@ItemList = ();

# Section B
$parser = new XML::Parser(Style => 'Stream');
$parser->parsefile('theorder.txt');

# Section C
print "Nombre total d'articles : $ItemCount\n";
for($i = 1; $i <= $ItemCount; $i+=1) {
    print "Article $i : $ItemList[$i][3]\n",
```

```
        "Quantite : $ItemList[$i][0]\n",
        "Couleur : $ItemList[$i][1]\n",
        "Taille : $ItemList[$i][2]\n\n";
}
exit;

# Section D
sub StartTag {
    my $Handler = shift(@_);
    my $Name = shift(@_);
    my %Attr = %_;

    # Section D1
    if($Name eq 'commande') { }  # Rien à faire
    # Section D2
    elsif($Name eq 'client') {
        $PurchName = $Attr{'nom'};
        $PurchID = $Attr{'id'};
        if($PurchID eq '')
            { die "Pas d'ID client\n" }
    }
    # Section D3
    elsif($Name eq 'expedition') {
        $ShipMethod = $Attr{'methode'};
    }
    # Section D4
    elsif($Name eq 'article') {
        # Ajoute 1 au nombre d'articles commandés
        $ItemCount += 1;
    }
    # Section D5
    elsif($Name eq 'articleid') {
        $ItemList[$ItemCount][0] = $Attr{'quantite'};
        $ItemList[$ItemCount][1] = $Attr{'couleur'};
        $ItemList[$ItemCount][2] = $Attr{'taille'};
    }
    # Section D6
    else {  # S'il y a une balise inconnue
        die "Balise d\'ouverture inconnue : \n$_\n";
    }
}

# Section E
sub Text { $TheText = $_ };

# Section F
sub EndTag {
    my $Handler = shift(@_);
```

Programme 15.3 : (suite)

```
        my $Name = shift(@_);

        if($Name eq 'articleid') {
            $ItemList[$ItemCount][3] = $TheText;
        }
    };
```

La première ligne de la section A du Programme 15.3 charge le module `XML::Parser`. Les deux lignes suivantes initialisent la variable `$ItemCount`, qui contient le nombre d'éléments que comporte la commande, et la variable `@ItemList`, qui contient une liste multidimensionnelle pour gérer les informations concernant un article particulier de la commande (nous étudions les listes multidimensionnelles au Chapitre 16).

Les deux lignes de la section B réalisent quasiment la totalité du travail du programme. La première initialise l'analyseur XML (*parser*) pour créer un nouvel objet (nous décrivons les objets au Chapitre 19, vous n'avez pas besoin d'en connaître plus pour l'instant). La seconde ligne exploite l'objet *parser* qui vient d'être créé pour analyser le fichier contenant le document XML. A la fin de l'exécution de cette ligne, le traitement du fichier est terminé.

La section C contient les instructions qui indiquent à Perl que faire après traitement du document XML. Ces lignes affichent les données de la commande, dont le nombre d'articles commandés et une description de chaque article. En cas d'exploitation d'un tel programme dans un système réel de traitement de commandes, il vous faudrait ajouter diverses instructions, par exemple pour imprimer une étiquette d'expédition. Après exécution de cette section, le programme stoppe avec l'instruction `exit`.

Si vous vous demandez comment l'analyseur sait manipuler chacune de ces balises XML, sachez que c'est dans le reste du programme, c'est-à-dire au-dessous de l'instruction `exit`, que se trouve le code nécessaire. En haut du programme, la ligne déclarant le nouvel objet `XML::Parser` lui associe un style `stream`. Le module sait alors qu'il faut trouver autre part dans le programme des procédures qui indiquent à l'analyseur ce qu'il faut faire lorsqu'il rencontre une balise d'ouverture, une balise de fermeture, et que faire du texte en dehors de ces balises. Voici ces procédures :

- `StartTag` : appelée chaque fois que l'analyseur rencontre une balise de début.
- `EndTag` : appelée chaque fois que l'analyseur rencontre une balise de fin.
- `Text` : appelée chaque fois que l'analyseur trouve du texte.

La section D du programme et ses sous-sections décrivent ce que l'analyseur doit faire lorsqu'il rencontre une balise d'ouverture. Les trois premières lignes de la procédure définissent les variables qui sont passées à la procédure par l'analyseur (les notions de *procédure* et de *variable* sont décrites au Chapitre 10). Les deux variables notables sont `$Name`, qui contient le nom de la balise, et `%Attr`, un tableau associatif contenant les attributs de la balise.

Les six sous-sections de la section D décrivent les cinq balises d'ouverture susceptibles d'êtres trouvées dans le document XML (dans cet exemple particulier) :

- La section D1 contient la balise `commande`. A ce stade, le programme n'a rien à faire de spécial, puisque cette balise d'ouverture ne nécessite aucun traitement.
- La section D2 contient la balise `client`. Cette balise donne des valeurs aux deux variables `$PurchName` et `$PurchID` en se basant sur les valeurs des attributs de la balise. La fonction `if` vérifie si un identificateur de client existe et, si ce n'est pas le cas, met fin au programme.
- La section D3 contient la balise `expedition`. Cette balise définit la variable `$ShipMethod`.
- La section D4 contient la balise `article`. Cette balise incrémente la variable `$ItemCount` pour obtenir finalement le nombre total d'articles de la commande.
- La section D5 contient la balise `articleid`. C'est ici que l'on remplit les emplacements de la liste multidimensionnelle `@ItemList`.
- La section D6 ne s'exécute que si la balise rencontrée par l'analyseur n'est pas définie dans les sections antérieures. Le programme s'arrête alors en affichant un message d'erreur.

La section E contient la procédure indiquant à l'analyseur ce qu'il faut faire lorsqu'il rencontre du texte. Ici, la procédure injecte le texte dans la variable `$TheText`, qui sera exploitée par la procédure `EndTag`.

Cette procédure `EndTag` se situe à la section F. La seule balise possédant du texte devant être traité par la balise de fin est `articleid`. Dans la procédure, le texte qui se trouve avant la balise de fin de `articleid` est placé dans la liste multidimensionnelle de cet article.

Voici l'affichage produit par le programme :

```
Nombre total d'articles : 2
Article 1 : 13572
```

```
Quantite : 20
Couleur : bleu
Taille :

Article 2 : 72400
Quantite : 3
Couleur :
Taille : 1 m
```

Chapitre 16

Tableaux associatifs et listes multidimensionnelles

Dans ce chapitre :

- Localisation d'éléments et analyse d'enregistrements basées sur des clés.
- Ecriture des données d'un tableau associatif dans un fichier.
- Création de listes multidimensionnelles.
- Ecriture des fichiers contenant les listes multidimensionnelles.

Perl a de nombreux points forts ; l'un des plus importants est sa capacité à gérer les listes. Une *liste* est une série d'éléments ordonnés. Les listes servent dans un très grand nombre d'applications. Vous pouvez les exploiter pour contenir des noms, des adresses, des numéros de téléphone et bien d'autres sortes de données que vos programmes devront manipuler.

Dans ce chapitre, nous étudions certains aspects avancés du travail avec les listes Perl, dont la création et la gestion de deux types particuliers de listes : le tableau associatif et la liste multidimensionnelle (une liste de listes). Vous trouverez des information sur la notion de liste Perl au Chapitre 7.

Quelques bases sur les tableaux associatifs

Un élément de liste est généralement accessible en fournissant l'indice de l'élément, c'est-à-dire un nombre indiquant sa position (par exemple, `$Names[4]` est le cinquième élément de la liste `@Names`).

Supposez que vous travailliez sur une sortie imprimée comportant deux colonnes d'information : des numéros et des noms d'employés. A chaque numéro d'employé correspond un unique employé. Par ailleurs, les numéros ne sont pas séquentiels. Par exemple :

ID	Nom
742	Kathi Stennis
5280	Roberta Wallace
3279	Daniel Exon

Dans cette liste imprimée, vous avez le choix entre rechercher un employé par son numéro ID ou, au contraire, rechercher un numéro ID en trouvant d'abord le nom de l'employé. Pour créer cette liste en Perl, vous écrivez :

```
(742, 'Kathi Stennis', 5280, 'Roberta Wallace',
   3279, 'Daniel Exon')
```

Cependant, cette liste Perl n'est pas aussi facile à lire qu'une liste imprimée, car un élément sur deux est un numéro ID et un élément sur deux est un nom. Pour rechercher un numéro ID particulier, vous devez donc lire un élément sur deux dans la liste, ce qui n'est pas efficace.

Localisation d'un élément via sa clé

Les listes dans lesquelles les éléments ont deux parties, un indice et une valeur associée, sont courantes en programmation. Perl offre à ce propos un deuxième type de liste, le *tableau associatif* (rappelons que dans Perl les termes *liste* et *tableau* font référence à la même chose). Le concept de *tableau associatif* répond au besoin d'accéder à un élément en fournissant non pas sa position mais un indice, que l'on appelle ici la *clé*. Un tableau associatif est en fait une liste de paires *clé-valeur*. Chaque paire clé-valeur est appelée *enregistrement*.

Dans l'exemple d'ID employé vu plus haut, le tableau associatif renferme trois enregistrements : le premier possède la clé `742` et la valeur `Kathi Stennis` ; le deuxième la clé `5280` et la valeur `Roberta Wallace` ; le troisième la clé `3279` et la valeur `Daniel Exon`. Dans un tableau associatif, l'ordre des enregistrements n'a pas d'importance. D'ailleurs, cet ordre est géré par Perl d'une façon qui, apparemment seulement, semble aléatoire.

Vous utilisez des clés pour obtenir des enregistrements au lieu de numéros d'enregistrements comme c'est le cas dans les listes ordinaires. Si l'on reprend l'exemple précédent, l'enregistrement associé à la clé 5280 est celui qui a la valeur Roberta Wallace.

De cette identification de l'enregistrement par la clé découle une caractéristique primordiale du tableau associatif : un seul enregistrement est associé à une clé. Vous avez la garantie que, lorsque vous demandez l'enregistrement avec clé 5280, un seul enregistrement correspond à la demande. Cela veut aussi dire que le tableau associatif ne convient pas pour certaines tâches. Par exemple, pour une liste de numéros de téléphone et de noms, n'exploitez pas un tableau associatif, puisque deux personnes peuvent avoir le même numéro de téléphone et une personne en avoir plusieurs.

Certains programmeurs Perl appellent *hachages* (de *hash*, moyen mathématique sur lequel est basé l'accès de Perl aux clés et valeurs) les tableaux associatifs. Nous préférons le terme *tableau associatif*, puisque ces tableaux sont exploités pour stocker des associations clé-valeur.

Il n'y a aucune obligation à employer des tableaux associatifs (sauf dans les quelques cas où c'est Perl qui vous les fournit sous forme de valeur de retour d'une opération). Cependant, ils présentent, dans de nombreux cas, des avantages énormes sur les listes simples.

Pour gérer des listes de paires nom-valeur, les tableaux associatifs sont très pratiques, car vous disposez alors d'un jeu de fonctions prédéfinies de Perl qui vous épargnent une perte de temps dans la création de vos propres fonctions pour réaliser certaines opérations comme trouver une valeur en fournissant son nom ou effacer une paire nom-valeur au milieu de la liste.

La recherche à travers un tableau associatif est beaucoup plus rapide que la recherche dans une liste ordinaire, particulièrement lorsque la liste contient de nombreuses données.

Comparaison des tableaux associatifs avec les listes ordinaires

La notation pour les tableaux associatifs est différente de celle des listes ordinaires (pour plus d'informations sur les listes, consultez le Chapitre 7) :

- Le symbole en début de nom d'un tableau associatif est le symbole pour-cent (%) au lieu du @ utilisé pour les listes (par exemple, `%IDList`).
- La référence à un élément de tableau associatif se fait via sa clé.
- La clé est placée entre accolades ({ et }) au lieu de parenthèses pour ce qui concerne les listes ordinaires.

L'instruction ci-dessous affecte à la variable `$NextPerson` la *valeur* de l'enregistrement dont la *clé* est `5280` :

```
$NextPerson = $IDList{"5280"};
```

Création d'un tableau associatif

L'insertion d'un enregistrement dans un tableau associatif se fait sous forme d'une paire d'éléments. Par exemple, pour créer le tableau associatif `%IDList`, écrivez :

```
%IDList = (742, 'Kathi Stennis', 5280, 'Roberta Wallace',
  3279, 'Daniel Exon');
```

Cette instruction est un peu difficile à lire (il faut lire les affectations par paires). A partir de la version 5 de Perl, vous disposez de l'opérateur => au lieu de l'opérateur virgule pour séparer les valeurs dans une liste. De nombreux programmeurs utilisent donc => entre la clé et la valeur (=> indique clairement que la clé est associée à la valeur) et des virgules entre les enregistrements, comme ici :

```
%IDList = (742 => 'Kathi Stennis',
  5280 => 'Roberta Wallace',
  3279 => 'Daniel Exon');
```

Si la clé comporte plusieurs mots, elle doit être entre guillemets. Par exemple, pour un tableau associatif dont les clés sont des noms de rue et les valeurs des codes postaux :

```
%Streets = ("Pierre Loti" => "92484", "Victor Hugo" => "92481",
  "Alphonse Daudet" => "92484");
```

Pour démarrer avec un tableau associatif vide, c'est-à-dire sans ajouter tout de suite des enregistrements, écrivez :

```
%Streets = ();
```

Ajout d'enregistrement à un tableau associatif

Pour ajouter un enregistrement à un tableau associatif, vous devez affecter une valeur à un clé. Par exemple, pour ajouter un enregistrement au tableau `%Streets`, écrivez :

```
$Streets{"Guy de Maupassant"} = "92481";
```

Lorsque Perl rencontre une instruction d'affectation comme celle-ci, il regarde si la clé `Guy de Maupassant` existe déjà. Si c'est le cas, il remplace la valeur correspondante par `92481` ; sinon, Perl crée une clé et lui attribue cette valeur. L'affectation de valeurs dans un tableau associatif et l'affectation de valeurs dans une liste ordinaire sont identiques, hormis que vous utilisez des clés dans le tableau au lieu de positions dans la liste.

Suppression d'enregistrement

La fonction `delete` supprime un enregistrement dans un tableau associatif. La fonction prend en argument la clé à supprimer. Par exemple :

```
delete($Streets{"Victor Hugo"});
```

La fonction `delete` retourne la valeur de la clé qui vient d'être supprimée.

Lecture d'enregistrements avec la fonction keys

Dans la section "Comparaison des tableaux associatifs avec les listes ordinaires", vous avez vu comment lire la valeur d'un enregistrement en plaçant sa clé entre accolades .

```
$NOMTABLEAU{"CLE"}
```

Il est possible d'obtenir la liste des clés du tableau associatif, ce qui permet ensuite de lire les enregistrements du tableau. Cette tâche s'opère avec la fonction `keys`. L'argument de `keys` est le nom du tableau associatif. Par exemple, ces instructions affichent les enregistrements d'un tableau associatif :

```
@AllKeys = keys(%Streets);
foreach $TheKey (@AllKeys)
  { print "$TheKey est la clé de $Streets{$TheKey}\n" }
```

L'ordre dans lequel les clés sont retournées est plutôt aléatoire. Cependant, `keys` retourne une liste simple que vous pouvez trier avant de l'exploiter :

```
@AllKeys = sort(keys(%Streets));
```

Lire les valeurs avec la fonction values

La fonction `values` retourne la liste des valeurs du tableau associatif. Cette possibilité est pratique pour connaître juste les valeurs du tableau, pas les clés auxquelles chaque valeur est associée. N'oubliez pas que le tableau peut contenir plusieurs valeurs identiques (seules les clés ne sont jamais dupliquées).

Par exemple, pour créer un tableau `@AllVals` contenant les valeurs du tableau associatif `%Streets`, écrivez :

```
@AllVals = sort(values(%Streets));
print join("\n", @AllVals), "\n";
```

Ordre de stockage des enregistrements

Perl stocke les enregistrements dans un ordre qui semble aléatoire. Cela veut dire que l'ordre adopté n'a pas de logique lorsque vous consultez les clés ou les valeurs de la liste. Lorsque vous affectez un enregistrement à un tableau, Perl détermine où l'enregistrement doit être placé dans le tableau et l'insère à cet endroit, dérangeant l'ordre dans lequel étaient pour l'instant les enregistrements. Cependant, Perl sait ce qu'il fait, il optimise ainsi les accès aux enregistrements.

Le programme ci-dessous montre que les enregistrements d'un tableau associatif ne conservent pas forcément l'ordre dans lequel vous les avez créés. Le résultat de l'exécution de ce programme vous surprendra probablement :

```
%IDList = (742 => 'Kathi Stennis',
   5280 => 'Roberta Wallace',
   3279 => 'Daniel Exon');
print join("\n", %IDList);
```

Lorsque vous exécutez ce programme, Perl affiche :

```
3279
Daniel Exon
742
Kathi Stennis
5280
Roberta Wallace
```

Note : Les enregistrements sont affichés dans un ordre différent de celui où vous les avez créés, car Perl les extrait dans l'ordre où ils les a stockés en interne.

Traversée de tableau avec la fonction each

Lorsque vous gérez un gros tableau associatif, il n'est pas nécessairement efficace de créer de très longues listes avec les fonctions `keys` et `values`. Vous avez la possibilité de progresser enregistrement par enregistrement avec la fonction `each`. Cette fonction retourne une liste contenant deux éléments : la clé et la valeur d'un enregistrement. Lorsque vous atteignez la fin du tableau associatif, `each` retourne la valeur false.

Par exemple, le programme ci-dessous affiche la clé et la valeur de chaque enregistrement du tableau %BigList. Il opère avec la fonction each pour lire chaque enregistrement, un à la fois :

```
while(($TheKey, $TheVal) = each(%BigList))
  { print "$TheKey est la clé de $TheVal\n" }
```

Le compteur exploité par each est réinitialisé dès que vous utilisez la fonction keys ou values. Il ne faut donc pas employer ces fonctions dans votre boucle. La fonction each fonctionne correctement si vous effacez des enregistrements, mais pas si vous en ajoutez.

Si vous désirez simplement vérifier qu'une certaine clé est dans un tableau associatif, faites appel à la fonction exists :

```
unless(exists($Streets{"Principale"}))
  { print "La Rue Principale a disparu.\n" }
```

Vérifier l'existence d'enregistrements

Pour savoir si un tableau associatif contient des enregistrements, évaluez le tableau en contexte scalaire. Ce processus retourne true seulement si un enregistrement au moins existe. Par exemple, dans l'instruction ci-dessous, le tableau associatif %IDList est utilisé comme argument de la fonction unless, ce qui passe le tableau en contexte scalaire :

```
unless(%IDList) { print "Le tableau est vide.\n" }
```

Ecriture des données d'un tableau associatif dans un fichier

Il est rare de conserver à l'intérieur d'un programme toutes les données utilisées par ce programme. Il est préférable de placer les données dans un fichier sur disque et de lire ce fichier lors de l'exécution du programme. Il est possible de modifier les données lues, puis de réécrire le fichier sur disque. L'emploi de fichiers contenant des données de tableaux associatifs est semblable à celui des fichiers pour stocker des listes ordinaires (voir le Chapitre 11).

Par exemple, vous choisissez de stocker les données sous forme de fichier texte avec délimitations par tabulations, et de lire ce fichier texte au démarrage du programme. Dans les instructions ci-dessous, les données sont écrites dans un fichier en plaçant une tabulation entre chaque clé et valeur. Chaque paire (enregistrement) est sur une ligne séparée dans le fichier :

```
open(STREETOUT, ">streets.txt") or
  die "Impossible d\'écrire dans streets.txt.\n";
foreach $Key (sort(keys(%Streets)))
  { print STREETOUT "$Key\t$Streets{$Key}\n" }
close(STREETOUT);
```

Les instructions ci-dessous lisent les données dans le fichier créé ci-dessus :

```
%Streets = ();
open(STREETIN, "streets.txt") or
  die "Impossible de lire dans streets.txt file.\n";
while(<STREETIN>) {
  $TheRec = $_; chomp($TheRec);
  ($Key, $Val) = split(/\t/, $TheRec, 2);
  $Streets{$Key} = $Val;
}
```

Le Chapitre 17 décrit comment exploiter des fichiers de base de données en bénéficiant d'un accès beaucoup plus rapide.

Création de listes multidimensionnelles

Avant Perl 5, les programmeurs Perl étaient limités à la création de listes contenant des éléments scalaires (chaînes ou nombres).

Depuis Perl 5, il est possible de créer des *listes multidimensionnelles*. Une *liste multidimensionnelle* est une liste de listes. Par exemple, vous créez une liste d'employés, et à l'intérieur de chaque élément vous énumérez le nom de l'employé, son numéro d'identification, son numéro de téléphone. Ou encore vous créez un stock, c'est-à-dire une liste d'articles avec, pour chaque article, son emplacement, sa référence, son nom, la quantité en stock. Vous pouvez même avoir des tableaux associatifs dont les valeurs sont des listes.

Dans cette section, nous montrons comment utiliser des listes de listes, mais nous ne détaillons pas les symboles et opérateurs utilisés avec les listes multidimensionnelles. Pour avoir plus d'informations sur ces symboles et opérateurs, lisez la partie consacrée aux références dans la documentation Perl. Sachez que vous pouvez exploiter les listes de listes correctement sans en connaître tous les détails de fonctionnement (les listes de listes sont basées sur les *références* et *pointeurs*, concepts familiers à la plupart des programmeurs expérimentés et apparaissant dans la majorité des langages de programmation modernes).

Création d'une liste à deux dimensions

Dans cette section, nous présentons un exemple de programme pour construire et utiliser une liste dont chaque élément est une liste (il s'agit donc d'une liste à deux dimensions). Considérez ici que vous avez une base de données de stock, `@AllInv`, comportant divers articles. Chaque article est caractérisé par quatre données :

- Emplacement dans l'entrepôt.
- Référence de l'article.
- Nom de l'article.
- Quantité en stock.

Voici un exemple d'article :

```
('Etagère 17B', '35J912', 'Boîte à outils, noire', 11)
```

Et un autre :

```
('Etagère 19A', '20N14', 'Jeu de clés Allen', 47)
```

Les listes composées d'éléments comme ceux-ci sont des listes à *deux dimensions* : l'une composée de rangées ; l'autre de colonnes. Chaque rangée contient un article ; chaque colonne une catégorie telle que l'emplacement de l'article ou sa référence. Supposez maintenant que vous vouliez créer une liste contenant les deux listes précédentes. Les instructions ci-dessous ne font pas l'affaire :

```
# ECRITURE INCORRECTE
@AllInv = (
  ('Etagère 17B', '35J912', 'Boîte à outils, noire', 11)
  ('Etagère 19A', '20N14', 'Jeu de clés Allen', 47)
);
# ECRITURE INCORRECTE
```

Dans une liste de listes, vous devez placer les listes internes entre crochets ([et]) et non entre parenthèses. Voici donc l'écriture correcte :

```
# ECRITURE CORRECTE
@AllInv = (
  ['Etagère 17B', '35J912', 'Boîte à outils, noire', 11]
  ['Etagère 19A', '20N14', 'Jeu de clés Allen', 47]
);
# ECRITURE CORRECTE
```

La liste externe est entre parenthèses, comme pour une liste simple, et les listes internes sont entre crochets.

Accès à des éléments particuliers d'une liste

Dans une liste simple, vous accédez à un élément de liste en utilisant un *indice* (la valeur de décalage par rapport au début du tableau) entre crochets. Par exemple, le sixième élément de `@MyList` est identifié par `$MyList[5]` (le premier élément d'une liste correspond à l'indice 0).

Dans les listes à deux dimensions, vous devez utiliser deux indices pour accéder à un élément de liste : d'abord celui de la rangée, puis celui de la colonne. Dans l'exemple de la section précédente, la quatrième colonne dans la seconde rangée de `@AllInv` est accessible par `$AllInv[1][3]`. Ainsi, cette instruction :

```
print $AllInv[1][3];
```

affiche :

```
47
```

La modification des valeurs dans une liste de listes s'effectue comme dans une liste simple. Si l'on reprend l'exemple précédent, voici comment descendre à 35 le stock de l'article "Jeu de clés Allen" :

```
$AllInv[1][3] = 35;
```

Vous pouvez également utiliser des variables comme indices. Pour doubler le nombre de chaque article dans notre exemple, écrivez :

```
$NumItems = @AllInv;
for($i = 0; $i < $NumItems; $i += 1)
  { $AllInv[$i][3] *= 2 }
```

Voyons le cas où il faut lire toute une rangée d'un coup au lieu des données composant cette rangée. La syntaxe à adopter est un peu bizarre, du fait de la façon dont Perl gère les références. Voici le format à employer :

```
@{@NOMTABLEAU[RANGEE]}
```

Par exemple, vous désirez que votre programme place dans un tableau appelé `@TopRow` le premier enregistrement de votre base de données. Écrivez ceci :

```
@TopRow = @{@AllInv[0]};
```

Vous ne disposez d'aucun moyen direct pour faire référence de cette façon à une colonne entière. Pour remplir un tableau avec les valeurs d'une colonne, vous devrez systématiquement passer par plusieurs étapes.

Ajout de rangées et de colonnes à une liste à deux dimensions

Il vous sera parfois nécessaire d'ajouter des éléments dans une liste à raison d'une rangée complète à la fois, par exemple pour introduire de nouvelles références d'articles dans un stock. Vous disposez de la fonction `push` (décrite au Chapitre 7). Si vous avez une liste `@NewItem` que vous voulez ajouter à la fin de la liste `@AllInv`, écrivez :

```
@NewItem = ('Niveau 2J', '82B297', 'Scie cloche', 18);
push(@AllInv, [ @NewItem ]);
```

Si vous ne voulez pas utiliser une variable temporaire comme `@NewItem`, écrivez :

```
push(@AllInv, [ 'Niveau 2J', '82B297', 'Scie cloche', 18 ]);
```

L'ajout d'une colonne demande plus de travail, mais le processus reste simple. La manœuvre consiste à ajouter une donnée à la fin de chaque liste dans la liste principale. Par exemple, pour ajouter une colonne à la fin de chaque liste pour indiquer la date à laquelle l'article a été examiné, écrivez ceci :

```
# Commence avec la date d'aujourd'hui
($Second, $Minute, $Hour, $DayOfMonth, $Month, $Year,
  $WeekDay, $DayOfYear, $IsDST) = localtime(time);
$RealMonth = $Month + 1;
$Today = sprintf('%02d/%02d/%02d', $DayOfMonth,
```

```
  $RealMonth, $Year);
$NumItems = @AllInv;
for($i = 0; $i < $NumItems; $i += 1)
  { $AllInv[$i][4] = $Today }
```

Perl étend automatiquement une liste au fur et à mesure que vous ajoutez des colonnes, comme dans le cas des listes simples.

Création de tableaux associatifs se composant de listes

Plus vous travaillerez avec Perl, plus vous découvrirez des usages pour les tableaux associatifs dont les valeurs sont des listes. Au lieu d'opérer la recherche enregistrement par enregistrement pour lire des informations sur un élément d'une liste, un tableau associatif vous permet de localiser rapidement l'enregistrement via sa *clé* (voir plus haut dans ce chapitre la section "Localisation d'un élément via sa clé").

La création d'un tableau associatif avec des valeurs listes s'effectue ainsi (ici, les référence d'articles `35J912` et `20N14` sont les clés) :

```
%AllInvByNum = (
  '35J912' => ['Etagère 17B', 'Boîte à outils, noire', 11],
  '20N14'=> ['Etagère 19A', 'Jeu de clés Allen', 47]
);
```

Pour ensuite chercher un article, tapez cette instruction :

```
$WrenchCount = $AllInvByNum{'20N14'}[2];
```

Pour ajouter un enregistrement, procédez comme ci-dessous. L'enregistrement ajouté possède la clé `82B297` :

```
$AllInvByNum{'82B297'} = [ 'Niveau 2J', 'Scie cloche', 18 ];
```

Pour trouver un enregistrement particulier dans un tableau associatif multidimensionnel, écrivez par exemple :

```
@Tools = @{$AllInvByNum{'35J912'}};
```

Lors de l'emploi des fonctions de tableau associatif (`keys`, `values`, `each` et `exists`), attention dans vos manipulations de valeurs (n'oubliez pas que la valeur est ici une liste, pas un scalaire). Par exemple, pour afficher une liste des emplacements de stockage triés par référence d'article, écrivez :

```
foreach $Part (sort(keys(%AllInvByNum))) {
  print "Article $Part se trouve à l'emplacement " .
   "$AllInvByNum{$Part}[0]\n";
}
```

Pour afficher des enregistrements, utilisez des instructions comme celle-ci :

```
foreach $Part (sort(keys(%AllInvByNum))) {
  print "Article $Part : ",
    join("--", @{$AllInvByNum{$Part}}), "\n";
}
```

Au-delà de deux dimensions

Il est possible de créer des listes de listes de listes de... vous voyez le tableau. Perl ne vous limite pas à des listes à deux dimensions. En fait, de nombreux programmes gèrent des listes multidimensionnelles à trois dimensions et plus. Par exemple, imaginez que la base de données d'articles `@AllInv` gère le stock de tous les entrepôts de l'entreprise au lieu d'un seul. Les champs pour l'emplacement et le nombre d'articles comporteront alors plusieurs entrées.

Voici comment décrire dans Perl un stock réparti sur plusieurs entrepôts :

```
@AllInv = (
  [['Hangar sud Etagère 17B', 'Hangar nord Etagère 135'] ,
'35J912',
    'Boîte à outils, noire', [11, 13]],
  [['Hangar sud Etagère 19A', 'Hangar nord Etagère 142'],
'20N14',
    'Jeu de clés Allen', [47, 12]]
);
```

On voit ici que 11 boîtes à outils sont en stock à l'emplacement "Hangar sud Etagère 17B" et 13 autres à l'emplacement "Hangar nord Etagère 135". Pour accéder directement à cette information, vous devez utiliser un troisième indice, comme ici :

```
$OhioQuant = $AllInv[0][3][1];
```

Enregistrement de fichiers contenant des listes de listes

Pour stocker sur disque des données gérées dans Perl sous forme de listes de listes, soyez rigoureux dans la lecture et l'écriture des données. En fait, la partie lecture n'est pas si difficile. En revanche, l'écriture des données d'une liste multidimensionnelle n'est pas un processus aussi direct que pour une liste simple.

TRUC

Nous utilisons généralement des fichiers avec délimitations par tabulations pour stocker nos données. Chaque ligne dans le fichier texte est un élément de la liste du niveau supérieur. Ce genre de structure de fichier simplifie la lecture et l'écriture des données, et nous gardons toujours le bénéfice d'ouvrir le fichier avec un éditeur de texte s'il y a des problèmes à corriger.

Fichier texte contenant une liste à deux dimensions

Pour une liste à deux dimensions, utilisez quelque chose comme ceci :

```
# Composition du format : emplacement,
#   référence article, description, quantité
open(INVOUT, ">stock.txt") or
  die "Impossible d'écrire dans stock.txt.\n";
$NumItems = @AllInv;
for($i = 0; $i < $NumItems; $i += 1)
  { print INVOUT "$AllInv[$i][0]\t$AllInv[$i][1]\t" .
    "$AllInv[$i][2]\t$AllInv[$i][3]\n" }
```

Pour lire ce fichier de base de données, écrivez ensuite :

```
# Composition du format : emplacement,
#   référence article, description, quantité
@AllInv = ();
open(INVIN, "stock.txt") or
  die "Impossible de lire dans stock.txt.\n";
while(<INVIN>) {
  $TheRec = $_; chomp($TheRec);
  @NewItem = split(/\t/, $TheRec, 4);
  push(@AllInv, [ @NewItem ]);
}
```

Fichiers texte pour listes de listes plus compliquées

Si votre liste de listes a plus de deux dimensions, soyez particulièrement rigoureux pour l'écriture et la lecture du fichier texte dans lequel la liste est stockée. Vous risquez sinon, accidentellement, d'être dans l'impossibilité d'écrire les données tout en écrivant une structure Perl qui ne contient pas de données. Lorsque vous écrivez dans un fichier texte, n'oubliez pas de réunir toutes les données de chaque élément dans les listes à l'intérieur de la liste principale. Par exemple, dans le programme présenté dans la section précédente, il faut employer les instructions ci-dessous en raison du plus grand nombre de dimensions dans la liste :

```
# Composition du format : emplacement hangar sud
#   emplacement hangar nord, référence article,
#   description, quantité hangar sud,
#   quantité hangar nord
open(INVOUT, ">stock.txt") or
  die "Impossible d'écrire dans stock.txt.\n";
$NumItems = @AllInv;
for($i = 0; $i < $NumItems; $i += 1) {
  print INVOUT "$AllInv[$i][0][0]\t$AllInv[$i][0][1]\t" .
    "$AllInv[$i][1]\t$AllInv[$i][2]\t" .
    "$AllInv[$i][3][0]\t$AllInv[$i][3][0]\n";
}
```

Pour lire ce fichier de base de données, utilisez ces instructions :

```
# Composition du format : emplacement hangar sud
#   emplacement hangar nord, référence article,
#   description, quantité hangar sud,
#   quantité hangar nord
@AllInv = ();
open(INVIN, "stock.txt") or
  die "Impossible de lire dans stock.txt.\n";
while(<INVIN>) {
  $TheRec = $_; chomp($TheRec);
  @NewItem = split(/\t/, $TheRec, 6);
  push(@AllInv, [ [ $NewItem[0], $NewItem[1] ],
    $NewItem[2], $NewItem[3],
    [ $NewItem[4], $NewItem[5] ] ] );
```

Chapitre 17
Travail sur les bases de données

Dans ce chapitre :

- Stockage de données sur disque.
- Accès rapide aux données par leurs clés.
- Fermeture des bases de données après exploitation.

Nous avons exploité au cours de notre carrière une bonne dizaine de logiciels différents de gestion de base de données. Des bons, des mauvais, des horribles. L'accès de Perl aux bases de données est si simple qu'au premier abord nous n'avons pas cru que cela pouvait fonctionner. Nous pouvons maintenant vous assurer que Perl fait un travail admirable en gestion de bases de données. C'est ce que vous allez découvrir dans ce chapitre.

Bases de données et tableaux associatifs

Pour exploiter Perl avec des fichiers de base de données, vous devez d'abord comprendre comment fonctionnent les tableaux associatifs (ces derniers sont étudiés au Chapitre 16). C'est quasiment tout ce dont vous avez besoin, outre deux fonctions Perl pour ouvrir et fermer les bases de données : `dbmopen` et `dbmclose`.

Comment Perl s'affranchit-il des dizaines de commandes différentes couramment nécessaires dans la plupart des programmes de gestion de base de données ? Perl lie un tableau associatif au fichier de la base de données de façon que toute modification apportée au tableau associatif soit reportée dans la base de données. Lorsque vous cherchez une clé dans le tableau associatif, Perl va chercher la valeur dans la base de données (les tableaux associatifs et les clés sont décrits au Chapitre 16).

Pour stocker ses bases de données sur disque, Perl exploite des *fichiers DBM*. DBM est un standard UNIX pour les bases de données simples *clé valeur*, c'est-à-dire des bases de données dans lesquelles tout enregistrement possède une clé qui est généralement utilisée pour accéder à cet enregistrement. Il existe de nombreuses variétés de fichiers DBM et Perl sait manipuler la plupart d'entre eux. A l'heure de la rédaction de cet ouvrage, les moutures de fichiers DBM que Perl reconnaît sont GDBM, BSD-DB, SDBM, NDBM et ODBM. Retenez simplement que Perl vous épargne de programmer la gestion DBM.

Ouverture de base de données

La fonction `dbmopen` prend trois arguments : le nom du tableau associatif, le nom de la base de données sur disque et un mode :

```
dbmopen(%AllInv, "/usr/general/stock", 0600);
```

Il s'agit du mode numérique de fichier UNIX dans lequel vous voulez ouvrir le fichier. Si vous n'êtes pas un habitué d'UNIX ou que vous avez tendance à mélanger les modes de fichier, sachez que les deux seuls modes que vous utiliserez probablement sont `0600` pour lire et écrire dans la base de données, et `0400` si vous avez juste besoin de la consulter.

Lorsque vous utilisez la fonction `dbmopen`, chaque fois que vous accédez au tableau associatif vous accédez en réalité à la base de données sur disque.

Fermeture de base de données

Lorsque vous avez terminé de travailler sur une base de données, appliquez la fonction `dbmclose`, dont l'argument est le nom du tableau associatif. Cette fonction ferme le fichier sur votre disque dur. Par exemple :

```
dbmclose(%AllInv);
```

Conseils pour l'ouverture et la fermeture de bases de données

L'ouverture et la fermeture de bases de données DBM prennent du temps (pas autant que la lecture d'un long fichier texte), aussi ne faut-il pas ouvrir et fermer une base de données pour chaque enregistrement à lire ou à modifier. Cependant, si vous accédez à une base de données que d'autres utilisateurs sont également susceptibles d'exploiter, fermez la base de données dès que possible.

Les fonctions `dbmopen` et `dbmclose` sont des instances spéciales des fonctions Perl `tie` et `untie`. Nous n'entrerons pas ici dans les détails des fonctions `tie` et `untie` ; sachez cependant que ces fonctions fournissent des moyens d'associer des variables Perl à une action. Pour ce qui est de `dbmopen` et `dbmclose`, elles autorisent l'association de l'accès à un tableau associatif à un ensemble d'appels pour lire et écrire des valeurs dans les bases de données DBM.

Base de données = accès rapide

Le plus grand avantage d'employer les fonctions de base de données Perl, en comparaison avec la lecture d'un fichier texte sur disque pour l'injecter dans un tableau associatif, est la vitesse d'opération. Prenons l'exemple d'un stock géré sous forme de fichier texte de 10 000 lignes de long. La lecture de la totalité du fichier et son analyse pour l'injecter dans un tableau associatif demandent un temps énorme, éventuellement pour consulter juste un élément.

Il est préférable d'employer les fonctions de base de données de Perl pour lire et écrire un fichier DBM. Voici un exemple de programme conçu pour rechercher l'enregistrement correspondant à la clé fournie dans `$ReqKey` :

```
# Ouverture de la base en lecture seule
dbmopen(%AllInv, "/usr/general/stock", 0400);
. . .
$TheRec = $AllInv{$ReqKey};
($Loc, $PartName, $Quant) = split(/\t/, $TheRec, 3);
. . .
dbmclose(%AllInv);
```

Voici maintenant une procédure pour ajouter un enregistrement à la base de données ou changer une valeur (associée à une clé) déjà présente dans la base :

```
$AllInv{$MyKey} = join("\t", ($Loc, $PartName,
$Quant));
```

Chapitre 18

Pilotage de votre ordinateur avec Perl

Dans ce chapitre :

- Comprendre les fonctions Perl de niveau système.
- Emploi de Perl pour contrôler les PC et les Mac.
- Fonctions propres à UNIX.

Perl interagit avec vous et votre ordinateur de diverses façons. Ce chapitre étudie certaines tâches de niveau système réalisables avec Perl. Par exemple, vous pouvez utiliser Perl pour exécuter d'autres programmes ou surveiller des programmes en cours d'exécution sur votre ordinateur. Ce chapitre aborde également les fonctions servant à piloter un PC sous Windows ou un Mac.

Commandes système

Perl permet d'exécuter des commandes comme si vous les entriez vous-même sur la ligne de commande de votre ordinateur. L'exécution d'une commande s'opère via la fonction `system`. Par exemple, sur un système UNIX, l'instruction ci-dessous exécute la commande `ls` (qui affiche la liste des fichiers du répertoire actif) :

```
system('ls');
```

Il est possible de fournir, en plus du nom de programme à exécuter, des arguments de ligne de commande :

```
system('ls -la /var/spool');
```

Sous Windows 95 ou Windows 98, la fonction `system` sert, entre autres, à entrer des commandes DOS comme la commande DIR :

```
system('DIR');
```

La fonction `system` indique à Perl d'exécuter le programme nommé en argument et d'attendre la fin de son exécution. Perl propose cependant une autre fonction, `exec`, qui exécute un programme mais sans en attendre la fin. La fonction `exec` se comporte comme la fonction `system`, sauf qu'elle met fin au programme Perl. Les éventuelles instructions après l'instruction `exec` dans le programme Perl ne sont exécutées que si le programme dont l'on demande l'exécution est introuvable. Par exemple, la seconde ligne du programme ci-dessous ne sera pas exécutée, à moins qu'une erreur ne se produise pendant que Perl recherche le programme à déclencher :

```
exec('unprogramme');
print "Impossible d'exécuter le programme.\n";
```

Récupération de la sortie d'un programme

Il est parfois nécessaire de capturer la sortie d'un programme pour l'injecter dans une variable, en vue de l'employer plus loin dans le programme. Il faut alors employer l'*opérateur apostrophe* ` de Perl (notez que cet opérateur est une apostrophe inclinée à gauche qui s'obtient sur PC en tapant AltGr et la touche 7, puis un espace). Écrivez le nom du programme entre deux opérateurs apostrophes comme ceci :

```
$TheOutput = `unprogramme`;
```

Si vous utilisez l'opérateur apostrophe en contexte scalaire, toute sortie est écrite dans la variable chaîne. Si vous l'utilisez en contexte de liste, chaque ligne produite est stockée dans un élément de liste.

L'emploi d'opérateurs apostrophes capture la sortie standard (décrite au Chapitre 12) du programme pour l'injecter dans la variable. Cela n'injecte *pas* le flux d'erreur standard dans la variable, mais uniquement le flux de sortie standard, ce qui signifie que les éventuels messages d'erreur ne seront pas stockés dans la variable.

A partir de Perl 5, vous disposez de l'opérateur `qx//`, qui se comporte exactement comme l'opérateur apostrophe. Il fonctionne comme les autres opérateurs où vous devez placer des chaînes entre deux slashes (voir le Chapitre 5). Voici un exemple d'emploi de `qx//` :

```
$TheOutput = qx/unprogramme/;
```

Et un autre :

```
$TheOutput = qx(unprogramme);
```

Fonction open

La fonction `open` peut travailler comme l'opérateur apostrophe décrit dans la section précédente, hormis qu'elle ne renvoie pas la sortie de données vers une variable, mais la dirige vers un descripteur de fichier (les descripteurs de fichiers sont décrits au Chapitre 12). Pour utiliser `open` de cette façon, faites suivre la commande d'une barre verticale (|) (qu'on appelle parfois caractère *tube*) en second argument de la fonction. Par exemple :

```
open(THEOUT, "unprogramme |");
```

Après l'exécution de cette instruction, vous pouvez traiter `THEOUT` comme n'importe quel autre descripteur de fichier possédant une entrée que vous désirez lire. Il est inutile d'employer la fonction `close` dans cette situation.

Vous pouvez aussi utiliser `open` de façon opposée : pour passer des données vers l'entrée de fichier standard du programme. Dans ce cas, vous placez la barre verticale | devant le nom du programme, dans le second argument. Vous pouvez alors traiter le descripteur de fichier comme un fichier ordinaire où vous pouvez écrire. Par exemple, si votre programme lit des données sur l'entrée de fichier standard et que vous employez ce code :

```
open(THEPROG, "| unprogramme");
print THEPROG $a1, $a2, "\n";
close(THEPROG);
```

après l'exécution de la fonction `close`, le programme aura reçu les données d'entrée et pourra les exploiter.

TRUC

L'emploi de la fonction `open` pour passer des données à l'entrée de fichier standard d'un programme se réalise bien plus fréquemment sous UNIX que sous Windows, car peu de programmes DOS sont prévus pour lire leur entrée sur l'entrée de fichier standard.

Exécution de programmes dans MacPerl

L'exécution des programmes Macintosh est différente de celle des programmes sous UNIX ou Windows. Du fait de ces différences, l'opérateur apostrophe et les fonctions `system` et `exec` ne fonctionnent pas dans MacPerl, sauf si vous disposez du programme ToolServer (un logiciel Apple). ToolServer est fourni avec le kit de développement logiciel Apple MPW (Macintosh Programmer's Workshop) ainsi qu'avec quelques autres kits de programmation.

Note : Quelques commandes apostrophes fonctionnent en fait sur Mac (voir le Tableau 18.1). Cela évite d'avoir à les modifier lors d'un portage vers Mac de programmes Perl écrits pour UNIX.

Tableau 18.1 : Opérateurs apostrophes fonctionnant sur Mac.

Commande	Valeur retournée
`` `pwd` ``	Nom du dossier actuel, suivi d'un saut de ligne. Vous pouvez aussi utiliser `` `Directory` ``.
`` `hostname` ``	Nom du Macintosh.
`` `glob <argument>` ``	Liste de tous les fichiers correspondant à l'argument. Vous pouvez employer * et ? (par exemple : *.c).

Pilotage via Perl d'un PC sous Windows ou d'un Mac

Bien que l'interface utilisateur d'ActivePerl soit réduite à la portion congrue, elle offre néanmoins un bon nombre de fonctions et de caractéristiques propres à Windows. Ces fonctions permettent de surveiller l'activité système, de modifier des paramètres système et de réaliser d'autres opérations liées au système. La plupart des fonctions et caractéristiques sont plutôt destinées à Windows NT qu'à Windows 95/98, mais certaines d'entre elles fonctionnent bien sur les deux plates-formes.

Les extensions pour ActivePerl et concernant Windows portent le préfixe `Win32::`. Les extensions se classent en trois catégories : variables, fonctions et modules (consultez la documentation fournie avec ActivePerl).

PERL ET WINDOWS

ActivePerl a été développé à l'origine pour Windows NT (il fonctionne cependant correctement sous Windows 95 et Windows 98). Du fait de cette orientation NT, de nombreuses extensions ActivePerl servent à l'administration système présente uniquement sous NT, pas sous Windows 95/98. Par exemple, NT étant un système multi-utilisateur, il existe de nombreuses extensions ActivePerl pour ajouter, supprimer et contrôler les comptes utilisateurs, possibilités que l'on ne retrouve pas lorsque l'on exécute ActivePerl sous Windows 95/98.

Les utilisateurs Mac ne sont pas en reste : MacPerl est fourni avec de nombreux modules pour piloter le Macintosh. Certains s'adressent uniquement aux utilisateurs avancés (par exemple pour gérer les interfaces réseau) ; d'autres concernent tous les programmeurs Perl et donnent accès aux caractéristiques d'interface utilisateur du Macintosh.

Fonctions système dédiées UNIX

Perl pour UNIX, naturellement, est doté de son propre jeu de fonctions système. Ces fonctions intéresseront principalement les administrateurs système, car elles gèrent essentiellement les informations sur les utilisateurs et groupes d'utilisateurs.

Bases de données utilisateur

La fonction `getpwent` lit la base de données utilisateur. Sur systèmes UNIX, cette base de données est généralement le fichier /etc/passwd. La fonction `getpwent` commence au début de la base de données et lit un enregistrement. Elle tient registre du dernier enregistrement lu. Voici les éléments fournis :

- Nom utilisateur.
- Mot de passe crypté.
- Numéro utilisateur.
- Numéro de groupe.
- Champ quota.
- Champ commentaire.
- Champ gcos (caractéristique UNIX obscure presque jamais utilisée).
- Répertoire home.
- Shell par défaut.

La fonction `getpwent` ne lit qu'un enregistrement. Elle est donc souvent insérée dans une boucle, comme ici :

```
while(@PWList = getpwent) { print "$PWList[0]\n" }
```

Pour réinitialiser `getpwent` de façon à recommencer à lire en haut de la base de données utilisateur, appelez la fonction `setpwent`. Pour refermer la base de données après usage, vous disposez de la fonction `endpwent` (mais cela n'est pas nécessaire).

Une autre paire de fonctions, `getpwuid` et `getpwnam`, retourne une liste de même format que la liste fournie par `getpwent`. Cependant, ces fonctions prennent un argument (un numéro d'utilisateur ou un nom d'utilisateur, respectivement) et retournent la liste concernant cet argument. Par exemple, pour obtenir la liste de l'utilisateur phoffman, écrivez :

```
@PWList = getpwnam('phoffman');
```

La fonction `getlogin` retourne le login de l'utilisateur qui a exécuté le programme. Vous obtenez ce nom depuis le fichier /usr/utmp.

Bases de données groupe

La fonction `getgrent` se comporte comme la fonction `getpwent`, sauf qu'elle lit la base de données *groupe* au lieu de la base de données *utilisateur*. La fonction `getgrent` retourne ces informations :

- Nom du groupe.
- Mot de passe crypté.
- Numéro du groupe.
- Chaîne de noms des membres.

Comme vous l'avez peut-être deviné, Perl propose également des fonctions `setgrent` et `endgrent`, pour régler l'emplacement où vous commencez à lire dans la base de données groupe. Vous disposez aussi des fonctions `getgrgid` et `getgrnam`, qui prennent toutes deux un numéro de groupe en argument et retournent une liste de même format que celle retournée par `getgrent`.

Chapitre 19

Perl et la programmation orientée objet

Dans ce chapitre :

- Bases de la programmation orientée objet.
- Bibliothèque d'objets Perl.
- Création d'un nouvel objet Perl.
- Emploi d'objets prédéfinis pour accéder au Web.

L'industrie de la programmation est moins sujette aux modes passagères qui touchent le reste de l'univers informatique. Les langages de programmation gravitent presque éternellement. Le seul changement majeur ayant touché le monde de la programmation durant la dernière décennie est la *programmation orientée objet* (POO). L'on sait maintenant que la programmation orientée objet durera. Perl s'y est évidemment adapté, d'une façon très Perl : vous pouvez utiliser des objets si vous le désirez mais rien ne vous y oblige.

Dans ce chapitre, nous étudions les caractéristiques de Perl se rapportant à la programmation orientée objet. Le but est que vous soyez capable de lire et d'exploiter les programmes orientés objet écrits par d'autres programmeurs Perl. La plupart des programmeurs Perl qui écrivent des programmes devant être exploités par d'autres se servent des caractéristiques orientées objet de Perl. D'ailleurs, la majorité de la bibliothèque CPAN utilise des objets Perl. Si vous savez utiliser les objets, vous pouvez piocher dans la profusion de programmes Perl disponibles, ce qui vous épargnera beaucoup de temps de travail.

Objectif de la POO : programmation plus rapide et plus homogène

Lorsque, au milieu des années 80, certains commencèrent à parler sérieusement de programmation orientée objet, le petit monde de la programmation se montra franchement incrédule. Néanmoins, le temps aidant et devant les promesses qu'elle offrait, un nombre de plus en plus important de programmeurs finirent par s'y intéresser, car même si elle réclame de se former à des nouveaux concepts de programmation, la programmation orientée objet présente un certain nombre d'avantages :

- Le plus important bénéfice de la programmation orientée objet est qu'elle donne la possibilité aux programmeurs de réutiliser des programmes existants dans leurs propres applications, ce qui leur évite une perte de temps et de devoir repartir de zéro. (Attention, bien sûr, aux droits d'exploitation. Assurez-vous toujours que vous avez le droit d'employer le programme de quelqu'un d'autre.) Par exemple, vous écrivez un programme conçu pour réaliser une tâche particulière sur Internet, et d'autres programmeurs pourront facilement inclure dans leurs programmes ce que vous avez écrit. Sans la programmation orientée objet, il est certes possible de réutiliser des programmes existants, mais cela réclame tant de travail que, pratiquement, cela devient vite impossible.

- Un autre avantage significatif est que les projets de programmation en équipe sont plus faciles à coordonner lorsque les programmeurs travaillent tous en programmation orientée objet. Cela force les programmeurs à exploiter une interface homogène pour le code qu'ils écrivent. Chaque pièce du projet est plus facilement intégrée au reste.

- La programmation orientée objet simplifie également le développement hiérarchique, dans lequel un programme est construit en allant d'un concept général vers des spécifications détaillées. Si votre client a une idée générale de ce qu'est censé faire le programme, mais est plutôt flou sur les détails, commencez avec les bases, puis instillez les détails aux divers niveaux du programme, au fur et à mesure que le client fournit plus d'informations ou que ces besoins changent.

- La programmation orientée objet aide à gérer les projets complexes. Par exemple, certains projets ne sont pas forcément bien définis, et par conséquent vont progresser par essais et par corrections successives. Ou bien le renouvellement d'une partie du personnel de l'entreprise va provoquer la prise en main du projet par un autre responsable qui souhaitera y apporter des modifications. De plus, les programmes tendent à évoluer au fur et à mesure de leur écriture, et les gros programmes sont par nature complexes, car ils sont conçus pour réaliser un grand nombre de tâches. L'objectif de la programmation orientée objet étant de rendre *modulaire* le processus de programmation (c'est-à-dire de le répartir en plusieurs parties), la réalisation d'une tâche devient plus facile.

Note : Les techniques de programmation orientée objet conviennent aux grands programmes, éventuellement à certains programmes de taille moyenne, mais pas aux petits programmes pour lesquels Perl est souvent exploité. Le fait que de nombreux programmeurs Perl recourent à la programmation orientée objet est un avantage pour tout le monde, car leurs programmes sont facilement recyclés. Cependant, dans la majorité des projets menés par une seule personne, la programmation orientée objet n'est pas nécessaire.

Objets, méthodes et arguments

Dans les programmes Perl, la majorité de l'activité se déroule via des variables. Vous réglez une variable numérique par-ci, vous ajoutez des éléments à une variable liste par-là, vous séparez une variable chaîne en plusieurs autres variables chaînes, etc. Les *variables,* par essence, contiennent les informations pendant le déroulement du programme Perl.

Dans un programme orienté objet, les éléments utilisés pour contenir l'information sont appelés *objets*. Un objet est bien plus qu'une variable. Un *objet* est une collection de variables, combinée à une collection d'actions (appelées *méthodes*) que l'objet est capable de réaliser. L'objet contient des variables. Vous ne lisez ni ne modifiez les variables à l'intérieur de l'objet en passant par les commandes standards Perl. Vous utilisez les méthodes de l'objet, qui manipulent les variables.

Vous pouvez penser à un objet comme à une boîte noire sur laquelle est branché un microphone qui vous sert à donner des ordres à l'objet. Vous disposez de la liste des ordres qu'il est possible de donner. Il y a également une trappe d'un côté par où sortent les résultats produits par la boîte. En définitive, vous ne savez ni ce qu'il y a exactement dans la boîte ni comment le travail s'opère à l'intérieur, et vous ne disposez pas forcément de tous les ordres possibles.

Prenons l'exemple d'un objet Bicyclette. Vous disposez ici d'une boîte noire qui présente un comportement de vélo. Les instructions inscrites sur un côté de la boîte vous indiquent la liste des méthodes acceptées : Avancer, Sonner, Tourner, etc. Lorsque vous dites "Sonner" dans le micro, vous entendez la sonnette de la bicyclette. Lorsque vous dites "Avancer de 7", la boîte avance de 7 centimètres. Certaines méthodes acceptent des *arguments*, qui représentent des compléments d'instructions pour l'objet, d'autres non ; certaines méthodes retournent une valeur, d'autres se contentent de faire réaliser une tâche à l'objet, sans retourner d'information.

Le concept d'*objet* peut perturber celui qui le découvre, en raison de la très grande différence entre les objets et les variables. C'est justement cette différence entre objet et variable qui autorise un programme orienté objet à gérer la complexité. Si vous aviez le pouvoir de modifier les variables internes à l'objet, il serait quasiment impossible d'écrire des programmes orientés objet en garantissant un résultat. Les objets forcent le programmeur qui les exploite à n'employer que les méthodes associées à l'objet, ce qui garantit des résultats constants.

Les objets confèrent malgré tout une certaine marge de manœuvre. Il est par exemple possible de modifier le comportement d'une méthode sans que ce changement ait un impact sur les autres programmes utilisant l'objet.

Les objets ne sortent pas de nulle part. Ils sont créés à partir de *classes.* Une *classe* est semblable à un moule à gâteau, qui permet d'obtenir plusieurs gâteaux identiques. Le moule (la classe) et le gâteau (l'objet) sont deux choses très différentes. Dire qu'un objet est créé à partir d'une classe est absolument correct. Techniquement parlant, l'objet est *instancié* d'une classe, ce qui veut dire qu'il présente les mêmes caractéristiques que la classe.

Perl et les objets

Gardez à l'esprit les trois aspects importants des programmes orientés objet : les classes, les méthodes et les objets. La classe, qui existe dans Perl depuis la version 5, s'appelle ici *paquetage.* Dans ce paquetage, se trouvent les définitions des diverses méthodes de la classe. Ces méthodes sont, en réalité, des *procédures* (décrites au Chapitre 10).

Un aspect délicat de la programmation orientée objet en Perl est que la création des objets eux-mêmes fait appel aux *références.* La notion de *référence* sort du cadre de ce livre, mais vous pouvez utiliser les objets sans connaître exactement les détails de fonctionnement des références.

Le reste de ce chapitre s'appuie sur la bibliothèque orientée objet libwww-perl (présentée au Chapitre 15). Vous pouvez suivre les explications en appliquant ou non les exemples exploitant la bibliothèque (sous réserve que celle-ci soit installée sur votre système comme indiqué au Chapitre 15).

Ouverture d'un module Perl avec la fonction use

Avant de créer un objet, vous devez ouvrir le module Perl contenant la classe de cet objet. Cette ouverture s'opère via la fonction `use` qui prend en argument le nom du module en question. Le nom du module n'est pas placé entre guillemets. Si le nom se termine par `.pm`, ne tapez pas l'extension. Par exemple, cette instruction ouvre le module `LWP::UserAgent` :

```
use(LWP::UserAgent);
```

Il est très fréquent de travailler sans les parenthèses. Par exemple :

```
use LWP::UserAgent;
```

Note : Il est possible d'inclure des arguments supplémentaires dans l'instruction `use` (bien que cet usage soit rare) pour accéder à des variables particulières du module.

Créer un nouvel objet avec la procédure new

Après avoir ouvert un ou plusieurs modules de classes, vous pouvez créer des objets. N'oubliez pas que chaque objet est accompagné de ses méthodes. Avant de pouvoir exploiter ces méthodes, il faut donc créer l'objet. Dans Perl, on utilise presque toujours la procédure `new` d'un paquetage pour créer un nouvel objet, comme ici :

```
$TheAgent = new LWP::UserAgent;
```

Cette instruction crée un nouvel objet de classe `LWP::UserAgent`. Ici, `$TheAgent` sert à faire référence au nouvel objet.

Pensez à `$TheAgent` non pas comme étant l'objet lui-même, mais quelque chose qui pointe vers l'objet. Prenons l'exemple de la façon dont nous nous désignons nous-mêmes. Lorsque vous dites : "Vous êtes Paul Hoffman", vous voulez dire en réalité : "Vous êtes la personne que l'on appelle Paul Hoffman", mais il est bien plus simple de confondre la personne avec son nom.

La procédure `new` d'un paquetage réclame parfois des arguments. Ces arguments doivent être énumérés après le nom du module, comme ici :

```
$Req = new HTTP::Request 'GET', 'http://www.scruz.net/';
```

La plupart des bibliothèques d'objets Perl permettent d'utiliser la procédure `new` sans argument, et d'employer des méthodes à la place d'arguments pour fournir l'équivalent de ces arguments. Voici un exemple de procédure `new` sans argument :

```
$Req = new HTTP::Request;
```

Appeler une méthode d'objet

Après création de l'objet, vous avez le droit d'appeler ses méthodes. L'appel d'une méthode Perl se fait dans le format suivant :

```
$REFERENCEOBJET->NOMMETHODE(ARGUMENTS);
```

Par exemple, un peu plus haut, nous avons employé un objet `HTTP::Request`, associé au nom `$Req`. Tout objet `HTTP::Request` possède une méthode `url` qui indique à l'objet l'URL à utiliser. Vous pouvez appeler cette méthode avec une instruction comme celle-ci :

```
$Req->url('http://www.scruz.net/');
```

Notez, à gauche de l'opérateur `->`, la référence à l'objet dont vous appelez la méthode, et, à droite de l'opérateur `->`, le nom de la méthode. Certaines méthodes prennent des arguments (à placer entre parenthèses), d'autres non, comme dans cet exemple :

```
$Req->url;
```

Exemple d'objet concret

Le jeu de modules libwww-perl est un bon exemple de programme Perl orienté objet réalisant un travail concret. Cette bibliothèque, décrite au Chapitre 15, sert à créer un programme Perl agissant comme client Web.

Nous donnons ici une idée de ce que vous pouvez faire avec l'objet `LWP::UserAgent`, qui met en place des possibilités de navigation Web (pour une liste complète des méthodes, voir la documentation Perl accompagnant le module `LWP::UserAgent`).

Trois types d'objets sont utilisés dans les programmes `LWP::UserAgent` simples :

- **Agent utilisateur HTTP** : Créé par une instruction `new LWP::UserAgent`.
- **Requête HTTP** : Créée par une instruction `new HTTP::Request`.
- **Réponse à requête** : Retournée par un appel à la méthode `request` d'un agent utilisateur http.

Chacun de ces trois objets possède ses propres méthodes, dont certaines sont énumérées au Tableau 19.1.

Tableau 19.1 : Exemples de méthodes employées dans un programme à base de module LWP::UserAgent.

Objet	Exemples de méthodes
LWP::UserAgent	request, time-out, proxy
HTTP::Request	method, url
HTTP::Response	content, is_success, is_error, code

Pour écrire un programme libwww-perl agissant comme client Web, vous devez créer un objet agent et un objet requête. Par exemple, les instructions ci-dessous ouvrent le module `LWP::UserAgent`, créent un nouvel agent, puis une nouvelle requête :

```
use LWP::UserAgent;
$TheAgent = new LWP::UserAgent;
$Req = new HTTP::Request;
```

Ici, `$TheAgent` pointe sur l'objet agent et `$Req` pointe sur l'objet requête.

L'objet requête possède une méthode pour indiquer la méthode de requête HTTP et une autre méthode pour indiquer l'URL concernée par la requête. Ces méthodes s'appellent respectivement `method` et `url`. Si vous voulez juste obtenir le contenu d'une page Web, utilisez la méthode `HTTP "GET"`. Par exemple :

```
$Req->method('GET');
$Req->url('http://www.scruz.net/');
```

Ces deux lignes définissent la méthode et l'URL à utiliser dans la requête.

La requête est maintenant prête à être envoyée sur le Web. Pour cela, vous devez fournir à l'agent la requête à utiliser, ce qui s'opère via la méthode `request`. Perl retourne la page Web sous forme d'objet réponse :

```
$TheResp = $TheAgent->request($Req);
```

Cette instruction crée un objet réponse sur lequel pointe la variable `$TheResp`.

Après avoir récupéré la page Web, il faut l'examiner. Précisons que la variable `$TheResp` pointe vers l'objet réponse, pas sur le contenu lui-même. Les objets réponse possèdent une méthode `content` pour lire le contenu de l'objet. L'instruction suivante affecte ce contenu à une variable :

```
$TheRespContent = $TheResp->content;
```

Ici, la variable `$TheRespContent` devient une chaîne stockant le contenu.

Un objet réponse possède d'autres méthodes intéressantes qui vous donneront plus d'informations sur la réponse obtenue du serveur Web. Par exemple, `is_success` et `is_error` indiquent si votre requête Web a réussi. C'est d'ailleurs ce qu'il faut vérifier avant toute chose :

```
if($TheResp->is_success)
  { $TheRespContent = $TheResp->content }
```

Si vous obtenez une erreur, vous pouvez demander à l'objet réponse de formater le message d'erreur sous forme de document HTML, via la méthode `error_as_HTML`. Par exemple :

```
if($TheResp->is_success)
  { $TheRespContent = $TheResp->content }
else { $TheRespContent = $TheResp->error_as_HTML }
```

N'OUBLIEZ PAS

Ces objets possèdent de nombreuses méthodes différentes. Le meilleur moyen de les découvrir est de lire la documentation qui les accompagne. Cette documentation s'obtient habituellement avec la commande perldoc de Perl.

Programmer avec des directives

Voir DirectivesCertains modules intégrés à Perl, les *directives* (on rencontre aussi le terme *pragmas*), affectent la façon dont Perl compile le programme avant de l'exécuter. Ces modules peuvent être utiles pour le débogage d'un programme ou peuvent vous forcer à programmer plus efficacement (en réglant le compilateur Perl pour qu'il vous alerte sur des pratiques de programmation tangentes).

Pour valider une directive Perl, vous utilisez la fonction `use`, comme pour n'importe quel autre module. Une directive s'applique uniquement au bloc dans lequel elle est insérée. Lorsque Perl atteint la fin du bloc, il revient à son mode normal d'opération. Par exemple, pour commencer à utiliser la directive `diagnostics`, tapez cette ligne dans votre programme :

```
use diagnostics;
```

Pour inhiber une directive, employez la fonction `no`. Par exemple :

```
no diagnostics;
```

Parmi les directives les plus utiles, citons :

- `Diagnostics` : demande à Perl de produire des messages d'erreur plus descriptifs.
- `English` : permet l'emploi de noms anglais pour les variables spéciales, par exemple $ARG et $MATCH au lieu de $_ et $&.
- `integer` : applique uniquement de l'arithmétique entière dans les calculs.
- `strict` : provoque des erreurs de compilation pour certaines pratiques de programmation supposées peu sûres ; cela empêche le programme de s'exécuter tant que vous n'avez pas corrigé le problème.
- `utf8` : indique à Perl de gérer les caractères Unicode dans les chaînes (à partir de Perl 5.6).

La directive `strict` contrôle les références symboliques et les variables qui n'ont pas été déclarées via la fonction `my` (voir le Chapitre 14). Elle aide également à détecter d'autres erreurs subtiles de programmation. Perl 5.6 dispose d'une fonction supplémentaire, `our`, qui permet d'influer un peu sur le comportement de la directive `strict` (pour le cas où vous voudriez adoucir un peu les règles).

Cinquième partie

Les dix commandements

Dans cette partie...

Les chapitres de cette partie sont présentés sous forme de listes de dix informations, les plus importantes, sur un thème de Perl. La lecture de ces listes vous apportera beaucoup de choses, prenez le temps de les parcourir.

Chapitre 20
Dix recommandations de style de programmation

Dans ce chapitre :

- Faciliter la lecture et l'emploi de vos programmes.
- De l'avantage des noms de variables descriptifs.
- Insertion de commentaires et de lignes vierges.

Tout langage de programmation a ses propres règles incontournables sur la façon dont vous devez structurer un programme. Il est aussi accompagné de nombreuses recommandations, facultatives, mais qu'il est cependant préférable de suivre. Par exemple, une règle absolue de Perl est : il faut respecter la combinaison majuscules/minuscules des noms de fonctions (l'instruction `Print $SomeVariable;` génère une erreur à cause du `P` majuscule dans `Print`).

Lorsque vous ne respectez pas les recommandations de programmation Perl, vous n'obtenez pas de message d'erreur, et il est probable que votre programme fonctionnera bien tout de même. Cependant, si vous suivez ces suggestions, vos programmes seront plus lisibles et leur maintenance facilitée.

Préférences de style du créateur de Perl

Larry Wall, le créateur de Perl, a établi assez tôt des préférences de style de programmation Perl. Quelques autres utilisateurs pionniers de Perl ont fait des ajouts à la liste de Larry. De nombreux programmeurs prennent ces informations au pied de la lettre, alors que d'autres (dont nous faisons partie) les suivent plus ou moins, leur apportant au besoin des modifications pour les adapter à leur convenance.

Voici certaines recommandations de style extraites de la documentation de Perl :

- Le retrait de ligne doit comporter quatre espaces.
- L'accolade d'ouverture doit se trouver sur la même ligne que le mot clé ; si ce n'est pas possible, elle doit être alignée sur le retrait.
- Insérez un espace devant l'accolade d'ouverture d'un bloc multiligne.
- Un bloc monoligne peut être placé sur une seule ligne, avec ses accolades.
- N'insérez pas d'espace avant le point-virgule de fin d'instruction.
- Vous pouvez omettre le point-virgule dans un bloc monoligne.
- Insérez un espace de chaque côté de la majorité des opérateurs.
- Insérez des lignes vierges entre les portions de programme qui ont des rôles différents.
- Il ne doit pas y avoir d'espace entre un nom de fonction et sa parenthèse d'ouverture.
- Insérez un espace après toute virgule.
- Séparez les longues lignes après un opérateur (sauf `and` et `or`, qui doivent être suivis du reste de l'instruction).
- Insérez un espace après la dernière parenthèse sur la ligne en cours.
- Alignez verticalement les éléments qui se correspondent.

Un exemple de style personnalisable est l'emplacement des accolades dans les blocs monolignes. La recommandation ci-dessus indique d'écrire le bloc de cette façon :

```
if($Num < 10) {
  print "$Num est trop petit.\n"; exit;
}
```

Le code ci-dessous nous semble plus adapté, car les instructions `print` et `exit` sont courtes :

```
if($Num < 10)
  { print "$Num est trop petit.\n"; exit }
```

Dans un cas comme celui-ci, nous allons même jusqu'à utiliser cette construction :

```
if($Num < 10) { print "$Num est trop petit.\n"; exit }
```

Choix d'un opérateur

Perl possédant un grand nombre d'opérateurs, vous serez souvent confronté à un choix entre deux opérateurs équivalents pour réaliser une tâche. Choisissez l'opérateur qui présente à vos yeux le plus de sens (pensez au moment où vous relirez votre programme plus tard...).

Par exemple, devez-vous utiliser `++` ou `+= 1` après une variable ? Comparez ces deux instructions :

```
if($Done) { $Count++ }

if($Done) { $Count += 1 }
```

A notre sens, la seconde construction indique plus clairement "ajouter 1 à `$Count`" que la première. Néanmoins, la plupart des programmeurs Perl utilisent `$Count++`. Les deux formes font la même chose, et nous savons que `$Count++` signifie "ajouter 1 à `$Count`", mais nous préférons lire concrètement le chiffre `1` dans le programme.

Cet exemple nous mène à un autre style de programmation : faut-il employer des opérateurs d'affectation comme `+=` et `.=` ou écrire textuellement l'affectation ? Comparez ces deux lignes :

```
if($Done) { $Count += 1 }

if($Done) { $Count = $Count + 1 }
```

Nous trouvons la seconde instruction plus claire, mais l'emploi de `$Count` deux fois dans la même ligne est redondant. Aussi utilisons-nous plus souvent l'opérateur d'affectation `+=`, mais certains programmeurs trouvent plus explicite de tout écrire.

Usage des parenthèses

Dans de nombreuses situations, les parenthèses sont facultatives. Dans les équations mathématiques, vous pouvez omettre les parenthèses si vous êtes sûr de l'ordre dans lequel les opérateurs seront évalués. Cependant, l'insertion de parenthèses améliore la lisibilité du programme, vous ou d'autres qui liront votre programme serez plus sûrs de la signification de ce qui est écrit.

Vous pouvez aussi omettre les parenthèses dans les fonctions, mais bien souvent cela en rend la lecture difficile. Par exemple, les deux instructions ci-dessous disent la même chose :

```
mkdir("/usr/home/paul/Temp", 0700);

mkdir "/usr/home/paul/Temp", 0700;
```

Cependant, la première est bien plus lisible que la seconde, car vous voyez tout de suite l'argument entre parenthèses. Un autre programmeur Perl peut cependant avancer que les parenthèses ne servent à rien et qu'elles ne font qu'alourdir le code.

Il arrive d'ailleurs que nous n'utilisions pas de parenthèses dans certaines conditions, par exemple avec la fonction `print`. Vous avez rencontré dans ce livre des instructions comme :

```
print "Le nom est $Name\n";
```

au lieu de :

```
print("Le nom est $Name\n");
```

Nous ne savons pas pourquoi nous avons commencé à exploiter `print` sans parenthèses, mais nous avons conservé ce style. Tous les programmeurs Perl que nous connaissons utilisent `print` sans parenthèses.

Ordre d'écriture des instructions conditionnelles

Dans ce livre, vous avez rencontré des instructions conditionnelles (`if` et `unless`) écrites avec la condition en premier :

```
if($Done) { $Count += 1 }
```

Si le bloc qui suit l'instruction conditionnelle ne contient qu'une instruction, comme dans celle ci-dessus, vous pouvez placer l'instruction en premier, suivie de la condition. Vous pouvez même placer l'expression hors des parenthèses. Il est donc possible de remplacer la ligne précédente par une de ces instructions :

```
$Count += 1 if($Done);

$Count += 1 if $Done;
```

Pour certains, ces instructions semblent plus naturelles puisqu'elles disent : "faire ceci si cela est vrai". Cependant, nous trouvons finalement cette configuration confuse, car elle ne respecte pas le modèle de lecture de gauche à droite auquel nous sommes habitués. La partie de gauche n'est exécutée que si la partie de droite est vraie, vous devez donc lire de droite à gauche.

Vous pouvez utiliser cette forme (l'instruction en premier) avec `while` et `until`, sous réserve qu'il n'y ait qu'une seule instruction. Par exemple, cette instruction est parfaitement valide :

```
&MySub while $Count < 0;
```

Elle provoque la répétition de l'exécution de la procédure `&MySub` jusqu'à ce que `$Count` soit supérieur ou égal à 0. Cette instruction est l'équivalent de celle-ci :

```
while($Count < 0) { &MySub }
```

Ce n'est pas parce que nous plaçons toujours la condition en premier que vous devez faire de même. Vous trouverez d'ailleurs de nombreux exemples de programmes Perl (écrits par de très bons programmeurs) avec la condition en seconde position. Nous avons choisi de ne pas l'employer simplement parce que nous devons réfléchir à la signification de cette construction chaque fois que nous la rencontrons.

Commentaires

Un programme n'est rien sans commentaires. Voilà un postulat plutôt fort, mais c'est bien ce que nous voulons faire passer. De plus, eh oui ! nous ne respectons parfois pas cette règle.

A moins que le programme comporte moins de cinq lignes, vous devriez toujours le commencer par au moins une ligne de commentaires. D'ailleurs, même dans un petit programme de trois lignes, une ligne de commentaires ne vous prendra que quinze secondes et sera bien utile lorsque vous y reviendrez ultérieurement.

Dans les commentaires à plusieurs lignes, nous plaçons la deuxième ligne en retrait de quelques espaces pour montrer clairement qu'il s'agit d'une suite :

```
# empdatal.pl : application simple de base de données d'employés
#  Ce programme lit un fichier texte qui est une base de données
#  d'employés et permet de rechercher un employé par son
#  numéro d'identification (ID).
```

Certains programmeurs ne placent pas de retrait, ce qui donne :

```
# empdatal.pl : application simple de base de données d'employés
# Ce programme lit un fichier texte qui est une base de données
# d'employés et permet de rechercher un employé par son
# numéro d'identification (ID).
```

Mettre une ligne particulière en valeur

Certains programmeurs aiment mettre en valeur le début de leurs programmes (éventuellement le début de chaque procédure) en encadrant une ligne de titre de caractères dièses :

```
#######################################################
# empdatal.pl : application simple de base de données.
#######################################################
```

D'autres utilisent des mélanges particuliers :

```
#--*--*--*--*--*--*--*--*--*--*--*--*--*--*--*--*--*--#
# empdatal.pl : application simple de base de données.
#--*--*--*--*--*--*--*--*--*--*--*--*--*--*--*--*--*--#
```

Il y a quelque temps, nous avons rencontré le style ci-dessous dans un programme écrit dans un autre langage. Le mélange d'influences artistiques qui a mené à ce motif nous reste inconnu. Ce genre d'artifice n'est pas forcément utile. Cela dit, ne vous privez pas d'employer ce genre d'encadrement fantaisie si vous trouvez qu'il aère votre programme :

```
#____.__...----~~~~****\/\/||||\/\/****~~~~----....___
# empdatal.pl : application simple de base de données.
#______....----~~~~****\/\/||||\/\/****~~~~----....___
```

Commentaires dans les lignes de code

Comme si cela ne suffisait pas, vous entendrez aussi des désaccords sur l'usage des commentaires à l'intérieur même des lignes de code. En d'autres termes, laquelle de ces deux constructions est la meilleure ?

```
if($Signature ne 'Dave') { next } # Pas ce qui est attendu
```

ou :

```
# contrôle si la signature est correcte
if($Signature ne 'Dave') { next }
```

Nous utilisons les deux formes. Certains programmeurs insistent sur le fait qu'il ne faut jamais placer un commentaire sur une ligne contenant du code, car cela rend le programme difficile à lire. Notre suggestion : essayez les deux formes et optez pour celle qui vous vous convient le mieux.

Donner des noms de variables descriptifs

Une autre façon de "commenter" un programme est de donner aux variables des noms descriptifs. Dans ce livre, les noms des variables suggèrent souvent leur rôle (pour le lecteur qui déchiffre l'anglais, bien entendu) : par exemple, `$Count` et `$TheLine`.

Plus votre programme est long, plus il manipule de variables. Et plus vous avez de variables, plus il est important de lever toute ambiguïté sur le rôle de chacune d'entre elles. Les noms de variables deviennent alors de plus en plus importants.

Il existe en programmation tout un historique sur l'emploi de noms de variables courts, non mnémotechniques, comme `$i`, `$j`, `$x` et les vénérables `$foo` et `$bar`. Cette pratique convient tant que vous n'avez pas à remettre le nez dans vos programmes ou tant que vous savez parfaitement et constamment à quoi se rapporte chaque variable et pourquoi elle est là.

Note : Certes, vous avez probablement remarqué l'emploi de `$i` et `$j` dans ce livre. Nous pensons qu'il reste possible d'employer des noms courts de ce genre aux endroits où la variable est utilisée sur une ou deux lignes seulement, comme dans une courte instruction `for`. Nous trouvons d'ailleurs qu'un nom court dans cette situation est même une bonne pratique, si vous partez du principe qu'un nom court signale une variable dont la vie est courte. Si la variable reste en vie plus longtemps, sur plus de quatre ou cinq lignes, par exemple, nous recommandons d'employer des noms de variables plus mnémotechniques.

Combinaison majuscules/minuscules

Une autre zone de controverse chez les programmeurs est la casse des noms de variables. Perl y est sensible, c'est-à-dire que `$OldFileHandle` est différent de `$OldfileHandle` (notez le `f`). Certains programmeurs utilisent un mélange des deux casses, car cela les aide à déchiffrer les noms composés de plusieurs mots ; d'autres n'aiment pas cette pratique, car elle peut générer des erreurs de frappe, et n'utilisent donc que des minuscules (comme dans `$oldfilehandle`) ou juste une capitale initiale (comme dans `$Oldfilehandle`).

Pour ce qui nous concerne, nous apprécions la présence de majuscules à l'intérieur des noms de variables. Il faut cependant reconnaître que ces majuscules internes sont source d'erreurs. De plus, ce genre d'erreur est difficile à localiser, puisque Perl ne vous oblige pas à prédéclarer les variables.

Certains programmeurs écrivent les noms de variables en minuscules mais en séparant les mots par des soulignés (_). Cela donne par exemple `$old_file_handle`. Encore une fois, à vous de choisir la méthode qui vous convient le mieux.

TRUC

Recherche d'erreurs : l'option -w

C'est le moment de vous rappeler l'existence de l'option de ligne de commande `-w`. L'exécution de Perl avec cette option `-w` indique à Perl d'analyser le programme et d'afficher des avertissements sur les erreurs simples que vous êtes susceptible d'avoir commises dans le programme. Si vous travaillez sous UNIX, vous pouvez aussi placer l'option `-w` sur la première ligne du programme, à la suite de `#!/usr/bin/perl`.

L'option `-w` détecte de nombreuses erreurs courantes, mais ne constitue pas une garantie. Elle produit souvent un bon résultat dans la détection des erreurs de noms de variables, par exemple, mais si vous avez commis deux fois la même erreur de frappe, elle ne sera pas détectée, car Perl estimera que cette forme d'écriture du nom de variable a été employée sciemment deux fois.

Lignes vierges

La ligne blanche est un des types de commentaires les plus négligés. De notre point de vue, une ligne vierge est extrêmement utile, particulièrement lorsque nous lisons un programme provenant d'un auteur qui a rarement recours à des commentaires descriptifs.

Une ligne vierge indique où une opération se termine et où une autre débute. Il est très pratique de voir d'un coup d'œil où commencent et où s'achèvent les différentes sections d'un long programme.

Une ligne suffit bien souvent. Il est rare que nous en insérions deux.

Chapitre 21

Dix petits programmes Perl bien pratiques

Dans ce chapitre :

- Découvrir qu'un bon programme peut aussi être très court.
- Affichage, tri, liste de fichiers et répertoires.
- Calculs rapides et mots de passe.

Certaines personnes estiment qu'un programme ne peut être performant s'il est court. Ce n'est pas juste pour ce qui concerne les programmes Perl. Ici, quelques lignes peuvent en faire beaucoup. Ce chapitre présente nos petits programmes préférés.

Ignorer les lignes en double

Si un fichier texte contient de nombreuses lignes en double, et que vous voulez dans ce cas n'afficher qu'une seule de ces lignes, utilisez les instructions ci-dessous pour les placer dans un tableau (baptisé `@Unique` pour l'occasion) :

```
open(IN, "fichier.txt"); @Unique=();
while(<IN>) { unless($i{$_}++) { push(@Unique, $_) } }
```

L'astuce est que `$i{$_}++` retourne 0 la première fois que vous créez une paire clé-valeur avec `$_` comme clé, puis une valeur non nulle par la suite.

Réduire les suites de lignes blanches

Certains fichiers texte comportent des suites de lignes vierges, ce qui les rend difficiles à lire, particulièrement sur un petit écran. Le programme ci-dessous affiche le fichier texte, après remplacement des suites de deux lignes vierges ou plus par une seule ligne vierge.

Note : Une ligne blanche peut comporter des caractères d'espace, par exemple des espaces ou des tabulations, mais bien sûr aucun caractère affichable.

```
open(IN, "fichier.txt"); $PrevBlank = 0;
while(<IN>) {
  if(/\S/ or !$PrevBlank) { print $_ }
  $PrevBlank = /^\s*$/;
}
```

L'instruction `if` de l'exemple précédent est vraie s'il existe des caractères autres que les caractères d'espace dans la ligne, ou si la ligne précédente n'était pas vierge. L'affectation de la variable `$PrevBlank` permet de savoir si la ligne actuelle est vierge (cette ligne sera la ligne précédente lors du prochain passage dans la boucle), c'est-à-dire si elle ne contient rien du tout ou alors des caractères d'espace mais rien d'autre.

Affichage trié des lignes d'un fichier

Le programme ci-dessous lit un fichier texte, le place dans un tableau, trie le tableau, puis affiche le résultat :

```
open(IN, "fichier.txt");
print sort(<IN>);
```

Affichage d'une série de lignes d'un fichier

Ce programme affiche une série de lignes particulière. Vous l'exécutez en fournissant deux arguments : la plage de lignes et le nom de fichier. Par exemple, si vous nommez le programme "afficher-lignes" et que vous voulez afficher les lignes 10 à 20 de fichier.txt, vous utiliserez cette ligne de commande :

```
afficher-lignes 10-20 fichier.txt
```

Voici le code du programme :

```
open(IN, $ARGV[1]) or die "Impossible de lire $File.\n";
($Start, $Stop) = split(/-/, $ARGV[0]);
for($i=1; $i<=$Stop; $i += 1)
  { $Line = <IN>; if($i>=$Start) { print $Line } }
```

Afficher la liste des fichiers d'un répertoire

Voici un programme qui affiche uniquement la liste des fichiers d'un répertoire, pas ses sous-répertoires (basé sur le test de fichier `-f`) :

```
foreach $f (<*>) { if(-f $f) { print "$f\n" } }
```

Liste des fichiers d'un répertoire triés par taille

Pour trier la liste des fichiers d'un répertoire autrement que par nom de fichier, le programme doit gérer une liste d'enregistrements contenant les noms et autres éléments de la liste de fichiers. Les tableaux associatifs conviennent parfaitement pour ce genre de liste contenant des enregistrements possédant une clé (le nom de fichier) et une valeur (les autres informations). Le programme ci-dessous crée un tableau associatif qui stocke la liste des tailles des fichiers du répertoire, puis trie les éléments et affiche la liste triée (vous modifierez facilement ce programme pour un tri par date) :

```
foreach $f (<*>) { $i{$f} = -s $f };
foreach $k (sort{ $i{$b} <=> $i{$a} } keys %i)
  { printf "%8d %s\n", $i{$k}, $k },
```

Trier la liste des fichiers par extension

Trier sur une portion de nom de fichier est légèrement plus difficile que trier par taille de fichier ou date de modification du fichier. Le programme ci-dessous sépare le nom de fichier en deux portions et applique le tri en se basant sur la seconde partie. Si vous exécutez Perl sous UNIX ou sur

Macintosh, ce programme fonctionne correctement seulement si les noms de fichiers ne contiennent pas plus d'un point :

```
foreach $FullName (<*>) {
  ($Name, $Ext) = split(/\./, $FullName, 2);
  push(@Temp, "$Ext\t$FullName");
}
foreach $Val (sort(@Temp)) {
  ($Ext, $FullName) = split(/\t/, $Val);
  print "$FullName\n";
}
```

Calculatrice simple

Jamais eu besoin d'une calculatrice simple d'emploi pour effectuer rapidement certains calculs ? Le programme ci-dessous, qui utilise la fonction `eval` de Perl, affiche le résultat de n'importe quelle équation tapée sur la ligne de commande. Pour mettre fin au programme, ne tapez rien et appuyez sur Entrée. Voici le code du programme :

```
while(<STDIN>) {
  $i = $_; chomp($i); unless($i) { last }
  $o = eval($i); print "Resultat = $o\n";
}
```

Après démarrage du programme, tapez une équation, par exemple :

```
((2**8) + (3**8))
```

Vous obtenez alors :

```
Resultat = 6817
```

Ordre aléatoire dans une liste

Générer des nombres aléatoires est facile, mais l'on ne peut pas en dire autant pour un ordre aléatoire dans un tableau. Une solution consiste à extraire un élément à une position aléatoire d'un tableau et à placer cet élément dans un autre tableau. Le programme ci-dessous génère un ordre aléatoire à partir de la liste `@MyList` :

```
my @TempList = ();
while(@MyList)
  { push(@TempList, splice(@MyList, rand(@MyList), 1)) }
@MyList = @TempList;
```

Dans ce code, `rand(@MyList)` produit un nombre entre 0 et le nombre d'éléments dans `@MyList`, et `splice` transforme ce nombre aléatoire en nombre entier.

Générer des mots de passe aléatoires mnémotechniques

Amener les utilisateurs à choisir des mots de passe qui ne seront pas facilement devinés fait partie du travail de l'administrateur système. Les utilisateurs sont en effet toujours enclins à choisir leur date de naissance ou le nom de leur animal domestique : pénétrer le système devient alors un jeu d'enfant.

Le programme ci-dessous génère des mots de passe aléatoires. Cependant, au lieu de produire un charabia de lettres difficile à mémoriser, ces mots de passe sont assez mnémotechniques, car ils se composent de syllabes prononçables, à savoir une consonne suivie d'une voyelle. Cela produit une suite de sons insensés, mais dont il est souvent facile de se souvenir.

Si l'on part sur une base de 20 consonnes (toutes les consonnes sauf le *q*) et 5 voyelles, et que l'on assemble une consonne et une voyelle, on obtient 100 syllabes possibles. Un mot de quatre syllabes uniques, comme *votahubo*, représente un des 100 millions de mots qu'il est possible d'obtenir (100 à la puissance 4). Un administrateur système aura moins de soucis de sécurité en affectant des mots de passe de ce genre à ces utilisateurs qu'en les laissant choisir eux-mêmes leurs mots de passe :

```
print "Entrer un nombre : "; $s=<STDIN>;
srand($s ^ time);
@c=split(/ */, "bcdfghjklmnprstvwxyz");
@v=split(/ */, "aeiou");
for($i = 1; $i <=4; $i += 1)
  { print $c[int(rand(20))], $v[int(rand(5))] }
```

Les deux premières lignes de ce programme initialisent la graine pour générer le nombre aléatoire (voir le Chapitre 9). Les deux lignes suivantes créent chacune une liste, contenant respectivement les 20 consonnes et les 5 voyelles. La boucle `for` affiche une suite de quatre syllabes.

Chapitre 22

Dix thèmes Perl avancés

Dans ce chapitre :

- Compilation, débogage, compactage de données, etc.
- Fonctions Perl allant au-delà des bases.

Nous avons pensé que vous seriez curieux de savoir à quoi songent les programmeurs Perl expérimentés la nuit au lieu de dormir. Un certain nombre des fonctions mentionnées dans ce chapitre vous sembleront du chinois : revenez-y dans quelque temps ; peut-être un jour rêverez-vous vous aussi d'un débogueur ou d'un compilateur de code parfait ?

Note : Quelques caractéristiques Perl présentées dans ce chapitre ne sont pas encore gérées dans les versions non UNIX de Perl.

Compiler du Perl

Perl est un *interpréteur,* ce qui veut dire qu'à chaque exécution d'un programme il interprète le code source du programme et le transforme en instructions compréhensibles par l'ordinateur. Bien que ce processus soit réalisé rapidement, il n'est pas aussi rapide que la méthode qui consiste à compiler un programme une fois pour toutes, à enregistrer les instructions obtenues dans un fichier, puis à exécuter ce fichier pour déclencher le programme, au lieu d'avoir chaque fois à reprendre à zéro le processus d'interprétation.

Jusqu'à il y a peu, il n'existait aucune méthode pour compiler du code Perl. On trouve pour Perl 5 et 5.6 un ensemble de modules Perl qui constituent un pas vers du "Perl compilable". Certains de ces modules produisent, à partir d'un programme Perl, du *code binaire,* qui s'exécutera plus vite puisque Perl n'aura pas à interpréter les instructions contenues dans le programme Perl : le code binaire sera exécuté directement, sans l'aide de Perl. Il est intéressant de noter que ce nouveau compilateur est capable de générer un programme C, que l'on peut alors compiler à l'aide d'un compilateur C.

Les compilateurs Perl en sont encore au stade expérimental, et sont amenés à changer de façon très importante à l'avenir. Ils se sont déjà bien améliorés entre la sortie de Perl 5 et Perl 5.6, mais, à notre sens, ils ne sont pas encore à un niveau de qualité professionnelle. Ils devraient se stabiliser d'ici un an ou deux.

Formatage de page

Créer des états destinés à l'impression semble une des plaies du programmeur. On s'arrache vite les cheveux à essayer de gérer le nombre de lignes par page. Or, il faut pourtant bien gérer cet aspect pour savoir quand la fin de la page est atteinte, pour passer à la page suivante. Cela est rendu encore plus difficile si vous désirez placer un titre en haut de chaque page ou avoir des largeurs constantes pour les champs, car la taille des titres peut varier et les champs sont susceptibles d'affecter d'autres aspects de la sortie.

La fonction `format` de Perl permet de décrire la mise en page. L'écriture se fait ensuite via la fonction `write`. La fonction `format` propose diverses façons pour indiquer la disposition des éléments, ce qu'il faut faire lorsqu'une page est remplie, ou lorsqu'un groupe de lignes ne doit pas être séparé et qu'il ne reste pas assez de place en bas de la page, etc. Les fonctions `format` et `write` vous libèrent de la gestion du nombre de lignes ; elles s'occupent de tout à votre place.

Compactage de données

Si vous travaillez avec des données binaires, vous savez combien il est difficile de convertir des nombres ordinaires en nombres binaires et vice versa. Le processus de conversion en données binaires s'appelle *compactage de données*, parce qu'il compacte les données en entités plus petites.

Perl vous aide dans ce processus de conversion via ses fonctions `pack` et `unpack`, qui exploitent des modèles (un peu comme `printf`) décrivant la façon dont il faut réaliser la conversion des nombres en équivalents binaires. Une fonction apparentée, `vec`, sert à créer rapidement un tableau binaire et à y prélever des valeurs.

Débogage

Après avoir écrit un programme, vous le testez. Et cela fonctionne toujours du premier coup, bien sûr. Non ? Tiens donc… Bienvenue au club ! Il est rare que passé 25 lignes nos programmes fonctionnent du premier coup exactement comme nous l'avions prévu.

Lorsque votre programme ne fonctionne pas comme prévu, il faut l'étudier attentivement pour essayer de comprendre ce qui ne va pas. Cela peut éventuellement signifier l'ajout de diverses instructions `print` pour voir ce qui se passe. Ce processus de tests et corrections s'appelle *débogage*.

Perl propose également un mode de débogage intégré qui permet d'inspecter votre programme en utilisant des commandes de débogage. Pour démarrer Perl en mode débogage, employez l'option de ligne de commande `-d`. Vous pouvez exécuter votre programme pas à pas, c'est-à-dire une ligne à la fois, ce qui permet de savoir constamment ce que chaque variable contient. Vous finirez alors par découvrir à quelle étape les choses ne se déroulent pas comme prévu.

Processus système

Les programmes Perls ont capables de créer leur propre *processus* (tâches de bas niveau exécutées par l'ordinateur), ce qui permet d'exécuter un programme Perl continuellement en arrière-plan, en tant que *démon*. Les processus peuvent être analysés et modifiés. Par exemple, il est possible de changer la priorité d'un processus par rapport à un autre.

La configuration des processus réclame une bonne compréhension des rouages de votre système d'exploitation. Leur étude détaillée sort du cadre de ce livre. Cependant, si vous êtes curieux, voici les fonctions pour gérer les processus système :

- `alarm`
- `chroot`
- `fork`
- `getpgrp`

- `getppid`
- `getpriority`
- `kill`
- `pipe`
- `setpgrp`
- `setpriority`
- `times`
- `umask`
- `wait`
- `waitpid`

Manipulation de fichiers

Perl possède de nombreuses fonctions pour la lecture et l'écriture directement sur disque, en court-circuitant les méthodes normales du système d'exploitation (qui réalise beaucoup de travail de vérification et de traitement avant d'écrire réellement sur disque). Ces fonctions sont pratiques si vous savez parfaitement ce que vous faites, mais *très* dangereuses dans le cas contraire. Les fonctions énumérées ci-dessous correspondent en gros à ce qui est accessible aux programmeurs système UNIX.

Ces fonctions sont utilisables dans les programmes Perl pour gérer une manipulation de fichiers avancée :

- `fcntl`
- `fileno`
- `flock`
- `ioctl`
- `select`
- `sysopen`
- `sysread`
- `syswrite`

Fonctions Internet

Perl propose aussi plusieurs fonctions avancées se rapportant aux noms et adresses Internet. Ces fonctions sont exploitées dans les programmes Perl qui gèrent des applications Internet sophistiquées. Elles ne sont utiles que sur les hôtes connectés à Internet :

- `endhostent`
- `endnetent`
- `endprotoent`
- `endservent`
- `gethostbyaddr`
- `gethostbyname`
- `gethostent`
- `getnetbyaddr`
- `getnetbyname`
- `getnetent`
- `getprotobyname`
- `getprotobynumber`
- `getprotoent`
- `getservbyname`
- `getservbyport`
- `getservent`
- `sethostent`
- `setnetent`
- `setprotoent`
- `setservent`

Aides pour programmation avancée

Perl présente une grande variété de caractéristiques de programmation avancée, comme la possibilité de programmation orientée objet ou la lecture des variables Perl. Un opérateur, \, entre également dans cette catégorie, car il est exploité avec des références.

Les fonctions suivantes servent d'aide en programmation avancée :

- `bless`
- `dump`
- `import`
- `ref`
- `study`
- `tie`
- `tied`
- `undef`
- `untie`
- `wantarray`

Sockets et autres formes de communication

Toute gestion réseau UNIX est basée sur le concept de *sockets,* qui sont des conduits électroniques de données entre deux ordinateurs. Les sockets n'ont rien de matériel, ce sont des métaphores logicielles.

Si vous créez des programmes mettant en jeu des communications réseau, vous utilisez des sockets. Heureusement, les fonctions Internet présentées dans ce livre masquent toutes les fonctions liées aux sockets, et vous n'avez donc pas à apprendre les détails de configuration de ces entités pour pouvoir écrire des programmes Perl pleinement fonctionnels.

Perl reconnaît également d'autres concepts de communication courants sur systèmes UNIX. Par exemple, tous les processus système peuvent communiquer via des messages et des sémaphores (les *messages* et *sémaphores* sont deux méthodes différentes de communication de processus à processus). Vous pouvez utiliser des fonctions Perl pour créer ces styles de communication.

Vous rencontrerez les fonctions suivantes dans des programmes qui utilisent les sockets et autres formes de communication de processus :

- `accept`
- `bind`
- `connect`
- `getpeername`
- `getsockname`
- `getsockopt`
- `listen`
- `msgctl`
- `msgget`
- `msgrcv`
- `msgsnd`
- `recv`
- `semctl`
- `semget`
- `semop`
- `send`
- `setsockopt`
- `shmctl`
- `shmget`
- `shmread`
- `shmwrite`
- `shutdown`
- `socket`
- `socketpair`

Deux fonctions inclassables

Nous supposons que, comme nous, vous adorez, après avoir établi un beau classement par catégories, être confronté à deux éléments qui n'entrent dans aucune d'entre elles.

Voici deux fonctions avancées de Perl qui valent un petit moment d'attention mais qui semblent inclassables :

- La fonction `crypt` sert à contrôler les mots de passe UNIX ; c'est une fonction de cryptage à sens unique.
- La fonction `syscall` permet aux programmeurs UNIX d'opérer des appels au système d'exploitation directement à partir de Perl.

Chapitre 23

Dix grands sites Web sur Perl

Dans ce chapitre :

- Les dernières nouvelles sur Perl.
- Lire des articles sur la programmation Perl.
- La bibliothèque du CPAN.
- Informations sur MacPerl et ActiveState.
- Rencontre de la communauté Perl à la conférence YAPC.

Si ce livre vous a donné envie de partir à la découverte de l'univers de Perl, le mieux est de naviguer sur les sites Web qui y sont consacrés. La communauté Perl a fourni des milliers d'heures de travail sur ce langage de programmation, gracieusement la plupart du temps, et bien des fruits de ces efforts sont accessibles sur le Web. Dans ce chapitre, nous présentons dix des meilleurs endroits où orienter votre recherche.

Perl.com

La page Perl Language Home Page, plus connue par son nom de domaine Perl.com, offre des montagnes d'informations sur Perl et les personnes qui le font vivre.

Vous trouverez sur ce site les dernières nouvelles sur Perl, les dernières versions du langage, des logiciels à télécharger, de la documentation, des rapports de bogues, et des liens vers d'autres ressources. Voici l'adresse de ce site :

```
www.perl.com
```

Perl Mongers

Au fur et à mesure que Perl se répand, il y a de plus en plus de programmeurs Perl qui offrent ou recherchent de l'aide, veulent échanger des idées, trouver du travail. Perl Mongers est un groupe international dont le principal rôle est d'aider à s'organiser des groupes plus petits de programmeurs Perl. La plupart des groupes Perl Monger sont localisés (géographiquement), mais certains sont organisés par centre d'intérêt. Le site se trouve à cette adresse :

```
www.pm.org/
```

The Perl Journal

The Perl Journal est la version Web du seul magazine (à l'heure de la rédaction de ce livre) exclusivement consacré à Perl. Ce magazine a publié des articles très intéressants sur la programmation en Perl. Le site Web présente les programmes Perl abordés dans le magazine papier. Vous y trouverez aussi les sommaires des anciens numéros, pour le cas où vous voudriez les commander. *The Perl Journal* se trouve à cette adresse :

```
www.tpj.com/
```

PerlMonth

PerlMonth est une alternative (ou un supplément, suivant l'angle sous lequel on envisage les choses) à *The Perl Journal.* Ce site offre une bonne étude des nouveaux modules Perl et présente des tonnes de conseils de programmation qui vous aideront à comprendre les rouages de Perl :

```
www.perlmonth.com
```

Comprehensive Perl Archive Network (CPAN)

Le CPAN est un énorme réseau de bénévoles qui contribuent à l'alimentation et à l'organisation du site. Ce site d'archives contient des milliers d'extensions, de modules et d'exemples de programmation Perl fournis par des programmeurs du monde entier. Il est important de mener une recherche sur ce site avant d'écrire un programme Perl, pour le cas où tout ou partie de ce que vous voulez écrire l'a déjà été. Voici l'adresse du site :

```
www.cpan.org
```

ActiveState

Le site ActiveState, géré par ceux qui ont écrit Perl pour Windows 95, Windows 98 et Windows NT, est le site à visiter pour trouver la dernière version du logiciel Perl pour Windows et d'autres éléments apparentés. L'entreprise, ActiveState, commercialise par ailleurs du logiciel pour Perl, par exemple un débogueur et un environnement de programmation avancés. Si vous développez en Perl pour Windows, il est intéressant de s'inscrire aux lettres d'information proposées par le site. Voici l'adresse à visiter :

```
www.activestate.com/
```

MacPerl

L'auteur de MacPerl, Matthias Neeracher, gère une ressource MacPerl extrêmement utile. Ce site Web propose de nombreux liens vers d'autres ressources MacPerl, exemples de programmes, astuces, etc. Ce site est bien sûr l'endroit à visiter pour télécharger la dernière version de MacPerl :

```
www.iis.ee.ethz.ch/~neeri/macintosh/perl.html
```

Perl Archive

Le site Perl Archive est relativement récent dans le monde Perl, mais il promet beaucoup. Le site met plutôt l'accent sur les scripts CGI pour serveurs Web, bien qu'il y ait par ailleurs de nombreuses choses concernant d'autres domaines de programmation Perl. Le site est régulièrement actualisé :

```
www.perlarchive.com
```

libwww-perl

Que vous ayez l'intention de créer un client Web complet en Perl ou de gérer de simples accès HTTP ou FTP, intéressez-vous à la bibliothèque libwww-perl. Le Chapitre 15 présente quelques exemples d'emploi de cette bibliothèque.

Avec ses paquetages et modules qui fournissent une interface Web simple et homogène, cette bibliothèque vous donne un contrôle précis dans vos accès Web et FTP sur serveurs Internet. La bibliothèque libwww-perl se trouve à cette adresse :

```
www.ics.uci.edu/pub/websoft/libwww-perl/
```

Conférence (YAPC)

Bien qu'il existe une conférence officielle annuelle Perl, un autre événement vous intéressera certainement aussi, il s'agit de YAPC (Yet Another Perl Conference, Encore une autre conférence Perl). Cet événement est un bon moyen pour rencontrer des gens de la communauté Perl et de faire un bilan de vos connaissances en programmation, débogage et CGI :

```
www.yapc.org
```

Chapitre 24

Dix caractéristiques sympathiques apparues dans Perl 5

Dans ce chapitre :

- Améliorations de la version 5 de Perl.
- Comparaison de Perl 4 et de Perl 5.

De nombreuses personnes qui ont commencé à programmer en Perl avec la version 4 se demandent pourquoi il y a tant d'agitation autour de Perl 5. Presque tout ce qui est réalisable en Perl 5 l'est aussi en Perl 4, et Perl 5 ne le fait pas plus vite.

Cependant, certaines différences entre Perl 4 et Perl 5 sont notables. Elles permettent aux programmeurs intermédiaires et avancés de mieux construire leurs programmes, en particulier ceux qui doivent être facilement réutilisables par d'autres personnes. Les grandes modifications, énumérées en premier dans ce chapitre, font de Perl 5 un langage plus robuste et plus utile. Il y a eu aussi un certain nombre de petits changements, pour le confort.

N'OUBLIEZ PAS

Perl 5.6 présente une caractéristique très utile dont ne dispose ni Perl 4 *ni* Perl 5 : la gestion des caractères internationaux. Le Chapitre 5 présente cette possibilité (qui permet de gérer du texte dans des langages autres que l'anglais en obtenant un affichage correct des caractères diacritiques et autres particularités).

Listes multidimensionnelles

Le concept de *liste multidimensionnelle* (décrit au Chapitre 16) sert à créer des listes de plusieurs ensembles d'éléments. Par exemple, une liste multidimensionnelle permet de gérer une liste d'enregistrements de base de données.

Messages d'erreur plus descriptifs

Les messages d'erreur de Perl 4 ne sont pas si mauvais que ça, mais les messages de Perl 5 sont plus informatifs sur ce qui s'est mal déroulé dans le programme. Cette caractéristique facilite la localisation et la correction des erreurs.

Objets

Les caractéristiques orientées objet de Perl (voir le Chapitre 19) permettent d'exploiter des portions de programmes créées par d'autres programmeurs en exploitant une interface de programmation standardisée. La création d'objets sort du cadre de ce livre, mais, en revanche, l'emploi d'objets est quelque chose d'assez simple. Le Chapitre 23 explique comment procéder pour accéder aux centaines d'objets que recèlent les modules Perl.

Modules

Même sans parler de programmation orientée objet, le concept de module de Perl permet de compartimenter les programmes de façon que les variables ne soient pas visibles en dehors d'un module particulier. Cela est utile si vous partagez du code avec d'autres programmeurs, auquel cas il est indispensable que leurs noms de variables et les vôtres n'entrent pas en conflit, de façon à éviter la modification de variables dans vos modules par des parties de programme en dehors du module.

Interaction avec les programmes C

Pour ceux qui ont atteint un niveau avancé de programmation, sachez qu'il est possible de lier Perl 5 avec des programmes écrits en C, ce qui veut dire que des parties de programmes Perl peuvent être écrites en C et que des parties de programmes C peuvent être écrites en Perl. Cette caractéristique donne la possibilité aux programmeurs de tirer le meilleur parti du C tout en conservant l'avantage des meilleures caractéristiques de Perl, et vice versa.

La bibliothèque POSIX

Perl 5 intègre une bibliothèque permettant aux programmeurs d'accéder à tous les *identificateurs* (ou actions) de POSIX version 1003.1 (*POSIX* est un ensemble de standards pour l'interopérabilité, ici pour les systèmes d'exploitation et les langages de programmation). En résumé, toutes les entités (entreprises, administration, etc.) qui réclament que tous les programmes utilisés soient "conformes POSIX" peuvent exploiter des programmes Perl 5 qui intègrent la bibliothèque POSIX. Le marché concerné est plutôt vaste ; c'est donc une opportunité intéressante pour les programmeurs Perl.

Fonctions de modification de casse

Les fonctions `lc`, `lcfirst`, `uc` et `ucfirst`de Perl 5 simplifient les modifications de casse des lettres dans les chaînes. Vous pouvez certes convertir les caractères de chaînes de majuscules en minuscules et vice versa en Perl 4, mais les fonctions de modification de casse introduites dans Perl 5 sont plus confortables que les méthodes utilisées en Perl 4.

Fonction map

La fonction `map` est une caractéristique utile à ceux qui traitent fréquemment des listes. Cette fonction retourne une liste dont les éléments sont les résultats de l'exécution répétée d'une expression ou d'un bloc sur une autre liste.

Fonction chomp

Nous nous servons très souvent de la fonction `chomp`. A priori, cette fonction réalise la même chose que la fonction `chop`, à savoir supprimer le caractère de fin de ligne d'une chaîne. Or, certains systèmes d'exploitation, notamment MS-DOS et Windows, gèrent deux caractères en fin de ligne au lieu d'un : c'est ici que `chomp` devient pratique, car la différence entre `chomp` et `chop` est que `chomp` sait quel type de fin de ligne est employé sur chaque système d'exploitation, et qu'il est donc capable de supprimer le nombre correct de caractères.

Enrichissement de la communauté Perl

Certes, la communauté Perl était déjà en expansion avant la sortie de Perl 5, mais les dernières versions de Perl ont provoqué un intérêt encore plus vif pour Perl. La communauté de la programmation Perl s'est donc encore enrichie de code gratuit supplémentaire, particulièrement via le CPAN (Comprehensive Perl Archive Network, voir le Chapitre 23), en partie grâce aux possibilités de modules et de programmation orientée objet introduites avec Perl 5.

Chapitre 25

Dix raisons pour lesquelles Perl est meilleur que Java

Dans ce chapitre :

- Comparaison du langage le plus à la mode avec le langage le plus utile.
- Les avantages de Perl.

D'accord, le titre de ce chapitre est provocant. Il n'est là que pour rappeler que certains programmeurs apprécient Perl, et qu'ils sont nombreux à se fatiguer d'entendre sans cesse parler de Java comme s'il s'agissait du seul langage de programmation valable. Plusieurs années ont passé depuis la création de Java, et ce langage doit encore prouver sa valeur. Les merveilleux programmes Java promis depuis sont encore dans les limbes. En comparaison, Perl tourne sur Internet jour après jour.

Cela dit, nous n'avançons pas que Perl est meilleur que Java à tous les niveaux. Java possède nombre de caractéristiques utiles avec lesquelles Perl ne peut rivaliser, et Java excelle dans certaines tâches pour lesquelles il a été conçu. Cependant, Perl tient la longueur sur de très nombreux points.

Perl ne réclame pas une prédéclaration des variables

Lorsque vous désirez assembler un rapide programme, il n'y a rien de plus handicapant que de devoir sans cesse indiquer au langage le nom et le type de chaque variable que vous comptez utiliser. Dans Java, vous devez tout déclarer au début du programme à l'aide d'instructions comme "Je vais utiliser la variable *X*", alors qu'en Perl vous exploitez la variable sans avoir à commencer par en avertir Perl. Certains programmeurs ne sont pas du tout dérangés par cette *prédéclaration*, mais la plupart trouvent qu'elle est fastidieuse et entraîne l'apparition de nombreux messages d'erreur lors du test du programme.

Perl n'oblige pas l'emploi d'objets

La programmation orientée objet, décrite au Chapitre 19, est utile dans certains cas, mais tuante dans d'autres. Avec Java, presque toute caractéristique utile se présente sous forme de *classe* (c'est-à-dire une catégorie d'objets conçus pour une fonction particulière). Il est même impossible d'afficher de simples messages à l'écran sans utiliser une syntaxe orientée objet. Perl est nettement plus souple : vous utilisez les objets seulement si vous le désirez.

La gestion des chaînes est plus facile en Perl

Java rencontre les mêmes problèmes de gestion de texte que la plupart des autres langages de programmation : il est handicapé par un nombre limité de fonctions et une gestion lourde des variables chaînes. Vous devez créer vos propres outils de manipulation de chaînes dans Java, ce qui n'est pas le cas dans Perl. C'est un peu comme si les concepteurs du langage Java avaient oublié combien la manipulation de texte était importante et nécessaire aux programmeurs (pour plus d'informations sur le travail avec les chaînes en Perl, consultez le Chapitre 5.)

Perl manipule les listes facilement

Java ne fournit quasiment aucune aide pour la gestion des listes. Perl, de son côté, offre de nombreuses fonctions et opérateurs de manipulation de listes (pour des détails sur l'emploi de listes dans Perl, consultez les Chapitres 7 et 16).

Perl réalise plus de tâches de niveau système

Java est conçu pour être sécurisé, c'est-à-dire offrir une protection contre les programmes mal intentionnés ou mal écrits qui risquent de provoquer des dommages sur votre ordinateur. Il comporte donc très peu de fonctions internes pour la manipulation au niveau système, par exemple pour démarrer et stopper un autre programme, manipuler des fichiers, etc. Avec Java, vous devez construire votre propre bibliothèque de niveau système ou utiliser des bibliothèques tierce-partie. Perl, en revanche, intègre déjà cette bibliothèque.

Perl est gratuit

La plupart des implémentations de Java sont payantes, avec parfois un prix élevé. De nombreuses entreprises commercialisent des environnements de programmation Java, des bibliothèques de classes, des débogueurs et autres outils Java. Presque tout dans le monde Perl est gratuit.

Des programmes utiles à une seule ligne

Pour écrire en Java un rapide programme réalisant une unique fonction, vous devez quand même écrire une dizaine de lignes de code, car Java vous force à travailler en programmation orientée objet même lorsque cela n'a pas de sens. Avec Perl, il est possible d'écrire un petit outil en une ou deux lignes de code. Par exemple, le Chapitre 21 présente dix courts programmes qui seraient bien plus longs s'ils étaient écrits en Java.

Autre chose que l'animation d'une image dans un navigateur

A l'heure de la rédaction de cet ouvrage, Java existe depuis plusieurs années, et la majorité des exemples de programmes Java que l'on rencontre se résument à de mignonnes petites applets Web. Il est certes agréable d'avoir des balles qui rebondissent çà et là, mais où se trouve le code sérieux pour Internet ? où sont les programmes de conversion accessibles aux programmeurs Perl depuis de nombreuses années ?

Les programmeurs Perl ne parlent pas sans arrêt de café

NdT. En anglais, *java* est un terme qui désigne le café. Le paragraphe ci-dessous s'attaque au suremploi de l'association de l'image de dynamisme du café avec le langage Java.

Il s'agit ici plus d'une critique des services de marketing des entreprises liées à Java et de certains auteurs de gros titres un peu fatigués que du langage lui-même. Certaines autorités de l'industrie ont appelé à un moratoire sur les noms liés au café, mais cela est resté sans effet. Certes, la caféine est le stimulant le plus consommé dans le monde, il n'y a cependant aucune raison d'aller aussi loin dans la bêtise.

Le nom Perl n'est pas lié à l'usurpation de pouvoir

La prix Nobel de la paix a été décerné en 1996 à Carlos Felipe Ximenes Belo et Jose Ramos-Horta, pour leur travail d'information sur la situation du Timor oriental, pays envahi par l'Indonésie en 1975. Le gouvernement indonésien tient ses quartiers sur l'île de Java.

Sixième partie

Annexe

Les Vrais Programmeurs roulent en minibus Volkswagen ou dans des voitures construites avant 1968.

Dans cette annexe...

Cette annexe présente des pages de référence sur Perl, sous forme de tableaux qui vous aideront dans votre travail quotidien de programmeur. Ces tableaux regroupent de nombreuses informations qu'il serait fastidieux de devoir rechercher dans le livre ou sur le Web.

Références Perl

Opérateurs de Perl

Le tableau suivant énumère les opérateurs Perl, ces symboles qui servent à réaliser certaines actions avec les données d'un programme :

Opérateur	Description
x	Répétition de caractère et de liste.
.	Concaténation de chaîne.
=	Affectation.
+	Addition.
-	Soustraction.
*	Multiplication.
/	Division.
%	Modulo (division entière).
-	Négation unaire : inverse le signe du nombre qui suit l'opérateur.
+	Plus unaire : aucun effet.
*	Puissance.
++	Incrémentation unaire. S'emploie avant ou après la variable pour appliquer l'incrémentation avant ou après évaluation de la variable. Si `$a` vaut 5, `$a++` vaut 5 jusqu'à ce qu'elle soit évaluée, puis `$a` prend la valeur 6. `++$a` vaut 6 lorsqu'elle est évaluée.
--	Décrémentation unaire. S'emploie avant ou après la variable pour appliquer la décrémentation avant ou après évaluation de la variable. Si `$a` vaut 5, `$a--` vaut 5 jusqu'à ce qu'elle soit évaluée, puis `$a` prend la valeur 4. `--$a` vaut 4 lorsqu'elle est évaluée.

Opérateur	Description
+= .= etc.	Affectation après opération. Par exemple, `$a += 3` signifie "ajouter `3` à `$a` et stocker cette valeur dans `$a`".
,	Séparateur de liste.
..	Intervalle.
< > <= >= == != <=>	Comparaisons numériques : inférieur à, supérieure à, inférieur ou égal à, supérieur ou égal à, égal à, différent de, comparaison.
lt gt le ge eq ne cmp	Comparaisons de chaînes : inférieur à, supérieur à, inférieur ou égal à, supérieur ou égal à, égal à, différent de, comparaison.
not	Non logique. Remplaçable par !.
and	Et logique. Remplaçable par &&.
or	Ou logique. Remplaçable par ||.
xor	Ou exclusif logique.
?:	Comparaison conditionnelle : `TEST ? SIVRAI : SIFAUX`.
~	Non logique de niveau bit.
&	Et logique de niveau bit.
|	Ou logique de niveau bit.
^	Ou exclusif (xor) logique de niveau bit.
<< >>	Décalage de bits à gauche ou à droite.
<>	Opérateur E/S, comme <STDIN>.
=~ !~	Lie un scalaire, à gauche de l'opérateur, avec un motif de recherche, de substitution ou de translittération, à droite. !~ retourne l'inverse de la valeur liée.
m/MOTIF/ MODIFICATEURS	Recherche le motif et retourne true s'il est trouvé. Peut être spécifié sans le `m`.
s/MOTIF/ REMPLACEMENT/ MODIFICATEURS	Recherche le motif et le remplace par le texte spécifié.
tr/INTERVALLE1/ INTERVALLE2/	Retourne une chaîne avec les lettres de l'intervalle 1 converties en lettres de l'intervalle 2. Les opérateurs `tr` et `y` sont identiques.
=>	Séparateur de liste, même rôle que la virgule.
` (apostrophe inversée)	Exécute la commande entre les deux apostrophes inversées et retourne la sortie STDOUT.

Opérateur	Description
`->`	Déréférencement. Généralement employé dans les programmes orientés objet, sous la forme `CLASSE->METHODE`.
`\`	Référence.

Hiérarchie des opérateurs Perl

L'emploi de parenthèses pour grouper les opérations garantit que ces dernières seront réalisées dans l'ordre que l'on attend. Certains programmeurs n'emploient pas les parenthèses, ce sont donc les règles de priorité des opérateurs qui déterminent quels opérateurs sont évalués en premier. La liste ci-après énumère les opérateurs par ordre de priorité. Les opérateurs de même priorité (qui apparaissent alors sur une même ligne dans la liste ci-dessous) sont évalués par Perl en allant de gauche à droite, le premier rencontré étant le premier évalué.

Par exemple, l'instruction suivante :

```
$a = 3 / 4 ** 2;
```

est interprétée comme :

```
$a = 3 / (4 ** 2);
```

car `**` a une priorité plus haute que `/` et est donc évalué en premier.

1. `->`
2. `++ --`
3. `**`
4. `! ~ \ {+ unaire} {- unaire}`
5. `=~ !~`
6. `* / % x`
7. `+ - .`
8. `<< >>`

9. `< > <= >= lt gt le ge`
10. `== != <=> eq ne cmp`
11. `&`
12. `| ^`
13. `&&`
14. `||`
15. `.`
16. `?:`
17. `= += -= *=` et autres opérateurs qui se terminent par =
18. `, =>`
19. `not`
20. `and`
21. `ou xor`

Fonctions et instructions de Perl

Ce tableau présente toutes les fonctions et instructions Perl, par ordre alphabétique :

Nom	Description
`abs(NOMBRE)`	Fournit la valeur absolue de l'argument (les nombres négatifs sont rendus positifs).
`accept(NOUVEAU-DESCRIPTEUR-SOCKET, DESCRIPTEUR-SOCKET-GENERIQUE)`	Accepte une connexion sur un socket.
`alarm(TEMPS)`	Transmet le signal `SIGALRM` au programme après un certain temps spécifié en secondes.
`atan2(Y, X)`	Retourne l'arc tangente de Y/X.
`bind(SOCKET, NOM)`	Affecte un nom à un socket ouvert existant.
`binmode(DESCRIPTEUR-FICHIER)`	Indique à Perl de traiter le fichier comme fichier binaire. Concerne Windows (aucun effet sous UNIX ou MacOS).

Nom	Description
`bless(REFERENCE, PAQUETAGE)`	Indique à l'élément référencé qu'il devient un objet du paquetage. Si le paquetage n'est pas spécifié, Perl utilise le paquetage actif.
`caller(NOMBRE-CADRES-D'APPELS)`	Fournit des informations sur l'historique de la pile des appels de procédure. L'argument est le nombre de cadres d'appels à rempiler avant celui en cours. Si l'argument est présent, la fonction retourne une liste comportant le nom du paquetage, le nom de fichier, le numéro de ligne, le nom de procédure, l'indication que la procédure a des arguments ou non, et si la procédure prend un tableau comme argument. Si l'argument est absent, `caller` retourne juste les trois premiers éléments de la liste, faisant référence à la procédure en cours.
`chdir(NOM-REPERTOIRE)`	Active, en tant que répertoire de travail du programme, le répertoire spécifié en argument. En l'absence d'argument, active le répertoire home de l'utilisateur. Retourne true en cas de réussite, false en cas d'échec (par exemple si le répertoire n'existe pas).
`chmod(NUMERO-MODE, LISTE-FICHIERS)`	Change les permissions d'accès de un ou de plusieurs fichiers. Le premier argument doit être un mode en octal, comme `0777`. Le fonction retourne le nombre de fichiers modifiés avec succès.
`chomp(VARIABLE-CHAINE)`	Supprime le caractère de fin de ligne à la fin de la variable chaîne, et retourne le nombre de caractères effacés. Si le dernier caractère n'est pas un caractère de fin de ligne, comme défini dans la variable spéciale `$/`, rien n'est supprimé. Si `$/` est composé de deux caractères, les deux caractères sont supprimés. Note : cette fonction modifie la valeur de la variable. Vous disposez aussi de la fonction `chomp(LISTE)` pour supprimer le caractère de fin de ligne dans chaque élément de la liste.
`chop(VARIABLE-CHAINE)`	Supprime le dernier caractère de la variable chaîne, et retourne le caractère effacé. Note : cette fonction modifie la valeur de la variable.
`chown(ID-UTILISATEUR, ID-GROUPE, LISTE-FICHIERS)`	Change le propriétaire (et le groupe) d'une liste de fichiers. L'ID utilisateur et l'ID de groupe doivent être des nombres, pas des noms. La fonction retourne le nombre de fichiers modifiés avec succès.

Nom	Description
`chr(NOMBRE)`	Retourne le caractère représenté par l'argument.
`chroot(REPERTOIRE)`	Remplace le répertoire racine accessible au programme par le répertoire spécifié. Celui-ci devient le répertoire racine du programme, et le programme ne peut modifier ou accéder au répertoire au-dessus de celui-ci dans l'arborescence de répertoires.
`close(DESCRIPTEUR-FICHIER)`	Ferme un fichier qui a été ouvert avec la fonction `open`.
`closedir (DESCRIPTEUR-REPERTOIRE)`	Ferme un répertoire qui a été ouvert avec la fonction `opendir`.
`connect (SOCKET, ADRESSE-RESEAU)`	Se connecte à un autre processus en utilisant le socket spécifié.
`continue { BLOC }`	Exécute le bloc. L'instruction `continue` est toujours placée après un autre bloc puisqu'elle est exécutée lors de la sortie d'un bloc.
`cos(NOMBRE)`	Retourne le cosinus du nombre, exprimé en radians.
`crypt(CHAINE, SEL)`	Crypte une chaîne en utilisant le paramètre `SEL`. Cette fonction est dépendante du système ; les résultats sont susceptibles de varier d'un système d'exploitation à l'autre.
`dbmclose(TABLEAU-ASSOCIATIF)`	Rompt le lien entre le tableau associatif et le fichier DBM qui a auparavant été associé au tableau via une fonction `dbmopen`.
`dbmopen(TABLEAU-ASSOCIATIF, NOM-FICHIER, MODE)`	Associe un tableau associatif à un fichier de base de données. Le mode est un mode de fichier octal utilisé pour ouvrir la base de données. Cette fonction efface toutes les valeurs éventuellement présentes dans le tableau associatif.
`defined(VARIABLE)`	Retourne true si la variable est définie (c'est-à-dire si elle contient une chaîne, un nombre ou une référence). Cette fonction est utile pour tester les valeurs non définies retournées dans certaines situations d'erreur.
`delete($TABLEAU-ASSOCIATIF {CLE})`	Supprime une clé et sa valeur d'un tableau associatif.
`die(TEXTE)`	Injecte le texte dans la sortie d'erreur standard et achève le programme Perl. Le programme retourne la valeur de la variable `$!`.

Nom	Description
`do { BLOC }`	Exécute le bloc et retourne la valeur de la dernière expression du bloc.
`do(NOM-FICHIER)`	Exécute les instructions dans le fichier et retourne la valeur de la dernière expression dans le fichier.
`dump`	Déclenche une copie du cœur du programme (core dump) si le système d'exploitation gère cette possibilité. Vous pouvez également spécifier une étiquette, à laquelle le programme commencera si vous reconstruisez le binaire à partir de la copie.
`each(TABLEAU-ASSOCIATIF)`	Retourne une liste à deux éléments (clé et valeur) de la valeur suivante dans le tableau.
`endgrent`	Réinitialise la position dans la liste de groupe, position qui a été modifiée par la fonction `getgrent`.
`endhostent`	Réinitialise la position dans la liste d'hôte, position qui a été modifiée par la fonction `gethostent`.
`endnetent`	Réinitialise la position dans la liste réseau, position qui été modifiée par la fonction `getnetent`.
`endprotoent`	Réinitialise la position dans la liste protocole, position qui a été modifiée par la fonction `getprotoent`.
`endpwent`	Réinitialise la position dans la liste mot de passe, position qui a été modifiée par la fonction `getpwent`.
`endservent`	Réinitialise la position dans la liste serveur, position qui a été modifiée par la fonction `getservent`.
`eof(DESCRIPTEUR-FICHIER)`	Retourne true si la prochaine lecture sur le descripteur de fichier lira après la fin du fichier.
`eval(EXPRESSION)`	Indique à Perl d'exécuter l'expression comme s'il s'agissait d'un programme Perl. L'expression peut contenir une ou plusieurs instructions.
`exec(PROGRAMME)`	Provoque l'arrêt du programme Perl et l'exécution du programme nommé en argument. L'argument peut être une liste, auquel cas chaque élément est passé en tant qu'un des éléments de la ligne de commande à exécuter.
`exists($TABLEAU-ASSOCIATIF{$CLE})`	Retourne true si la clé spécifiée existe dans le tableau.
`exit(NOMBRE)`	Met fin au programme. L'argument est utilisé comme valeur de retour du programme.

Nom	Description
`exp(NOMBRE)`	Retourne le nombre `e` élevé à la puissance de l'argument.
`fcntl(DESCRIPTEUR-FICHIER, FONCTION, SCALAIRE)`	Exécute la fonction UNIX `fctl` pour réaliser un contrôle bas niveau sur le fichier.
`Tests de fichier: -X NOM-FICHIER`	Retourne des valeurs indiquant si le fichier existe, sa taille, etc.
`fileno(DESCRIPTEUR-FICHIER)`	Retourne un pointeur de fichier d'un descripteur de fichier, ou la valeur `undef` si le fichier n'est pas ouvert.
`flock(DESCRIPTEUR-FICHIER OPERATION)`	Réalise un verrouillage de fichier bas niveau dans UNIX.
`for (EXPR-INIT; EXPR-TEST; EXPR-FIN) { BLOC }`	Exécute répétitivement le bloc. L'expression initiale est évaluée en premier, suivie de l'expression de test. Si l'expression de test est vraie, le bloc est exécuté, puis l'expression finale est évaluée. L'expression de texte est de nouveau évaluée, et ainsi de suite.
`foreach VARIABLE (LISTE) { BLOC }`	Exécute le bloc répétitivement. Pour chaque élément dans la liste, la variable reçoit la valeur de l'élément et le bloc est exécuté.
`fork`	Débute un processus enfant et retourne son numéro ID de processus.
`format NOM= LISTE-FORMAT`	Crée un format utilisable par la fonction `write`. La liste de format se compose de lignes qui peuvent être des types suivants : ligne-image (donnant le format d'une ligne), listes d'arguments, commentaire.
`formline(IMAGE, LISTE)`	Formate une liste de valeurs selon le contenu de `IMAGE`.
`getc(DESCRIPTEUR-FICHIER)`	Retourne l'octet suivant dans le fichier, ou une chaîne nulle si vous êtes à la fin du fichier. En l'absence d'argument, elle retourne l'octet suivant sur l'entrée de fichier standard.
`getgrent`	Retourne l'information de groupe UNIX lue sur la ligne suivante du fichier /etc/group. La liste retournée contient quatre éléments : le nom du groupe, le mot de passe du groupe (crypté), le numéro du groupe, et une chaîne contenant les noms des membres du groupe.
`getgrgid(ID-GROUPE)`	Retourne l'information sur le groupe, en se basant sur le numéro ID de groupe. La liste retournée contient quatre éléments : le nom de groupe, le mot de passe du groupe (crypté), le numéro du groupe, et une chaîne de tous les noms des membres.

Nom	Description
`getgrnam(NOM-GROUPE)`	Retourne l'information sur le groupe, en se basant sur le nom du groupe. La liste retournée contient quatre éléments : le nom du groupe, le mot de passe du groupe (crypté), le numéro du groupe, et une chaîne de tous les noms des membres.
`gethostbyaddr (ADDRESSE-COMPACTEE, TYPE-ADRESSE)`	Retourne l'information sur l'hôte en se basant sur son adresse. L'adresse en premier argument est compactée, par exemple avec la fonction `pack('C4')`, et le type de l'adresse est toujours `2` pour les adresses Internet. En contexte scalaire, `gethostbyaddr` retourne le nom d'hôte ; en contexte de liste, elle retourne le nom d'hôte, une chaîne d'alias, le type d'adresse, la longueur de la liste retournée (des adresses compactées) et la liste d'adresses compactées.
`gethostbyname(NOM-DOMAINE)`	Retourne l'information sur l'hôte en se basant sur son nom de domaine. En contexte scalaire, `gethostbyname` retourne l'adresse IP, compactée ; en contexte de liste, elle retourne le nom d'hôte, une chaîne d'alias, le type d'adresse, la longueur de la liste retournée (liste d'adresses compactées) et la liste d'adresses compactées. Vous pouvez désarchiver l'adresse IP avec la fonction `unpack('C4')`.
`gethostent`	Retourne l'enregistrement suivant dans le fichier /etc/hosts. Il fournit le nom d'hôte, une chaîne d'alias, le type d'adresse, la longueur de la liste retournée (adresses compactées) et une liste d'adresses compactées.
`getlogin`	Retourne le nom de login actuel en interrogeant le fichier /etc/utmp.
`getnetbyaddr(ADDRESSE-COMPACTEE, TYPE-ADRESSE)`	Retourne l'information sur le réseau en se basant sur l'adresse dans le fichier /etc/networks. L'adresse en argument est compactée, par exemple avec la fonction `pack('C4')`, et le type d'adresse est toujours 2 pour les adresses Internet. En contexte scalaire, `getnetbyaddr` retourne le nom de réseau ; en contexte de liste, elle retourne le nom du réseau, une chaîne d'alias, le type d'adresse et l'adresse compactée.
`getnetbyname(NOM-DOMAINE)`	Retourne l'information sur le réseau, basée sur le nom dans le fichier /etc/réseaux. En contexte scalaire, `getnetbyaddr` retourne le nom du réseau ; en contexte de liste, elle retourne le nom du réseau, une chaîne d'alias, le type d'adresse et l'adresse compactée.

Nom	Description
`getnetent`	Retourne l'information de la ligne suivante dans le fichier /etc/networks. En contexte scalaire, `getnetbyaddr` retourne le nom du réseau ; en contexte de liste, elle retourne le nom du réseau, une chaîne d'alias, le type d'adresse et l'adresse compactee.
`getpeername(SOCKET)`	Retourne l'adresse du socket à l'autre extrémité de la connexion. L'adresse retournée est compactée.
`getpgrp(ID-PROCESSUS)`	Retourne le numéro de groupe du processus correspondant au numéro de processus fourni. Un argument de `0` indique le processus actuel.
`getppid`	Retourne le numéro de processus du processus parent.
`getpriority (TYPE-PROCESSUS, QUI)`	Retourne la priorité d'un processus.
`getprotobyname(NOM-PROTOCOLE)`	Retourne l'information sur un protocole en se basant sur son nom. En contexte scalaire, le numéro de protocole est retourné ; en contexte de liste, les éléments dans la liste retournée sont le nom de protocole, les alias du nom et le numéro de protocole.
`getprotobynumber (NUMERO-PROTOCOLE)`	Retourne l'information sur un protocole en se basant sur son numéro. En contexte scalaire, le nom du protocole est retourné ; en contexte de liste, les éléments dans la liste retournée sont le nom du protocole, les alias du nom et le numéro du protocole.
`getprotoent`	Retourne l'enregistrement suivant du fichier /etc/protocols. En contexte scalaire, le nom du protocole est retourné ; en contexte de liste, les éléments dans la liste retournée sont le nom du protocole, les alias du nom et le numéro du protocole.
`getpwent`	Retourne l'information utilisateur de la ligne suivante du fichier /etc/passwd. La liste retournée contient neuf éléments : le nom d'utilisateur, le mot de passe (crypté), le numéro d'utilisateur, le numéro du groupe, le champ quota, le champ commentaire, le champ gcos, le répertoire home et le shell par défaut. En contexte scalaire, seul le nom d'utilisateur est retourné.
`getpwnam(NOM-UTILISATEUR)`	Retourne l'information sur l'utilisateur dont le nom est en argument. La liste retournée contient neuf éléments : le nom d'utilisateur, le mot de passe (crypté), le numéro d'utilisateur, le numéro du groupe, le champ quota, le champ commentaire, le champ gcos, le répertoire home et le shell par défaut. En contexte scalaire, seul le numéro d'utilisateur est retourné.

Nom	Description
`getpwuid(ID-UTILISATEUR)`	Retourne l'information sur l'utilisateur dont le numéro est en argument. La liste retournée contient neuf éléments : le nom d'utilisateur, le mot de passe (crypté), le numéro d'utilisateur, le numéro du groupe, le champ quota, le champ commentaire, le champ gcos, le répertoire home et le shell par défaut. En contexte scalaire, seul le nom d'utilisateur est retourné.
`getservbyname (NOM-SERVICE, PROTOCOLE)`	Retourne l'information sur un service en se basant sur son nom. En contexte scalaire, le numéro de port est retourné. En contexte de liste, les éléments dans la liste retournée sont le nom du service, les alias du nom, le numéro de port et le nom du protocole.
`getservbyport(PORT, PROTOCOLE)`	Retourne l'information sur un service basé sur son numéro de port. En contexte scalaire, le nom du service est retourné. En contexte de liste, les éléments dans la liste retournée sont le nom du service, les alias du nom, le numéro de port et le nom du protocole.
`getservent`	Retourne l'information sur l'enregistrement suivant dans le fichier /etc/services. En contexte scalaire, le nom du service est retourné. En contexte de liste, les éléments dans la liste retournée sont le nom du service, les alias du nom, le numéro de port, et le nom du protocole.
`getsockname(SOCKET)`	Retourne l'adresse socket de l'extrémité locale de la connexion. L'adresse retournée est compactée.
`getsockopt (SOCKET, NIVEAU, NOM-OPTION)`	Retourne l'option de socket spécifiée.
`glob(CHAINE)`	Retourne une liste de fichiers correspondant à l'argument. L'argument peut comporter des caractères jokers.
`gmtime(DATE)`	Convertit la date fournie (nombres de secondes) en temps Greenwich Mean Time. En contexte scalaire, cette fonction retourne une chaîne comme `Sat Nov 23 20:07:47 1996` (Perl 5 et versions ultérieures seulement) ; en contexte de liste, les éléments sont : seconde, minute, heure, jour du mois, mois (janvier = 0, février = 1, ...), année, jour de la semaine (dimanche = 0, lundi = 1, ...), jour de l'année (1er janvier = 0, 2 janvier = 1, ...) et heure standard (true ou false). Sans argument, la fonction lit la date actuelle.

Nom	Description
`goto ETIQUETTE`	Saute à l'étiquette nommée. Vous pouvez utiliser une expression au lieu d'un nom figé, Perl interprète cette expression en nom d'étiquette.
`grep(BLOC, LISTE)`	Évalue le bloc en contexte booléen pour chaque élément de la liste. En contexte scalaire, retourne le nombre de fois où le bloc a été évalué à true ; en contexte de liste, retourne la liste d'éléments correspondants.
`grep (EXPRESSION-REGULIERE, LISTE)`	Recherche l'expression régulière dans chaque élément de la liste. En contexte scalaire, retourne le nombre de fois où l'expression régulière a été trouvée ; en contexte de liste, retourne la liste d'éléments correspondants.
`hex(CHAINE)`	Interprète la chaîne en tant que chaîne hexadécimale et retourne la valeur correspondante.
`if(TEST) { BLOC1 }`	Exécute le bloc si le test est vrai. Le premier bloc peut être suivi de `else { BLOC2 }`. Dans ce cas, si le test est faux, le second bloc est exécuté. Le premier bloc peut aussi être suivi de une ou de plusieurs `elsif { BLOCn }`, se comportant comme `else if`.
`import(NOM-CLASSE)`	Cette méthode de classe exporte le nom de classe vers le module actuel.
`index(CHAINE, SOUS-CHAINE, POSITION)`	Retourne la position de la première occurrence de la sous-chaîne dans la chaîne, ou -1 si la sous-chaîne n'est pas trouvée. Si la position est spécifiée, Perl commence la recherche à cette position au lieu du début de la chaîne.
`int(NOMBRE)`	Retourne la portion entière du nombre.
`ioctl(DESCRIPTEUR-FICHIER, FONCTION, SCALAIRE)`	Exécute la fonction UNIX `ioctl` pour réaliser des entrées/sorties bas niveau.
`join(SEPARATEUR, LISTE)`	Retourne une chaîne composée des éléments de la liste, séparés par le séparateur indiqué. Le séparateur n'est pas inséré au début ou à la fin de la chaîne résultante.
`keys(TABLEAU-ASSOCIATIF)`	Normalement utilisée pour retourner une liste de toutes les clés dans le tableau associatif. En contexte scalaire, retourne le nombre d'éléments dans le tableau associatif.
`kill(SIGNAL, LISTE)`	Envoie le signal à la liste de numéros de processus. Le signal est fourni sous forme de numéro de signal ou de nom de signal, HUP par exemple. La fonction retourne le nombre de processus ayant reçu le signal.

Nom	Description
`last`	Quitte la boucle interne en cours d'exécution. Vous pouvez également fournir en argument une étiquette, auquel cas Perl quitte la boucle et se positionne sur l'étiquette.
`lc(CHAINE)`	Retourne la chaîne convertie en minuscules.
`lcfirst(CHAINE)`	Retourne la chaîne avec le premier caractère converti en minuscule.
`length(CHAINE)`	Retourne la longueur de la chaîne.
`link(FICHIER-ACTUEL, NOUVEAU-FICHIER)`	Crée un nouveau fichier avec un lien (hard) vers le fichier actuel. Retourne true en cas de réussite.
`listen(SOCKET, CONNEXION-MAX)`	Demande au système d'autoriser les connexions sur le socket. Le nombre maximal de connexions est indiqué en deuxième argument.
`local(VARIABLES)`	Rend une ou plusieurs variables locales au bloc, à la procédure, à la fonction `eval` ou au fichier.
`localtime(DATE)`	Convertit la date fournie en date locale. En contexte scalaire, retourne une chaîne comme `Sat Nov 23 20:07:47 1996` (Perl 5 seulement) ; en contexte de liste, les éléments sont : seconde, minute, heure, jour du mois, mois (janvier = 0, février = 1, ...), année, jour de la semaine (dimanche = 0, lundi = 1, ...), jour de l'année (1er janvier = 0, 2 janvier = 1, ...) et date standard (true ou false). Sans argument, la fonction prend la date actuelle.
`log(NOMBRE)`	Retourne le logarithme naturel (base e) du nombre.
`lstat(FICHIER)`	Retourne l'information sur le fichier. L'argument est un descripteur de fichier ou une chaîne contenant le nom du fichier. Si le fichier est un lien symbolique, l'information porte sur le fichier pointé par le lien, pas sur le lien lui-même. Les éléments de la liste retournée sont : numéro de device du système de fichier, numéro d'inode, permissions de fichier (nombre), nombre de liens hard vers le fichier, numéro d'utilisateur du propriétaire de fichier, numéro de groupe du propriétaire de fichier, identificateur de device pour les fichiers spéciaux, taille de fichier, date de dernier accès, date de dernière modification, date de dernier changement d'inode, taille de bloc optimale et nombre de blocs alloués.

Nom	Description
`map { BLOC } LISTE`	Retourne une liste contenant l'évaluation du bloc pour chaque élément de la liste. Durant l'évaluation, `$_` contient l'élément de liste évalué.
`map(EXPRESSION, LISTE)`	Retourne une liste contenant l'évaluation de l'expression pour chaque élément de la liste. Durant l'évaluation, `$_` contient l'élément de liste évalué.
`mkdir (NOM-REPERTOIRE, PERMISSION)`	Crée un répertoire avec les permissions spécifiées (en octal). Retourne true en cas de réussite.
`msgctl(ID, COMMANDE, ARGUMENT)`	Envoie un message via la fonction UNIX `mesgctl`.
`msgget(CLE, INDICATEURS)`	Retourne le numéro ID du message pour les messages System V IPC.
`msgrcv(ID, VARIABLE, TAILLE, TYPE, INDICATEURS)`	Reçoit un message avec l'ID message.
`msgsnd (ID, MESSAGE, INDICATEURS)`	Envoie un message avec l'ID message.
`my(VARIABLES)`	Rend une ou plusieurs variables locales au bloc, à la procédure, à la fonction `eval` ou au fichier.
`new(NOM-CLASSE)`	Construit un objet de classe. Vous pouvez également spécifier une liste après le nom de classe, contenant les arguments passés au constructeur.
`next`	Provoque le saut de la boucle interne au début de la boucle. Vous pouvez également inclure une étiquette, auquel cas Perl saute au début de la boucle portant cette étiquette.
`no MODULE`	Supprime les noms de procédures et de variables qui ont été importés via la fonction `use` appliquée au même nom de module.
`oct(CHAINE)`	Retourne le nombre correspondant à la chaîne interprétée comme valeur octale.
`open(DESCRIPTEUR-FICHIER, NOM)`	Ouvre le fichier ou la commande désigné par `NOM` et l'associe au descripteur de fichier en premier argument. Les caractères au début du nom déterminent si le fichier est ouvert pour écriture, lecture ou ajout. Dans le cas d'une commande, l'emplacement du caractère | dans le nom de commande détermine si le descripteur de fichier est en mode lecture ou écriture. La fonction retourne true en cas de réussite d'ouverture du fichier ou de la commande.

Nom	Description
`opendir(DESCRIPTEUR-REPERTOIRE, NOM-REPERTOIRE)`	Ouvre le répertoire en lecture et associe le descripteur de répertoire à ce répertoire.
`ord(CHAINE)`	Retourne le code ASCII du premier caractère de la chaîne.
`our(VARIABLES)`	Rend une ou plusieurs variables locales au bloc, à la procédure, à la fonction `eval` ou au fichier. A la différence de `my`, `our` ne crée pas les variables.
`pack(MODELE, LISTE)`	Retourne une chaîne contenant les éléments de la liste, assemblés en se servant du modèle.
`package NOM`	Déclare que le reste du bloc interne, de la procédure, de la fonction `eval` ou du fichier appartient au paquetage dont le nom est indiqué en argument.
`pipe(DESCRIPTEUR-LECTURE, DESCRIPTEUR-ECRITURE)`	Ouvre une paire de tubes pour utilisation par d'autres fonctions.
`pop(NOM-DE-LISTE)`	Raccourcit la liste en supprimant son dernier élément, et retourne cet élément. Si la liste est vide, retourne la valeur non définie. Note : l'argument est le nom d'une liste, pas la liste réelle.
`pos(VARIABLE)`	Retourne la position dans la variable où s'est arrêtée la dernière recherche `m//g`.
`print (DESCRIPTEUR-FICHIER, LISTE)`	Envoie une liste au fichier désigné par le descripteur de fichier et retourne true en cas de réussite. Notez que l'argument est une liste, pas un scalaire ; par conséquent, les variables qui sont des arguments à afficher sont évaluées en contexte de liste. La fonction `print` est plus couramment écrite sans parenthèses.
`print(LISTE)`	Envoie la liste vers la sortie standard de fichier et retourne true en cas de réussite. L'argument est une liste, pas un scalaire ; par conséquent, les variables qui sont des arguments à afficher sont évaluées en contexte de liste. La fonction `print` est plus couramment écrite sans parenthèses.
`printf(FORMAT DESCRIPTEUR-FICHIER, LISTE)`	Formate une liste en utilisant la chaîne de formatage, envoie la liste résultante au fichier spécifié par le descripteur de fichier, et retourne true en cas de réussite. Note : il n'y a pas de virgule après le descripteur de fichier.
`printf (FORMAT, LISTE)`	Formate une liste en utilisant la chaîne de formatage, envoie la liste résultante vers la sortie standard de fichier, et retourne true en cas de réussite.

Nom	Description
`push(NOM-DE-LISTE, LISTE)`	Ajoute les éléments de la liste en second argument à la fin de la liste nommée par le premier argument.
`q/CHAINE/`	Retourne une chaîne sans interprétation du contenu de la chaîne. Cette fonction a le même effet que l'emploi d'apostrophes (`' '`).
`qq/CHAINE/`	Équivalent au placement de la chaîne entre guillemets, c'est-à-dire que le contenu de la chaîne est interprété.
`quotemeta(CHAINE)`	Retourne la chaîne avec un antislash devant chaque métacaractère contenu dans la chaîne.
`qw/CHAINE/`	Retourne les mots de la chaîne, sans interprétation. Ne tient pas compte des différences de caractères d'espacement entre les mots.
`qx/COMMANDE/`	Retourne la sortie produite par l'exécution de la commande. Même effet que l'emploi de l'opérateur apostrophe inversée (<‘>).
`rand(NOMBRE)`	Retourne un nombre aléatoire entre 0 (inclus) et le nombre spécifié. En l'absence d'argument, retourne un nombre aléatoire entre 0 et 1. La graine utilisée est réglable via la fonction `srand`.
`read(DESCRIPTEUR-FICHIER, VARIABLE, NOMBRE, OFFSET)`	Lit dans le fichier et écrit dans la variable scalaire le nombre d'octets indiqué. La fonction commence l'écriture dans la variable à la position donnée par `OFFSET`, argument facultatif. La fonction retourne le nombre réel d'octets lus, 0 si vous êtes à la fin du fichier ; le nombre réel d'octets lus peut être inférieur au nombre demandé si la fonction lit après la fin du fichier.
`readdir (DESCRIPTEUR-REPERTOIRE)`	Lit l'entrée suivante d'un répertoire. En contexte scalaire, la fonction retourne le nom de fichier suivant du répertoire ; en contexte de liste, elle retourne le reste des noms de fichiers.
`readlink(NOM-FICHIER)`	Retourne le nom du fichier sur lequel pointe le lien symbolique donné en argument. Si ce fichier n'est pas un lien symbolique ou qu'une autre erreur se produit, la fonction retourne la valeur non définie.
`recv(SOCKET, VARIABLE, LONGUEUR, INDICATEURS)`	Reçoit un message sur le socket et le place dans la variable.
`redo`	Redémarre la boucle interne sans réévaluer le test de condition de la boucle. Vous pouvez fournir une étiquette en argument, qui indique à Perl de redémarrer la boucle portant cette étiquette.

Nom	Description
`ref(VARIABLE)`	Retourne true si la variable est une référence, sinon retourne la chaîne nulle. La valeur retournée est une chaîne indiquant le type de référence.
`rename (NOM-FICHIER, NOUVEAU-NOM)`	Renomme un fichier et retourne true en cas de réussite. Ne fonctionne pas entre systèmes de fichier UNIX différents.
`require(NOM-FICHIER)`	Exécute le programme Perl nommé sauf s'il est déjà en cours d'exécution.
`require(NOMBRE)`	Stoppe le programme si le numéro de version de Perl est inférieur à l'argument.
`require(PAQUETAGE)`	Charge le paquetage de la même façon que la fonction `use`, sauf que le paquetage est chargé au moment de l'exécution du programme, pas de sa compilation.
`reset`	Réinitialise les variables et les recherches réalisées avec l'opérateur ?`?`.
`reset(CHAINE)`	Réinitialise les variables dont le nom commence par la lettre fournie en argument. Si la chaîne fait plusieurs caractères, elle doit être un intervalle exprimé avec un tiret, auquel cas toutes les variables dont le nom commence par une des lettres de l'intervalle sont réinitialisées. Nous recommandons d'éviter l'usage de cette fonction.
`return(LISTE)`	Retourne la valeur depuis une procédure. Si la procédure est en contexte scalaire, le premier élément de la liste est retourné ; si la procédure est en contexte de liste, la liste entière est retournée.
`reverse(LISTE)`	Retourne une liste dans l'ordre inverse de celle en argument.
`rewinddir (DESCRIPTEUR-REPERTOIRE)`	Règle au début du répertoire la position de la fonction `readdir` suivante.
`rindex(CHAINE, SOUS-CHAINE, POSITION)`	Retourne la position de la dernière occurrence de la sous-chaîne dans la chaîne, ou -1 si la sous-chaîne n'est pas trouvée. Si la position est spécifiée, Perl commence la recherche à partir de cette position au lieu du début de la chaîne.
`rmdir(NOM-REPERTOIRE)`	Supprime le répertoire, si celui-ci est vide.
`scalar(EXPRESSION)`	Force l'évaluation de l'argument en contexte scalaire. Cette fonction est utile si l'expression est éventuellement une liste et que vous ne voulez pas que l'expression soit évaluée en contexte de liste.

Nom	Description
seek(DESCRIPTEUR-FICHIER, POSITION, RELATIVE)	Règle la position du pointeur de fichier du fichier indiqué en premier argument. La valeur du troisième argument indique la position relative du pointeur de fichier : 0 signifie une position relative au début du fichier ; 1 indique une position relative à la position actuelle ; 2 indique une position relative à la fin du fichier. La fonction retourne true en cas de réussite.
seekdir(DESCRIPTEUR-REPERTOIRE, POSITION)	Règle la position pour la fonction readdir.
select(DESCRIPTEUR-FICHIER)	Sélectionne le descripteur de fichier à utiliser par les fonctions print et write si aucun descripteur de fichier n'est spécifié lors de l'emploi de ces fonctions. La fonction retourne le descripteur de fichier qui était actif avant l'appel de fonction. En l'absence d'argument, elle retourne le descripteur de fichier actif.
select(BITS-LECTURE, BITS-ECRITURE, BITS-EXCEPTION, DELAI)	Indique quels descripteurs de fichiers sont prêts pour une lecture ou une écriture, et lesquels signalent une exception.
semctl(ID, NUMERO-SEMAPHORE, COMMANDE, ARGUMENT)	Contrôle les messages sémaphores sur les systèmes qui gèrent les sémaphores.
semget (CLE, NSEMS, INDICATEURS)	Retourne un ID sémaphore sur les systèmes qui gèrent les sémaphores.
semop(CLE, CHAINE-OPERATION)	Réalise des opérations sémaphores sur les systèmes qui gèrent les sémaphores.
send(SOCKET, MESSAGE, INDICATEURS,DESTINATION)	Envoie un message au socket.
setgrent	Force l'appel suivant de getgrent à commencer la lecture en haut du fichier /etc/groups.
sethostent	Force l'appel suivant de gethostent à commencer la lecture en haut du fichier /etc/hosts.
setnetent	Force l'appel suivant de getnetent à commencer la lecture en haut du fichier /etc/networks.
setpgrp(ID-PROCESSUS, GROUPE-PROCESSUS)	Définit un groupe du processus spécifié en premier argument.
setpriority(TYPE-PROCESSUS, QUI, PRIORITE)	Règle la priorité d'un processus, d'un groupe de processus ou d'un utilisateur.
setprotoent	Force l'appel suivant de getprotoent à commencer la lecture en haut du fichier /etc/protocols.

Nom	Description
setpwent	Force l'appel suivant de getpwent à commencer la lecture en haut du fichier /etc/passwd.
setservent	Force l'appel suivant de getservent à commencer la lecture en haut du fichier /etc/services.
setsockopt(SOCKET, NIVEAU, NOM-OPTION, VALEUR-OPTION)	Règle une option sur le socket.
shift(NOM-DE-LISTE)	Raccourcit la liste en supprimant le premier élément, et retourne cet élément. Si la liste est vide, retourne la valeur non définie. Note : l'argument doit être le nom de la liste, pas la liste elle-même.
shmctl(ID, COMMANDE, ARGUMENT)	Contrôle la mémoire partagée sur les systèmes qui gèrent cette caractéristique.
shmget (CLE, TAILLE, INDICATEURS)	Retourne l'ID mémoire partagée sur les systèmes qui gèrent cette caractéristique.
shmread(ID, VARIABLE, POSITION, TAILLE)	Lit en mémoire partagée sur les systèmes qui gèrent cette caractéristique.
shmwrite(ID, CHAINE, POSITION, TAILLE)	Écrit en mémoire partagée sur les systèmes qui gèrent cette caractéristique.
shutdown (SOCKET, HOW)	Ferme le socket.
sin(NOMBRE)	Retourne le sinus du nombre, exprimé en radians.
sleep(NOMBRE)	Met le programme en pause pendant le nombre de secondes indiqué. En l'absence d'argument, le programme reste en pause jusqu'à recevoir un signal SIGALRM d'un autre programme. La fonction retourne le nombre de secondes qu'a duré la pause.
socket(SOCKET, DOMAINE, TYPE, PROTOCOLE)	Ouvre un socket et retourne true en cas de réussite.
socketpair(SOCKET1, SOCKET2, DOMAINE, TYPE, PROTOCOLE)	Crée une paire de sockets et retourne true en cas de réussite.
sort { BLOC } LISTE	Retourne la liste fournie en argument après tri en utilisant la comparaison spécifiée dans le bloc. Le bloc compare deux variables, $a et $b, et la comparaison détermine comment le tri est réalisé.
sort(LISTE)	Retourne la liste fournie en argument après tri par ordre ascendant de chaîne.
sort PROCEDURE-NOM LISTE	Retourne la liste fournie en argument, après tri, en utilisant la comparaison spécifiée dans la procédure. La procédure compare deux variables, $a et $b, et le résultat détermine la façon dont le tri est réalisé.

Nom	Description
`splice(NOM-DE-LISTE, OFFSET, LONGUEUR, LISTE)`	Retourne la liste fournie en argument, après suppression des éléments à partir de la position `OFFSET` et dont le nombre est indiqué par `LONGUEUR`, et ajout à la position `OFFSET` de la liste fournie en quatrième argument. Note : le premier argument est le nom de la liste, pas la liste elle-même.
`split(/MOTIF/, CHAINE, LIMITE)`	Retourne une liste composée des éléments issus d'une chaîne séparée chaque fois que le motif est rencontré dans la chaîne. Si une limite est spécifiée, seul ce nombre d'éléments est retourné, avec le dernier élément comportant le reste de la chaîne qui n'a pas été séparé. Si une limite n'est pas précisée, tous les éléments séparés de la chaîne sont retournés. En contexte scalaire, la fonction retourne le nombre d'éléments qui seraient retournés en contexte de liste. Si le motif contient des parenthèses (des sous-motifs), un élément supplémentaire est créé dans la liste résultante, pour chaque chaîne reconnue par le sous-motif.
`sprintf(FORMAT, LISTE)`	Formate une liste en utilisant la chaîne de formatage et retourne la liste résultante.
`sqrt(NOMBRE)`	Retourne la racine carrée de l'argument.
`srand(NOMBRE)`	Définit le nombre comme valeur de graine pour la fonction `rand`. Si vous ne spécifiez pas d'argument, Perl utilise la fonction `time` comme argument.
`stat(FICHIER)`	Retourne des informations sur un fichier. L'argument est un descripteur de fichier ou une chaîne contenant un nom de fichier. Si le fichier est un lien symbolique, l'information concerne le lien lui-même, pas le fichier sur lequel pointe le lien. Voici les éléments de liste retournés : numéro de device du fichier système, numéro d'inode, permissions de fichier (nombre), nombre de liens hard vers le fichier, numéro d'utilisateur propriétaire du fichier, numéro de groupe propriétaire du fichier, identificateur de device pour fichiers spéciaux, taille de fichier, date de dernier accès, date de dernière modification, date de dernière modification d'inode, taille de bloc optimale et nombre de blocs alloués.
`study(SCALAIRE)`	Examine plus attentivement une chaîne de façon à accélérer les recherches ultérieures dans la chaîne.

Nom	Description
`sub NOM { BLOC }`	Définit une procédure. Vous pouvez inclure un prototype d'appel de la procédure entre le nom et le bloc. Si vous ne spécifiez pas de bloc, Perl note que le nom existe lorsqu'il interprète le programme.
`substr (CHAINE, OFFSET, LONGUEUR)`	Retourne une chaîne qui est une sous-chaîne du premier argument. La sous-chaîne commence à la position `OFFSET`, à la longueur spécifiée, si possible. Si l'offset est négatif, la position se compte à partir de la fin de la chaîne au lieu du début. Si la longueur n'est pas indiquée, tout ce qui va de la position offset à la fin de la chaîne est retourné. Cette fonction peut également être utilisée du côté gauche d'une affectation, auquel cas la chaîne doit être un nom de variable chaîne (le contenu de la chaîne sera modifié).
`symlink(FICHIER-ACTUEL, NOUVEAU-FICHIER)`	Crée un nouveau fichier qui a un lien symbolique vers le fichier actuel. Retourne true en cas de réussite.
`syscall(NOM-APPEL, LISTE)`	Exécute l'appel système spécifié, en utilisant les éléments de la liste comme arguments.
`sysopen(DESCRIPTEUR-FICHIER, NOM-FICHIER, MODE)`	Ouvre le fichier en utilisant les appels de niveau système.
`sysread(DESCRIPTEUR-FICHIER, VARIABLE, LONGUEUR, OFFSET)`	Lit dans le fichier en utilisant des appels de niveau système.
`system(COMMANDE)`	Exécute une commande et attend que son exécution se termine. La fonction retourne l'état de sortie du programme multiplié par 256.
`syswrite(DESCRIPTEUR-FICHIER, VARIABLE, LONGUEUR, OFFSET)`	Écrit dans le fichier en utilisant des appels de niveau système.
`tell(DESCRIPTEUR-FICHIER)`	Retourne le pointeur de position du fichier spécifié.
`telldir (DESCRIPTEUR-REPERTOIRE)`	Retourne le pointeur de position de répertoire du fichier spécifié.
`tie(VARIABLE, NOUVEAU-PAQUETAGE, LISTE)`	Associe une variable à un paquetage particulier de façon que les appels au paquetage soient reflétés dans la variable.
`tied(VARIABLE)`	Retourne une référence à l'objet lié à la variable.
`time`	Retourne la date, qui est le nombre de secondes écoulées depuis l'origine des temps (dépend du système d'exploitation).

Nom	Description
`times`	Retourne une liste du nombre de secondes de microprocesseur utilisées. Les éléments dans la liste indiquent le nombre de secondes pour les instructions utilisateur concernant ce processus, les instructions système pour ce processus, les instructions utilisateur pour les processus enfants, et les instructions système pour les processus enfants.
`truncate(DESCRIPTEUR-FICHIER, LONGUEUR)`	Raccourcit le fichier à la longueur spécifiée.
`uc(CHAINE)`	Retourne la chaîne convertie en majuscules.
`ucfirst(CHAINE)`	Retourne la chaîne avec le premier caractère converti en majuscule.
`umask(MODE)`	Définit la valeur UNIX `umask` du processus actuel.
`undef(VARIABLE)`	Rend indéfinie la valeur de la variable.
`unless(TEST) { BLOC1 }`	Exécute le bloc si le test est faux. Le premier bloc peut être suivi de `else { BLOC2 }`. Dans ce cas, si le test est vrai, le second bloc est exécuté. Le premier bloc peut aussi être suivi de un ou de plusieurs `elsif { BLOCKn }`, qui se comportent comme `else if`.
`unlink(NOMS-FICHIERS)`	Supprime les fichiers dans la liste et retourne le nombre de fichiers effacés.
`unpack(MODELE, CHAINE)`	Retourne une liste d'éléments qui correspond à la chaîne analysée en utilisant le modèle (fourni en premier argument).
`unshift(NOM-DE-LISTE, LISTE)`	Ajoute les éléments de la liste fournie en second argument au début de la liste indiqué en premier argument.
`untie(VARIABLE)`	Défait le lien entre la variable et le paquetage.
`until(TEST) { BLOC }`	Si le test retourne false, Perl exécute le bloc, puis recommence le test pour voir s'il faut de nouveau exécuter le bloc, et ainsi de suite.
`use MODULE`	Importe le contenu d'un module dans le paquetage actuel. Vous pouvez spécifier une liste d'arguments pour le module. Les directives Perl sont également appelées via cette fonction.
`utime(DATE-ACCES, DATE-MODIFICATION, NOMS-FICHIERS)`	Change la date d'accès et de modification des fichiers nommés. La fonction retourne le nombre de fichiers modifiés avec succès.

Nom	Description
values(TABLEAU-ASSOCIATIF)	Retourne une liste des valeurs du tableau associatif.
vec(CHAINE, OFFSET, NOMBRE-BITS)	Retourne la valeur de l'élément de la chaîne qui fait le nombre de bits indiqués, en démarrant à la position OFFSET.
wait	Attend la fin d'un processus enfant.
waitpid(PID, INDICATEURS)	Attend la fin du processus enfant indiqué et retourne true lorsque le processus se termine.
wantarray	Retourne true si la procédure actuelle attend une liste de valeurs ou false si elle attend une valeur scalaire.
warn(LISTE)	Envoie une liste sur la sortie d'erreur standard.
while(TEST) { BLOC }	Si le test retourne true, Perl exécute le bloc et recommence le test pour déterminer s'il faut de nouveau exécuter le bloc, et ainsi de suite.
write(DESCRIPTEUR-FICHIER)	Écrit, vers le fichier spécifié, du texte formaté avec le format associé.

Variables spéciales de Perl

Dans cette section, nous décrivons les variables spéciales de Perl. Ne vous inquiétez pas si vous ne comprenez pas tout. Seules quelques variables spéciales sont utiles aux programmeurs Perl débutants et intermédiaires.

Variables à usage général

Variable	Description
$_	Entrée par défaut de nombreuses fonctions et opérations. Plus utile avec la fonction while(<DESCRIPTEUR-FICHIER>).
$/	Séparateur d'entrée d'enregistrement. La valeur par défaut dépend du système d'exploitation.
$[	Indice du premier élément dans une liste. L'indice est normalement 0 (et il n'y a pas de raison de le modifier), mais certaines personnes préfèrent que le premier élément d'une liste soit numéroté 1.
$|	Force l'actualisation automatique sur le canal de sortie sélectionné lorsque cette variable vaut true. Si elle vaut false (par défaut), la sortie vers le canal de sortie sélectionné est opérée lorsque le système d'exploitation l'estime nécessaire, ou à la fermeture du fichier.

Variable	Description
`$]`	Version de Perl.
`$0`	Nom du fichier contenant le programme Perl en cours d'exécution.
`$^T`	Date à laquelle le programme a commencé son exécution.
`$.`	Numéro de ligne en cours du descripteur de fichier où vous avez lu en dernier.
`$ARGV`	Nom du fichier actuel lors de l'utilisation de <ARGV>.
`@ARGV`	Arguments de ligne de commande du programme.
`@INC`	Liste de répertoires dans lesquels Perl recherche les programmes nommés dans les fonctions `do`, `require` et `use`.
`%INC`	Fichiers ayant été utilisés par `do` et `require`. Chaque clé est le nom de fichier spécifié, et chaque valeur le chemin d'accès complet au fichier trouvé.
`%ENV`	Variables d'environnement du système d'exploitation.

Variables liées aux erreurs et aux valeurs de retour

Variable	Description
`$!`	Numéro ou chaîne de la dernière erreur système.
`$?`	État retourné par le dernier emploi de la fonction `system`, de la commande <‘> (apostrophe inversée) ou de | (tube). Cette valeur vaut en réalité 256 fois le nombre retourné par le processus.
`$@`	Message d'erreur retourné par la dernière fonction `eval`.

Variables spéciales pour expressions régulières

Variable	Description
`$&`	Texte trouvé par la dernière recherche de motif d'expression régulière.
``$` ``	Texte précédant le texte trouvé par la dernière recherche de motif d'expression régulière.
`$'`	Texte suivant le texte trouvé par la dernière recherche de motif d'expression régulière.
`$+`	Texte correspondant à la dernière valeur trouvée par une recherche de motif.
`$digit`	Texte trouvé au moyen de parenthèses dans une expression régulière. Le chiffre correspond au numéro du jeu de parenthèses.

Variables liées aux processus

Variable	Description
`$$`	Numéro de processus du programme Perl.
`$<`	ID utilisateur réel du processus.
`$>`	ID utilisateur effectif du processus.
`$(`	ID groupe réel du processus.
`$)`	ID groupe effectif du processus.

Variables pour formats

Variable	Description
`$%`	Numéro de page en cours.
`$-`	Nombre de lignes restantes sur la page en cours.
`$=`	Longueur de la page.
`$~`	Nom du format d'état.
`$^`	Nom du format de haut de page.
`^L`	Texte produit par un format lors d'un saut de page.
`$:`	Texte après lequel une chaîne peut être scindée pour le formatage de champs continus.
`$^A`	Contenu de la pile des lignes de format.

Variables diverses

Variable	Description
`$,`	Séparateur de champ pour l'opérateur de sortie, placé entre les éléments d'une liste affichée par `print`.
`$\`	Séparateur d'enregistrement pour l'opérateur de sortie, placé à la fin de la liste affichée par `print`.
`$”`	Séparateur de liste, placé entre les éléments d'une liste si la liste est entre guillemets, par exemple "`@a`".
`$;`	Séparateur placé entre les indices des listes multidimensionnelles.

Variable	Description
`$^D`	Indicateurs de débogage.
`$^F`	Nombre maximal de descripteurs système de fichier.
`$^H`	Jeu de tests syntaxiques.
`$^I`	Valeur courante de l'extension "édition sur place" (*in-place edit*).
`$^O`	Nom du système d'exploitation pour lequel Perl a été compilé.
`$^P`	Indicateur interne pour le débogueur.
`$^W`	Valeur de l'option d'avertissement.
`$^X`	Nom sous lequel le binaire Perl a été compilé.
`@F`	Contient le résultat de l'option de ligne de commande `-a`.
`%SIG`	Descripteurs de signaux.

Descripteurs de fichiers prédéfinis de Perl

Descripteur de fichier	Description
`ARGV`	Boucle sur les noms de fichiers dans `@ARGV`.
`STDERR`	Sortie d'erreur standard.
`STDIN`	Entrée standard de fichier.
`STDOUT`	Sortie standard de fichier.
`DATA`	Tout ce qui suit un `__DATA__` dans un programme.
`_`	Cache pour les fonctions `stat` et `lstat` et les opérateurs de test de fichier.

Index

B

C

D

F

G

H

I

M

N

O

P

Q

R

S

T

U

V

W

X

Y

Achevé d'imprimer par Corlet, Imprimeur, S.A.
14110 Condé-sur-Noireau (France)
N° d'Imprimeur : 1416 - Dépôt légal : avril 2001

Imprimé en U.E.